Edition KWV

Die „Edition KWV" beinhaltet hochwertige Werke aus dem Bereich der Wirtschaftswissenschaften. Alle Werke in der Reihe erschienen ursprünglich im Kölner Wissenschaftsverlag, dessen Programm Springer Gabler 2018 übernommen hat.

Weitere Bände in der Reihe http://www.springer.com/series/16033

Frauke Gerlach

[Media Governance] Moderne Staatlichkeit in Zeiten des Internets

Vom Rundfunkstaatsvertrag zum medienpolitischen Verhandlungssystem

Frauke Gerlach
Wiesbaden, Deutschland

Bis 2018 erschien der Titel im Kölner Wissenschaftsverlag, Köln
Dissertation Universität Siegen, 2010

Edition KWV
ISBN 978-3-658-24075-2   ISBN 978-3-658-24076-9   (eBook)
https://doi.org/10.1007/978-3-658-24076-9

Die Deutsche Nationalbibliothek verzeichnet diese Publikation in der Deutschen Nationalbibliografie; detaillierte bibliografische Daten sind im Internet über http://dnb.d-nb.de abrufbar.

Springer Gabler
© Springer Fachmedien Wiesbaden GmbH, ein Teil von Springer Nature 2011, Nachdruck 2019
Ursprünglich erschienen bei Kölner Wissenschaftsverlag, Köln, 2011
Das Werk einschließlich aller seiner Teile ist urheberrechtlich geschützt. Jede Verwertung, die nicht ausdrücklich vom Urheberrechtsgesetz zugelassen ist, bedarf der vorherigen Zustimmung des Verlags. Das gilt insbesondere für Vervielfältigungen, Bearbeitungen, Übersetzungen, Mikroverfilmungen und die Einspeicherung und Verarbeitung in elektronischen Systemen.
Die Wiedergabe von Gebrauchsnamen, Handelsnamen, Warenbezeichnungen usw. in diesem Werk berechtigt auch ohne besondere Kennzeichnung nicht zu der Annahme, dass solche Namen im Sinne der Warenzeichen- und Markenschutz-Gesetzgebung als frei zu betrachten wären und daher von jedermann benutzt werden dürften.
Der Verlag, die Autoren und die Herausgeber gehen davon aus, dass die Angaben und Informationen in diesem Werk zum Zeitpunkt der Veröffentlichung vollständig und korrekt sind. Weder der Verlag, noch die Autoren oder die Herausgeber übernehmen, ausdrücklich oder implizit, Gewähr für den Inhalt des Werkes, etwaige Fehler oder Äußerungen. Der Verlag bleibt im Hinblick auf geografische Zuordnungen und Gebietsbezeichnungen in veröffentlichten Karten und Institutionsadressen neutral.

Springer Gabler ist ein Imprint der eingetragenen Gesellschaft Springer Fachmedien Wiesbaden GmbH und ist ein Teil von Springer Nature
Die Anschrift der Gesellschaft ist: Abraham-Lincoln-Str. 46, 65189 Wiesbaden, Germany

VORWORT

Wo liegen die Möglichkeiten und Grenzen politischer Steuerungs- und Entscheidungsprozesse? Diese Fragestellungen bewegen mich, seit ich in politischen Kontexten beratend tätig bin. Die Rechtswissenschaft liefert nur begrenzt Antworten, weil sie überwiegend noch dem Gedanken verhaftet ist, dass gesellschaftliche Regulierungs- und Steuerungsprozesse kausal-linear auf der Grundlage von Gesetzen verlaufen. Deshalb habe ich mich über den rechtswissenschaftlichen Topos hinaus der Politikwissenschaft zugewendet, die seit Jahrzehnten Regelungsfragen und die Leistungsfähigkeit von Steuerungsinstrumenten auf unterschiedlichen Ebenen thematisiert.

Die Medienpolitik der Länder steht exemplarisch für die aktuellen Schwierigkeiten der Politik, globale technische und gesellschaftliche Entwicklungen des Internetzeitalters zu bewältigen. Sie manifestiert sich im Wesentlichen in Rundfunkänderungsstaatsverträgen. Die Verwerfung eines von den Ministerpräsidenten ausverhandelten Staatsvertrages durch ein Landesparlament war bislang kaum denkbar. Die einstimmige Ablehnung des 14. Rundfunkänderungsstaatsvertrages durch den Landtag Nordrhein-Westfalen stellt somit eine Zäsur dar. Genau dieser Staatsvertrag ist ein Bestandteil der vorliegenden Untersuchung und steht exemplarisch für die mangelnde Leistungsfähigkeit des Verfahrens zur Änderung des Rundfunkstaatsvertrages, die sich besonders deutlich bei den Regulierungsbemühungen hinsichtlich des Internets offenbart. Trotz der Schwächen war die Ablehnung des Gesetzeswerkes bis zum Abschluss der Arbeit allerdings nicht zu erwarten. Die hierdurch eingetretene politische Dynamik eröffnet die Chance für eine Reform der Medienpolitik der Länder.

Ich danke Frau Prof. Dr. Sigrid Baringhorst und Herrn Prof. Dr. Peter M. Hejl für ihre Unterstützung und dafür, dass sie sich auf das Unterfangen eingelassen haben, eine interdisziplinär ausgerichtete Dissertation anzunehmen, die Politik-, Medien- und Rechtswissenschaft miteinander verbindet.

Bonn, im Januar 2011
Frauke Gerlach

ABKÜRZUNGSVERZEICHNIS

ABl. (EG L)	Amtsblatt der Europäischen Union, Euro-Lex-Amtsblatt
AfP	Zeitschrift für Medien- und Kommunikationsrecht
AG	Aktiengesellschaft
ALM	Arbeitsgemeinschaft der Landesmedienanstalten
ANGA	Verband privater Kabelnetzbetreiber
APR	Arbeitsgemeinschaft privater Rundfunk
ARD	Arbeitsgemeinschaften der öffentlich-rechtlichen Rundfunkanstalten der Bundesrepublik Deutschland
Art.	Artikel
ASTRA	Anbieter von digitalem Satellitenfunk
AVMD	EU-Richtlinie über audiovisuelle Mediendienste
Bd.	Band
BDI	Bundesverband der Deutschen Industrie e.V.
BDSG	Bundesdatenschutzgesetz
BDZV	Bundesverband Deutscher Zeitungsverleger
BGM	Berufsgruppe Musik
BIGPOINT	Entwickler und Anbieter von Online-Spielen
BITKOM	Bundesverband Informationswirtschaft, Telekommunikation und neue Medien e.V.
BKM	Beauftragter der Bundesregierung für Kultur und Medien
BMFSJ	Bundesministerium für Familie, Senioren, Frauen und Jugend
BMWI	Bundesministerium für Wirtschaft und Technologie
BPjM	Bundesprüfstelle für jugendgefährdende Schriften
BVDW	Bundesverband Digitale Wirtschaft e.V.

BVerfG		Bundesverfassungsgericht
BVerfGE		Bundesverfassungsgerichtsentscheidung
BW		Baden-Württemberg
bzw.		beziehungsweise
CCC		Chaos Computer Club
DIHK		Deutscher Industrie- und Handelskammertag
DIR		Deutscher Internet-Rat
DLM		Direktorenkonferenz der Landesmedienanstalten
DLR		Deutschlandradio
DÖV		Die öffentliche Verwaltung
DSL		Digital Subscriber Line (digitaler Teilnehmeranschluss)
Ebay		Internetauktionshaus
eco		Verband der deutschen Internetwirtschaft
EG		Europäische Gemeinschaft
EGV		Vertrag zur Gründung der Europäischen Gemeinschaft
Einf.		Einführung
Einl.		Einleitung
EKD		Evangelische Kirche in Deutschland
EMRK		Europäische Menschenrechtskonvention
epd medien		Evangelischer Pressedienst
EU		Europäische Union
EuGrCH		Europäische Grundrechts-Charta
EURALVA		European Alliance of Viewers and Listeners Associations
EUV		Vertrag über die Europäische Union
EuVerfV		Vertrag über eine Verfassung für Europa
e.V.		eingetragener Verein
EWG		Europäische Währungsgemeinschaft

FAZ	Frankfurter Allgemeine Zeitung	
FCC	Federal Communications Commission	
ff.	fortfolgend	
Fn.	Fußnote	
FSK	Freiwillige Selbstkontrolle der Filmwirtschaft	
FSM	Freiwillige Selbstkontrolle Multimedia-Diensteanbieter	
FsRL	Fernsehrichtlinie	
GG	Grundgesetz	
ggf.	gegebenenfalls	
GO	Geschäftsordnung	
GSJP	Gemeinsame Stelle jugendgefährdender Schriften und Medieninhalte	
GVK	Gremienvorsitzendenkonferenz	
HBI	Hans-Bredow-Institut, Uni Hamburg	
HMAFG	Hessisches Ministerium für Arbeit, Familie und Gesundheit	
Hrsg.	Herausgeber	
ICANN	Internet Corporation for Assigned Names and Numbers	
IHK	Industrie- und Handelskammer	
i.d.R.	in der Regel	
i.S.v.	im Sinne von	
IVD	Interessenverband des Video- und Musikfachhandels in Deutschland	
i.V.m.	in Verbindung mit	
IWF	Internationaler Währungsfonds	
JMStV	Jugendmedienschutzstaatsvertrag	
JZ	Juristenzeitung	

KEK	Kommission zur Ermittlung der Konzentration im Medienbereich	
KJM	Kommission für Jugendmedienschutz der Landesmedienanstalten	
KOM	Kommentar	
KSK	Künstlersozialkasse	
LMG	Landesmediengesetz	
LMK	Landeszentrale für Medien und Kommunikation (Rheinland-Pfalz)	
LTE	Long Term Evolution (Mobilfunkstandard)	
MGFFI	Ministerium für Generationen, Familie, Frauen und Jugend NRW	
MMR	Multimedia und Recht	
NDS.	Niedersachsen	
NJW	Neue Juristische Wochenzeitschrift	
Nr.	Nummer	
NRW	Nordrhein-Westfalen	
OECD	Organisation for Economic Cooperation and Development	
Ofcom	Office of Communication	
RÄStV	Rundfunkänderungsstaatsvertrag	
Rn.	Randnummer	
Rspr.	Rechtsprechung	
RStV	Rundfunkstaatsvertrag	
RTL	Radiotélévison de Louxembourg	
S.	Seite	
s.o.	siehe oben	
Sky Deutschland	privater Anbieter von Fernsehunterhaltung	

SPIO	Spitzenorganisation der Filmwirtschaft e.V.
TechniSat Digital	Satellitenfunkprodukte für Endverbraucher GmbH
TKG	Telekommunikationsgesetz
TMG	Telemediengesetz
UTMS	Universal Mobile Telecommunications System (Mobilfunkstandard mit hohen Datenübertragungsraten)
v.	vom
VATM	Verband der Anbieter von Telekommunikations- und Mehrwertdiensten in Deutschland
VDZ	Verband Deutscher Zeitschriftenverleger
vgl.	vgl.
VPRT	Verband Privater Rundfunk und Telemedien e.V.
VLV	Voice of the Listener and Viewer
VZVB	Verbraucherzentrale Bundesverband e.V.
WBZ	Zentrale zur Bekämpfung unlauteren Wettbewerbs
WDR	Westdeutscher Rundfunk
WLAN	Wireless Local Area Network (drahtloses lokales Funknetz)
WWW	World Wide Web
ZAK	Kommission für Zulassung und Aufsicht
ZAW	Zentralverband der deutschen Werbewirtschaft
ZDF	Zweites Deutsches Fernsehen
ZG	Zeitschrift für Gesetzgebung
ZUM	Zeitschrift für Urheber- und Medienrecht
ZVNRW	Zeitungsverlegerverband NRW

INHALTSVERZEICHNIS

Einleitung 1
1. **Problemdarstellung** 7
2. **Untersuchungsgegenstand und methodisches Vorgehen** 26
3. **Medienpolitische Steuerung und Rundfunkstaatsverträge** 31
   - 3.1. Der Rundfunkstaatsvertrag und seine Entwicklung 31
   - 3.1.1. Die Rundfunkpolitik der Länder in drei Phasen 31
   - 3.1.2. Einführung des dualen Rundfunks 35
   - 3.2. Rundfunkpolitische Ziele: Medienpolitik versus Rundfunkpolitik? 38
4. **Von den Steuerungstheorien zur Governance-Perspektive** 43
   - 4.1. Der Begriff der politischen Steuerung 43
   - 4.2. Politische Steuerungstheorien 46
5. **Governance als Analyseinstrument** 54
   - 5.1. Begriffsentwicklung 54
   - 5.2. Enger und weiter Governance-Begriff 62
   - 5.3. Analytische Governance-Perspektive und theoretischer Kontext 66
6. **Soziale (Teil-)Systeme und die Medienpolitik der Länder** 75
   - 6.1. Systemtheorien versus Governance-Perspektive? 75
   - 6.1.1. Forschungsperspektive Systemtheorien 75
   - 6.1.2. Menschen und soziale Systeme 77
   - 6.2. Politische Steuerungsmöglichkeiten und soziale Systeme 83
   - 6.3. Reform der Landesmedienanstalten 89
   - 6.4. Resümee 92

7.	Steuerungsinstrument Rundfunkrecht	93
	7.1. Der Rundfunkbegriff	96
	7.1.1. Verfassungsrechtlicher Rundfunkbegriff	97
	7.1.2. Einfachgesetzlicher Rundfunkbegriff	99
	7.1.3. Der Rundfunkbegriff im Internetzeitalter	100
	7.2. Abgrenzungsprobleme zwischen Rundfunk und Telemedien	104
	7.3. Die Zukunft des Rundfunkbegriffs	106
8.	**Multilevel Governance und die Medienpolitik der Länder**	**111**
	8.1. Multilevel Governance: Merkmale eines Begriff	112
	8.2. Das „Mehrebenensystem" Medienpolitik	116
	8.2.1. Länder, Bund und europäische Ebene	118
	8.2.2. Zusammenwirken der Länder mit dem Bund	124
	8.2.3. Zusammenwirken der Länder	132
	8.2.4. Koordinationsstrukturen im Kontext der Rundfunkänderungsstaatsverträge	134
	8.2.5. Informelle Interaktionen der Medienpolitik der Länder und ihrer Akteure	136
	8.2.6. Formelle Interaktionen: Wer partizipiert?	148
	8.2.6.1. Verfahrensregeln zur Änderung des Rundfunkstaatsvertrages	148
	8.2.6.2. Anhörungen und ihre Teilnehmer	150
	8.2.6.3. Resümee	164
	8.3. Einfluss der Länderparlamente	166
	8.4. Aufsichtsgremien im dualen Rundfunksystem	170
	8.4.1. Rundfunkräte des öffentlich-rechtlichen Rundfunks	171
	8.4.2. Medienkommissionen und Landesmedienanstalten	174

	8.4.3.	Partizipation der pluralen gesellschaftlichen Gruppen	178
	8.5.	Resümee	179
	8.6.	Neue medienpolitische Akteure in Zeiten des Internets	181
	8.6.1.	Internetwirtschaft: Google, Apple, Telekom und Co	184
	8.6.2.	Nutzerinteressen und Netzkommunikation	188
	8.6.3.	Daten- und Verbraucherschutz	202
	8.6.4.	Aufsicht über das Internet: Rechtsfreier Raum?	203
	8.6.5.	Resümee	207
	8.7.	Anforderungen an die Medienpolitik in Zeiten des Internets	208
	8.7.1.	Wechsel der medienpolitischen Perspektiven	209
	8.7.2.	Harmonisierung der Medienordnung	212
	8.7.3.	Leistungs- und anschlussfähige Koordinierungsstrukturen	214
	8.7.4.	Konvergenter Rundfunkbegriff	219
	8.7.5.	Demokratie und Gesellschaft in Zeiten des Internets	220
	8.7.6.	Internationale Standards	227
	8.8.	Spezifische Probleme von Multilevel Governance	229
	8.8.1.	Pfadabhängigkeit	229
	8.8.2.	Demokratieproblem: Legitimationsdefizite	235
	8.8.3.	Parteienwettbewerb und strategische Interaktionen	240
	8.9.	Strategien zur Problembewältigung	244
9.	**Zwischenergebnis**		**252**
10.	**Governance im modernen Staat**		**259**
	10.1.	Good Governance	260

10.2.	Partizipative Politikmodelle	267
10.3.	Leitbild des Gewährleistungsstaates	278
10.4.	Resümee	282

11. Media Governance: Leitbild für ein medienpolitisches Verhandlungssystem? **286**

11.1.	Stärken und Schwächen der (Media-)Governance-Perspektive	286
11.2.	Vom Rundfunkstaatsvertrag zum medienpolitischen Verhandlungssystem	291
11.3.	Vor- und Nachteile des Perspektivenwechsels	298

12. Fazit und Ausblick **302**

Literaturverzeichnis **306**

Internetquellen **328**

EINLEITUNG

Das Internet erscheint anarchisch, nicht steuerbar, und es entwickelt sich mit unglaublicher Schnelligkeit. Es sieht so aus, als entziehe sich das Netz einer medienpolitischen Ordnung, die einst durch knappe Verbreitungswege und eine übersichtliche Anzahl von Akteuren und Teilsystemen gekennzeichnet war. Das Feld der Medienpolitik ist exemplarisch für Schwierigkeiten der Politik, gesellschaftliche sowie technische Entwicklungen zu steuern und Regeln zu schaffen, die konsistent sind und gleichzeitig erklärte Regulierungsziele erreichen. Wo liegen die Möglichkeiten und Grenzen politischer Steuerung? Zur Verdeutlichung der theoretischen und praktischen Probleme der politischen Steuerung setzt sich die Arbeit mit dem Kernstück der föderalen Medienpolitik auseinander. Die Medienpolitik der Länder konzentriert sich auf den Rundfunkstaatsvertrag und seine Änderungen. Der Rundfunk ist der Mediensektor, den im Vergleich zur Presse, Telekommunikation und zu den Mediendiensten die dichteste staatliche Regulierung trifft.[1] Der Handlungsrahmen der Medienpolitik ist zusätzlich durch die Vorgaben des Bundesverfassungsgerichts stark rundfunkzentriert. Das Bundesverfassungsgericht verpflichtet den Gesetzgeber dazu, eine positive Rundfunkordnung zu schaffen.[2] Diese Verpflichtung bleibt auch unter den Bedingungen der

---

1 Wolfgang Hoffman-Riem, Chancen des Medienrechts, in: Gestern begann die Zukunft, Darmstadt, 1994, S. 275, 276.
2 Ständige Rechtsprechung des Bundesverfassungsgerichts, zuletzt: BVerfG, 1 BvR 2270/05 vom 11.9.2007, Absatz-Nr. 113 ff., http://www.bverfg.de/entscheidungen/rs20070911_1bvr227005.html.

Digitalisierung der technischen Verbreitungswege bestehen.[3] Der Gesetzgeber ist also aufgefordert, eine Rundfunkordnung zu schaffen, die dem Zeitalter des Internets angemessen ist. Wie eine solche Rundfunkordnung auszusehen hat, lässt das Bundesverfassungsgericht allerdings offen.

Die informationstechnologischen Entwicklungen stellen die Konzeption des dualen Rundfunksystems in Frage. Der Bereich Telekommunikation knüpfte an die Verbreitungstechnologien an. Die Regulierung bezog sich nicht auf die Frage des Inhaltes, der über das Netz verbreitet wird – anders als die Rundfunkregulierung, die sich auf den verbreiteten Inhalt bezieht. Vor der Digitalisierung der technischen Verbreitungswege wurden Rundfunkinhalte über rundfunkspezifische Netze übertragen, über Terrestrik, Kabel oder Satellit. So wurden in der Vergangenheit die Bereiche Rundfunk und Telekommunikation plausibel durch die Unterscheidung von Inhalt und Technik reguliert.[4] Durch die Digitalisierung der Verbreitungswege löst sich diese feste Zuordnung von Diensten (Programmen) und Verbreitungswegen (Netzen) auf. Auf den „breitbandigen Netzen" (digitales Kabel und Satellit, DSL, UTMS, LTE oder WLAN) können heute vielfältigste Dienstleistungen angeboten werden,

---

3 Das Gericht hat in seinem Urteil vom 11.09.2007 festgestellt, dass das Erfordernis gesetzlicher Regelungen zur Ausgestaltung der Rundfunkordnung auch nicht durch die Digitalisierung der Verbreitungswege und einen damit einhergehenden Wegfall der Knappheit der Verbreitungswege entfalle. Siehe das Urteil des BVerfG vom 11.09.2007, Absatz-Nr. 115, http: www.bverfg.de\entscheidungen/rs20070911_1bvr227005.html.
4 Thomas Vesting, Einf RStV, Rn. 18, in: Beck'scher Kommentar zum Rundfunkrecht, Werner Hahn, Thomas Vesting (Hrsg.), 2. Aufl., München 2008.

die nicht mehr eindeutig dem klassischen Rundfunk zuzuordnen sind, wie z.B. Web-TV. Auf mobilen Telefonnetzen werden Inhalte angeboten, die früher nur über rundfunkspezifische Netze zu empfangen waren, wie Hörfunkprogramme. Das Internet bietet eine globale Infrastruktur für die individuelle Kommunikation durch sofortige Nachrichtenübermittlung (Instant Messaging) per E-Mail, Mikroblogging (Twitter), Chat oder Videotelefonie. Das Internet ist gleichzeitig Plattform für Rundfunkinhalte und jede Art von Diensten, wie zum Beispiel die elektronische Abwicklung von Geschäften (E-Commerce). Es existieren Portale, auf denen sich Film- und Fernsehausschnitte sowie Musikvideos und private Inhalte (YouTube) und auch Informationsangebote wie „Spiegel" oder „Zeit Online" befinden. Die Endgeräte wie der PC, das Radio oder das Mobiltelefon sind vielfältig und können permanent mit einem oder mehreren Netzen verbunden sein.

Das Internet ermöglicht die gleichzeitige Kommunikation weltweit, sowohl die private als auch die öffentliche. Die klassische Segmentierung der Medieninhalte durch ihre Verbreitungsform löst sich durch das Internet auf. Jeder Medieninhalt kann durch den Computer im Internet verbreitet werden. Die Exklusivität von Verbreitungsmedien wie Zeitung, Fernsehen und Buch gerät ins Wanken. Jeder, der einen Zugang zum Internet hat, kann fast alles im Netz veröffentlichen und empfangen. Der Computer kann klassischer Rundfunkempfänger sein, auf Fernsehkabelnetzen können Internetdienstleistungen angeboten werden, via Internet kann Zeitung gelesen, eingekauft, recherchiert und telefoniert werden. Mit dem E-Book können Bücher aus dem Internet geladen werden, preisgünstig und schnell. Damit wird die feste Zuordnung von Inhalten und Diensten zu spezifischen Verbreitungstechnologien aufgehoben. Diese Veränderung trifft auf einen Ordnungsrahmen, der segmentiert ist und seinem Ursprungsgedanken nach auf die Trennung von Inhalt und Verbreitungsweg abzielt.

Auf medienpolitischen Foren und Veranstaltungen wird über die Frage nach der Notwendigkeit einer Medienordnung diskutiert, die die technischen, ökonomischen und sozialen Entwicklungen harmonisiert.[5] Es ist fraglich, ob die Konzeption einer solchen Medienordnung gegenwärtig ein lösungsorientiertes und die Handlungsfähigkeit der Politik erweiterndes und damit lohnendes medienpolitisches Ziel ist. Vielmehr scheint es so, als führe die Fokussierung auf dieses Ziel zur Lähmung der medienpolitischen Orientierung, da die unterschiedlichen Gesetzessystematiken von Rundfunk- und Telekommunikationsrecht, die föderale Ausgangslage, die unterschiedlichen Systeme und die gegenläufigen Interessen der Medienwirtschaft in absehbarer Zeit kaum zu harmonisieren sein werden.

Es ist noch offen, wie die Nutzung des Computers und des Internets als neuer Verarbeitungs- und Verbreitungsmedien unser klassisches Verständnis der Mediennutzung verändern wird. Dass sich das Verhalten der Mediennutzer verändert, bezweifelt heute praktisch niemand mehr. Für Jugendliche ist das Internet das „Allroundmedium", das wesentliche

---

5 Exemplarisch hierzu: Diskussion mit Hans-Joachim Otto und Martin Stadelmaier auf dem DLM-Symposium 2010. „Braucht Deutschland eine neue Medienordnung?" http://www.dlm-Symposium.de/index.php?pid=1&subpid=0&lang=0&year=2010 (Videoaufzeichnung).

Kommunikations-, Unterhaltungs- und Informationsbedürfnisse erfüllt. Nach der Studie Jugend, Information, (Multi-)Media 2009 (JIM-Studie 09) verbringen die heute 12- bis 19-Jährigen nach eigener Einschätzung von Montag bis Freitag durchschnittlich täglich 137 Minuten vor dem Fernseher und nutzen das Internet im gleichen Zeitraum 134 Minuten pro Tag. Bei der Online-Nutzung spielt die Kommunikation mit Gleichaltrigen (Online-Communitys, Chat oder E-Mail) die größte Rolle. Für die individuelle Kommunikation oder in Gruppen wird das Internet zu 47 % genutzt, zu 18 % für Spiele; 14 % der Nutzung macht die Informationssuche aus, und 22 % der Nutzungsdauer werden für den Bereich der Unterhaltung aufgewendet, wozu das Herunterladen oder Hören von Musik sowie das Ansehen von Videos und Bildern zu zählen sind. Von den befragten Jugendlichen gaben 74 % an, täglich oder mehrmals pro Woche Radio zu hören. Drei Viertel aller befragten Jugendlichen haben einen eigenen Computer, und mehr als jeder Zweite kann vom eigenen Zimmer aus online gehen. Nur knapp die Hälfte der Jugendlichen greifen zu einer Tageszeitung. Fast alle befragten Jugendlichen besitzen ein eigenes Mobiltelefon.[6]

Eine Medienpolitik, die der Dynamik des Internets folgen kann, setzt voraus, dass geeignete politische (Steuerungs-)Instrumente zur Verfügung stehen, um medienpolitische Zielsetzungen zu entwickeln, die dem

---

6 JIM-Studie 2009, Jugend, Information, (Multi-)Media, Basisuntersuchung zum Medienumgang 12- bis 19-Jähriger, Medienpädagogischer Forschungsbericht Südwest (Hrsg.). Stuttgart 2008. http://www.mpfs.de.

Internetzeitalter entsprechen. Es ist fraglich, ob die Medienpolitik der Länder mit den Rundfunkänderungsstaatsverträgen ein Verfahren bereitstellt, das geeignet ist, den Prozess des Übergangs ins Internetzeitalter zu aktivieren und zu determinieren. Am Beispiel der Rundfunkstaatsvertragsgesetzgebung wird dargestellt, wie in diesem Politikfeld Steuerungsprozesse ablaufen und wie Steuerungsprozesse unter den Bedingungen zunehmend komplexer werdender Regulierungsgegenstände optimiert werden könnten. Es soll der Frage nachgegangen werden, welchen Beitrag die Governance-Forschung für die Medienpolitik der Länder im Kontext der Rundfunkstaatsvertragsgesetzgebung leisten kann.

1. PROBLEMDARSTELLUNG

Die treibenden Kräfte der Medienentwicklung sind gegenwärtig die Digitalisierung und das Zusammenwachsen von technischen Kommunikationsinfrastrukturen, Medieninhalten, Endgeräten sowie der Telekommunikations- und Medienbranche, die als Konvergenz beschrieben werden.[7] Diese Prozesse haben in der Technik der digitalen Codierung von Übertragungssignalen ihren gemeinsamen Ursprung. Die Digitalisierung, also die Transformation von Informationen in mathematische Größen, führt zu einer erheblichen Ausweitung der Übertragungskapazitäten.[8] Die Datenübertragung wird preisgünstiger und ist schnell. Eine Begrenzung der Leistungsfähigkeit der Datenübertragung wird „nur" durch die Rechnerleistungen und die Leistungsfähigkeit der Übertragungswege gesetzt.

Die Einführung und Etablierung des Computers sowie des Internets und das Auflösen der technischen Grenzen lassen den Ordnungsrah-

---

[7] Medien- und Kommunikationsbericht der Bundesregierung 2008, S. 4 ff., http://www.bundesregierung.de/Content/DE/_Anlagen/BKM/2009-01-12-medienbericht-teil1-barrierefrei,property=publicationFile.pdf; Grünbuch der Konvergenz der Branchen Telekommunikation, Medien und Informationstechnologien und ihre ordnungspolitischen Auswirkungen der Europäischen Kommission, KOM (97) 623, 1997, http://ec.europa.eu/avpolicy/docs/library/legal/com/greenp_97_623_de.pdf.; Andreas Bartosch, Das Grünbuch über Konvergenz. Ein Beitrag zur Diskussion auf dem Weg in die Informationsgesellschaft, Zeitschrift für Urheber und Medienrecht (ZUM) 03/1998, S. 209 ff.
[8] Helge Rossen-Stadtfeld, Medienaufsicht unter Konvergenzbedingungen, Zeitschrift für Urheber- und Medienrecht, (ZUM) 1/2000 S. 27.

men verschwimmen. Durch das Zusammenwachsen der Verbreitungstechniken können Anbieter von Medieninhalten ihre Angebote auf einer Verbreitungsplattform offerieren. War das „Rundfunkzeitalter" von der Knappheit der Verbreitungswege gekennzeichnet, so scheinen die Möglichkeiten der Verbreitung durch das Internet fast grenzenlos, unabhängig davon, ob es sich um etablierte Rundfunkveranstalter, Verlage oder Blogger handelt. Die gesamte Entwicklung erscheint anarchisch sowie nicht regulierbar, unter Umständen in Teilen auch nicht mehr regulierungsbedürftig. Die Politik ist insofern mit der Einführung neuer Verbreitungsmedien überfordert, als die bisherigen sozialen Strukturen, Institutionen und Ordnungsrahmen für die Verarbeitung der Folgeprobleme nicht ausreichen. Die Anforderungen an das Wissen um technische und wirtschaftliche Entwicklungen sind sehr hoch. Es handelt sich um eine Steigerung der Leistungsfähigkeit der Medien durch technische und inhaltliche Ausdifferenzierung von Medientechnik sowie Medieninhalten.[9] Es kommt zu Neuausrichtungen der beteiligten Teilsysteme und zu Kooperationen zwischen den Akteuren. So wollen sich beispielsweise Verlage zu Medienhäusern entwickeln und kooperieren mit den öffentlich-rechtlichen Veranstaltern. Ein prominentes Beispiel ist auf „Zeit Online" zu sehen, wo ZDF-Kurznachrichten („100 Sekunden") abrufbar sind.[10] Es entstehen neue Verbindungen zwischen Politik und neuen

---

9 Hierzu Günter Küppers/Wolgang Krohn, Selbstorganisation. Zum Stand einer Theorie in den Wissenschaften, in: Wolfgang Krohn und Günter Küppers (Hrsg.): Emergenz: Die Entstehung von Ordnung, Organisation und Bedeutung, 2. Aufl., Frankfurt am Main 1992, S. 20.
10 Siehe die Startseite www.zeit.de.

Medienunternehmen, den Rundfunkveranstaltern und den Zeitungsverlagen, der Computer- und der Spiele-Industrie Die Folge sind Zuordnungs-, Kompetenz- und Entscheidungsprobleme für die Medienpolitik.

Gleichzeitig werden die Flexibilität und die Variabilität der Akteure und die Bandbreite möglicher Entscheidungen der Medienpolitik gesteigert. Diese Entwicklungen führen zur Auflösung stabiler Grenzen, auf denen die zentralen Unterscheidungen des dualen Rundfunksystems basieren.[11] Der Ordnungsrahmen wird relativiert und entwertet.[12] Gleichzeitig wirken die Entwicklungen des Gemeinschaftsrechts der Europäischen Gemeinschaft auf die deutsche Rundfunkordnung ein. Auf der Ebene der Gemeinschaft geht es um das Ziel der Errichtung eines gemeinsamen Marktes, auch für den Rundfunk, wobei weniger die kulturellen Aspekte eine Rolle spielen als die Wettbewerbsfähigkeit der elektronischen Industrie.[13] Außerdem geraten etablierte und austarierte Machtverhältnisse ins Wanken.

Die Medienpolitik der Länder war von Beginn an durch das Verhandeln mit den wichtigsten Akteuren des öffentlich-rechtlichen und des privaten Rundfunks sowie den Verlegern gekennzeichnet. Das Verhandeln mit und die Moderation zwischen den Akteuren, die regulierte

---

11 Thomas Vesting, Einf RStV, Rn. 17, in: Beck'scher Kommentar zum Rundfunkrecht, Werner Hahn, Thomas Vesting (Hrsg.), 2. Aufl., München 2008.
12 Thomas Vesting, Einf RStV, Rn. 18, in: Beck'scher Kommentar zum Rundfunkrecht, Werner Hahn, Thomas Vesting (Hrsg.), 2. Aufl., München 2008.
13 Albrecht Hesse, Rundfunkrecht, 3. Aufl., München 2003, S. 323.

Selbstregulierung[14] und Governance[15] sind gegenwärtig Schlagworte der Medienpolitik. Eine Systematisierung der Vorschläge im Hinblick auf medienpolitische Ziele steht indes noch aus. Gleichzeitig werden auch Schwächen von Governance-Prozessen deutlich, wie der Mangel an Transparenz und Konsistenz. Ferner rücken rechtsstaatliche Bedenken und Legitimationsprobleme ins Blickfeld der Untersuchung.

Die Komplexitätssteigerung im Feld der Medienpolitik zeigt sich vor allem an der Zunahme der Regulierungsaktivitäten des Rundfunkstaatsgesetzgebers, an der Überlappung der Regulierungsebenen zwischen den Bundesländern, dem Bund und der europäischen Ebene sowie dem Auftauchen neuer Akteure. Zu berücksichtigen ist darüber hinaus, dass die Digitalisierung ein globaler Vorgang ist.

Die Rundfunkstaatsvertragsgesetzgeber versuchen der Dynamik des Internets mit der schnellen Abfolge der Änderung der Staatsverträge zu begegnen.[16] Insgesamt wurde der Rundfunkstaatsvertrag seit seinem Bestehen in dem Zeitraum von 1987 bis zum April 2010 insgesamt 15-mal geändert. Dabei gab es von 1987 bis 1996 lediglich drei

---

14 Ein praktisches Beispiel für die regulierte Selbstregulierung ist der Jugendmedienstaatsvertrag, der seit dem 01.04.2003 in Kraft ist (Evaluationsbericht abrufbar unter www.hans-bredow-institut.de/webfm_send/104).
15 Vgl. beispielsweise Patrick Donges (Hrsg.), Von der Medienpolitik zur Media Governance,? Köln 2007; Otfried Jarren und Patrick Donges, Ordnung durch Medienpolitik? Konstanz 2007.
16 Abgestellt wird auf den Zeitpunkt des Inkrafttretens des Rundfunkänderungsstaatsvertrages.

Überarbeitungen des Vertragstextes. In der Zeit von 1997 bis 2000 wurde eine Veränderung vorgenommen. Vom Jahr 2000 bis zum Jahr 2010 wurde der Rundfunkstaatsvertrag elf Mal, zum Teil grundlegend, geändert. In der Zeit von März 2007 bis April 2010 wurde der Rundfunkstaatsvertrag allein durch fünf Änderungsstaatsverträge überarbeitet. Wesentliche Veränderungen wurden seit dem Jahr 2000 von der Europäischen Kommission angestoßen.

Die anschließende Übersicht enthält eine Darstellung der Rundfunkänderungsstaatsverträge, inklusive der Einführung des Jugendmedienschutzstaatsvertrages im Zeitraum zwischen 1987 und 2010. Die Übersicht umfasst darüber hinaus die Rundfunkänderungsstaatsverträge, die voraussichtlich im Jahr 2011 in Kraft treten werden. Ferner wird der wesentliche Inhalt der Regelungswerke dargestellt.

ÜBERSICHT RUNDFUNKÄNDERUNGSSTAATSVERTRÄGE

Datum des Inkrafttretens	Wesentliche Änderungen
Rundfunkstaatsvertrag *April 1987*	Staatsvertrag über die Neuordnung des Rundfunkwesens: Einführung des dualen Rundfunks und einheitliche Grundlage für das Nebeneinander von öffentlich- rechtlichem und privatem Rundfunk
Staatsvertrag über den Rundfunk im vereinten Deutschland vom 31. August 1991	Staatsvertrag über den Rundfunk im vereinten Deutschland: » Recht auf unentgeltliche Kurzberichterstattung, » Regelungen über Art und Umfang der Rundfunkwerbung, Sponsoring sowie die Finanzierung aus Rundfunkgebühren und Werbung, » Regelungen zum Jugendschutz.
Erster Rundfunkänderungsstaatsvertrag 1. August 1994	Verschärfung der Regelungen zum Jugendschutz

Datum des Inkrafttretens	Wesentliche Änderungen
Zweiter Rundfunkänderungsstaatsvertrag 1. Januar 1996	Neuregelung des Gebührenanteils für die Landesmedienanstalten
Dritter Rundfunkänderungsstaatsvertrag 1. Januar 1997	Neuregelung der Vorschriften zur Ermittlung des Finanzbedarfs des öffentlichen-rechtlichen Rundfunks: Organisation der Kommission zur Ermittlung des Finanzbedarfs (KEF) Weitere Regelungen: » Spartenprogramme für den öffentlich-rechtlichen Rundfunk zulässig, » Einrichtung der Kommission zur Ermittlung der Konzentration im Medienbereich (KEK) zur Sicherung der Meinungsvielfalt im privaten Rundfunk (ausdifferenzierte Vorschriften hierzu), » Regelung zur Abgrenzung von Mediendiensten und Rundfunk: Einführung eines Mediendienste-Staatsvertrages.

Datum des Inkrafttretens	Wesentliche Änderungen
Vierter Rundfunkänderungsstaatsvertrag *1. April 2000*	Umsetzung der Richtlinie 97/36/EG des Europäischen Parlaments und des Rates vom 30. Juni 1997 zur Änderung der Richtlinie 89/552/EWG des Rates zur Koordinierung bestimmter Rechts- und Verwaltungsvorschriften der Mitgliedstaaten über die Ausübung der Fernsehtätigkeit (EG-Fernsehrichtlinie) sowie Umsetzung des Änderungsprotokolls zum europäischen Übereinkommen über das grenzüberschreitende Fernsehen des Europarates vom 9. September 1998 (Europaratskonvention über das grenzüberschreitende Fernsehen): » die gegenseitige Anerkennung von nationalen Regelungen zur Ausstrahlung von Großereignissen im frei empfangbaren Fernsehen, » Erleichterungen für private Rundfunkveranstalter bei Werbung, Sponsoring und Teleshopping, » für den öffentlich-rechtlichen Rundfunk wird klargestellt, dass sich die Entwicklungsgarantie des öffentlich-rechtliche Rundfunks im digitalen Zeitalter auf Online-Angebote (mit Programmbezug) erstreckt.

Datum des Inkrafttretens	Wesentliche Änderungen
Fünfter Rundfunkänderungsstaatsvertrag *1. Januar 2001*	» Erhöhung der Rundfunkgebühr, » Neuordnung des ARD-Finanzausgleichs, » Neuordnung über die Zuweisung digitaler terrestrischer Übertragungskapazitäten.
Sechster Rundfunkänderungsstaatsvertrag *1. Juli 2002*	Anpassung des Mediendienste-Staatsvertrages an die Richtlinie 2000/31/EG des Europäischen Parlaments und des Rates vom 8. Juni 2000 über rechtliche Aspekte der Dienste der Informationsgesellschaft, insbesondere des elektronischen Geschäftsverkehrs im Binnenmarkt: » Verankerung des Herkunftslandsprinzips, Regelung zur Verantwortlichkeit der Diensteanbieter sowie eine weitere Konkretisierung der Informationspflichten für geschäftsmäßige Mediendienste und kommerzielle Kommunikationen, » Anpassung der datenschutzrechtlichen Bestimmungen des Mediendienste-Staatsvertrages. Überarbeitet und zum Teil auch begrifflich neu gefasst wurden insbesondere die Pflichten des Diensteanbieters und die Berechtigung der Speicherung von Bestands-, Nutzungs- und Abrechnungsdaten.

Datum des Inkrafttretens	Wesentliche Änderungen
Jugendmedienschutzstaatsvertrag *1. April 2003*	Neugestaltung des Jugendschutzes, Schaffung einheitlicher Jugendschutzbestimmungen im Bereich der elektronischen Medien (Rundfunk, Tele- und Mediendienste) über den Jugendmedienschutz-Staatsvertrag der Länder sowie über das Jugendschutzgesetz des Bundes. Die Regelungen, die für den öffentlich-rechtlichen Rundfunk gelten, werden in den Jugendmedienschutzstaatsvertrag integriert.
Siebter Rundfunkänderungsstaatsvertrag *1. April 2004*	Umsetzung der Richtlinie 2002/22/EG des Europäischen Parlaments und des Rates vom 7. März 2002 über den Universaldienst und Nutzerrechte bei elektronischen Kommunikationsnetzen und -diensten (Universaldienstrichtlinie) Weitere Regelungen: » Konkretisierung des Auftrags des öffentlich-rechtlichen Rundfunks einschließlich des Verbots von Pay-Angeboten, » die Sicherung der Regionalfensterprogramme in den beiden bundesweit reichweitenstärksten privaten Fernsehvollprogrammen,

Datum des Inkrafttretens	Wesentliche Änderungen
Siebter Rundfunkänderungsstaatsvertrag 1. April 2004	» ergänzende Regelungen für die Bereiche Film- und Fernsehförderung, » Verlängerung des Moratoriums für Internet-PCs um zwei Jahre bis zum 31. Dezember 2006, bis dahin keine Pflicht zur Entrichtung von Rundfunkgebühren für solche Geräte.
Achter Rundfunkänderungsstaatsvertrag 1. April 2005	» Erhöhung der Rundfunkgebühren (die Ministerpräsidenten wichen erstmals von der Empfehlung der KEF ab), » Zuständigkeit der Rundfunkgebührenbefreiung wechselt von den Sozialämtern zur GEZ, » der Gebührenvorschlag der KEF muss künftig die gesamtwirtschaftliche Entwicklung bei der Frage der Erhöhung der Gebühren berücksichtigen, » Begrenzung der Anzahl der Fernseh- und Hörfunkprogramme für den öffentlich-rechtlichen Rundfunk auf den Stand vom April 2004.

Datum des Inkrafttretens	Wesentliche Änderungen
Neunter Rundfunkänderungsstaatsvertrag *1. März 2007*	Bereichsspezifische Vereinheitlichung der Regelungen für Teledienste und unter dem Begriff „Telemedien". Folgen dieser Neuregelung: » Die wirtschaftsbezogenen Bestimmungen für Telemedien (Herkunftslandsprinzip, Zulassungsfreiheit, Informationspflichten, Verantwortlichkeit, Datenschutz) werden in einem Telemediengesetz des Bundes gefasst, » die inhaltsbezogenen Regelungen für Telemedien werden in den Rundfunkstaatsvertrag integriert, er heißt nunmehr Staatsvertrag für Rundfunk- und Telemedien.
Zehnter Rundfunkänderungsstaatsvertrag *1. September 2008*	Reform der Landesmedienanstalten: » Neben der bereits bestehenden Kommission zur Ermittlung der Konzentration im Medienbereich (KEK) und der Kommission für Jugendmedienschutz (KJM) wird die Kommission für Zulassung und Aufsicht (ZAK) für private Rundfunkveranstalter und Plattformanbieter

Datum des Inkrafttretens   Wesentliche Änderungen

*Zehnter Rundfunk-
änderungsstaatsvertrag
1. September 2008*

geschaffen. In Einzelfällen ist die Gremienvorsitzendenkonferenz (GVK) für Auswahlentscheidungen zuständig, gleichzeitig wird die KEK um sechs nach Landesrecht bestimmte gesetzliche Vertreter der Landesmedienanstalten erweitert.
» Verpflichtung der Einrichtung einer gemeinsamen Geschäftsstelle bis 2013,
» Veranstalter von privatem bundesweit verbreiteten Rundfunk können sich nach der Reform der Landesmedienanstalten zentral zulassen und werden über die ZAK beaufsichtigt. Die Gremien der Landesmedienanstalten sind nur noch mittelbar beteiligt.

Weitere Regelungen:
» Bundesweite Zuordnung und Zuweisung von Übertragungskapazitäten,
» Bestimmungen über eine technologieneutrale Plattformregulierung: Betroffen sind Unternehmen, die über die Zusammenstellung von Programmpaketen entscheiden, beispielsweise bei Pay-TV-Angeboten; hierbei ist ein chancengleicher

Datum des Inkrafttretens	Wesentliche Änderungen
Zehnter Rundfunkänderungsstaatsvertrag 1. September 2008	und diskriminierungsfreier Zugang zu gewährleisten. Ferner sind Plattformanbieter betroffen, die zugleich Netze betreiben. Bei der Belegung sind Vielfaltsvorgaben zu beachten (zuständig ist die ZAK). » Plattformanbieter, die EPG (elektronische Programmführer oder Verschlüsselungssysteme) betreiben, haben für eine chancengleiche Darstellung und die Auffindbarkeit der Programme Sorge zu tragen.
Elfter Rundfunkänderungsstaatsvertrag 1. Januar 2009	Erhöhung der Rundfunkgebühren.
Zwölfter Rundfunkänderungsstaatsvertrag 1. Juni 2009	Umsetzung der Vorgaben der Europäischen Kommission im Beihilfeverfahren für die Finanzierung des öffentlich-rechtlichen Rundfunks E 3/2005. Auf der Grundlage der Zusagen der Bundesrepublik hat die Europäische Kommission das Verfahren mit Schreiben vom 24. April 2007 eingestellt.

Datum des Inkrafttretens	Wesentliche Änderungen
Zwölfter Rundfunkänderungsstaatsvertrag *1. Juni 2009*	Wesentliche Regelungen: » Beschränkungen der Online-Angebote in Form einer „Negativliste", » Verweildauer von öffentlich-rechtlichen Inhalten wird begrenzt auf sieben Tage nach ihrer Ausstrahlung, » neue Online-Angebote dürfen nur nach der Durchführung eines Drei-Stufen-Testes ins Netz gestellt werden, hierfür sind die Aufsichtsgremien der Landesrundfunkanstalten, die Rundfunkräte, zuständig, Dritte haben die Gelegenheit zur Stellungnahme, » sportliche Großereignisse und Spiele der 1. und 2. Bundesliga dürfen nur noch 24 Stunden nach Ausstrahlung des Ereignisses ins Netz gestellt werden, » Änderung der Definition des Rundfunkbegriffes, » explizite Erlaubnis kommerzieller Tätigkeiten des öffentlich-rechtlichen Rundfunks; Voraussetzung: eigenständige Tochterfirma und marktkonforme Ausgestaltung, » Hörfunkprogramme, die ausschließlich im Internet verbreitet werden, bedürfen keiner Zulassung.

Datum des Inkrafttretens	Wesentliche Änderungen
Dreizehnter Rundfunkänderungsstaatsvertrag 1. April 2010	Umsetzung der EU-Richtlinie über audiovisuelle Mediendienste (AVMD-Richtlinie), Liberalisierung der Werberegelungen für kommerziellen Rundfunk: » Produktplatzierung gegen Entgelt erlaubt: in Kinofilmen, Filmen und Serien, Sportsendungen und in leichten Unterhaltungssendungen (im öffentlich-rechtlichen Rundfunk gilt dies nur für angekaufte Produktionen), es besteht eine Kennzeichnungspflicht, » Produktplatzierungen sind in Kindersendungen verboten, » unentgeltliche Produktbeistellungen dürfen bei Eigen- und Fremdproduktionen eingesetzt werden, diese sind für alle Rundfunkveranstalter verboten in: Nachrichten, Sendungen zum politischen Zeitgeschehen sowie Ratgeber- und Verbrauchersendungen.

Datum des Inkrafttretens	Wesentliche Änderungen
Vierzehnter Rundfunkänderungsstaatsvertrag geplant zum 1. Januar 2011	Auftrag zur Überarbeitung des Jugendmedienschutzstaatsvertrages, mit dem Ziel, die Sicherheit für Jugendliche im Netz zu verbessern und die Unternehmensverantwortung in diesem Bereich zu stärken: » freiwillige Alterskennzeichnungen für Rundfunk und Telemedien, » nutzerautonomes Jugendschutzprogramm.
Fünfzehnter Rundfunkänderungsstaatsvertrag Stand Mai 2010: in Vorbereitung	In Vorbereitung: Neuordnung des Rundfunkgebührensystem

(Quelle: Eigene Darstellung)

Neben der europäischen Ebene ist der Bund zunehmend bei Regulierungsfragen einzubeziehen. Die Veränderungen der technischen Entwicklungen haben zur Folge, dass unterschiedliche Zuständigkeiten für einzelne Regulierungsmaterien zu beachten sind. Diese Entwicklung steigert die Komplexität der Abstimmungsprozesse und Regulierungsmaterien.

Darüber hinaus agieren heute Akteure im Kontext der Medienpolitik, an die zu Beginn der Regulierungsaktivitäten noch niemand gedacht hat oder die getrennt von den zu bearbeitenden Regulierungsmaterien gesehen wurden. Hierzu zählen Internetunternehmen, wie Google, Apple, Microsoft, oder Anbieter von sozialen Netzwerken, Telekommunikationsunternehmen und ihre Interessenverbände. Diese Akteure agieren nicht mehr nur national oder europäisch, sondern global. Sie operieren im Bereich der Individual- und Massenkommunikation, des Rundfunks und des elektronischen Handels.

Bei den Regulierungsbemühungen durch den Rundfunkstaatsvertragsgesetzgeber auf Landesebene und den Bundesgesetzgeber, soweit dieser zuständig ist, ist noch nicht zu erkennen, dass ein theoretisch haltbares Ordnungsmodell, das den Anforderungen einer postmodernen Mediengesellschaft gerecht würde, zur Diskussion stünde. Vielmehr wird der Unübersichtlichkeit der Entwicklungen faktisch durch eine unübersichtliche Regelungs- und Definitionsdichte begegnet.

Es ist zweifelhaft, ob durch die ansteigende Regulierungsdichte der dynamischen Entwicklung der „Logik der Vernetzung"[17], die kulturell und medienökonomisch wirkt, begegnet werden kann. Die „Informations- und Netzwerkökonomie" sprengt die Leistungsfähigkeit traditioneller rechtsdogmatischer Ansätze, dies erfordert einen „tiefer ansetzenden Eingriff in die herkömmlichen Selbstbeschreibungen des Rechtssystems"[18] und der vorhandenen Strukturen und etablierten Verfahren.

---

17 Thomas Vesting, Das Rundfunkrecht vor den Herausforderungen der Logik der Vernetzung. Überlegungen zu einer horizontalen Rundfunkordnung für die Ökonomie der Aufmerksamkeit, in: Medien und Kommunikationswissenschaft, 49 (2001) Nr. 3, S. 287 ff.
18 Thomas Vesting, Zur Entwicklung einer „Informationsordnung", in: Festschrift 50 Jahre Bundesverfassungsgericht. Zweiter Band, Tübingen 2001, S. 228.

2. UNTERSUCHUNGSGEGENSTAND UND METHODISCHES VORGEHEN

Am Beispiel der Medienpolitik der Länder und ihrer Rundfunkstaatsvertragsgesetzgebung werden die Funktionsweisen politischer Steuerungsprozesse und deren Grenzen analysiert. Im Mittelpunkt der Untersuchung steht das Verfahren zur Änderung des Rundfunkstaatsvertrages.

Die Arbeit untersucht die gegenwärtige rundfunkstaatsvertragliche Steuerung unter den Bedingungen der Auflösung informationstechnischer Grenzen durch das Internet. Rundfunkänderungsstaatsverträge stellen zwei wesentliche Steuerungsinstrumente für die Medienpolitik der Länder bereit: zum einen die Regulierung durch das Rundfunkrecht und zum anderen ein Verfahren mit einem etablierten Interaktionsmuster, das sich im Laufe der Jahre ausdifferenziert hat. Beide Instrumente sollen im Hinblick auf ihre Leistungsfähigkeit in Zeiten des Internets überprüft werden. Der Schwerpunkt der Untersuchung liegt auf der Analyse und Bewertung des Verfahrens zur Änderung des Rundfunkstaatsvertrages. Vor dem Hintergrund der Entwicklung der Informations- und Kommunikationstechnologien wird der Frage nachgegangen, ob das Verfahren und die Interaktionsprozesse im Kontext der Rundfunkänderungsstaatsverträge in der gegenwärtigen Ausgestaltung und etablierten Form ein leistungsfähiges und mit legitimierender Wirkung ausgestattetes Steuerungsmodell sein können.

1. Einen Überblick über das untersuchte Politikfeld liefert einleitend die Darstellung der wichtigsten Phasen der Rundfunkpolitik in der

Bundesrepublik sowie der Entwicklung von der „Rundfunkpolitik" hin zur „Medienpolitik".

Nach dieser einleitenden Darstellung wird der theoretische Rahmen abgesteckt, der der Untersuchung zugrunde liegt. Dazu wird zunächst der politikwissenschaftliche Perspektivenwechsel von den Steuerungstheorien zur Governance-Forschung skizziert. Die Darstellung der Entwicklung von Governance und die Ausdifferenzierung von Governance-Begriffen sollen die Bandbreite des Forschungszweiges und seiner Anwendungsmöglichkeiten verdeutlichen.

Bei der Untersuchung der Medienpolitik der Länder werden unterschiedliche Betrachtungsebenen eingenommen, die die Komplexität im Hinblick auf die Akteurkonstellationen und die Interaktionsprozesse auf den unterschiedlichen Ebenen der Medienpolitik verdeutlichen sollen.[19] Auf der Makroebene der Medienpolitik sind u.a. die Medienwirtschaft, die Medienpolitik der Länder, das duale Rundfunksystem, die Länderparlamente, der Bund, Bundesministerien und die europäische Ebene auszumachen. Auf der Mesoebene agieren ausdifferenzierte Organisationen und Institutionen wie die Rundfunkkommission der Länder, Medienunternehmen in Gestalt privater Rundfunkanbieter und Verlage, der öffentlich-rechtliche Rundfunk, Aufsichtsgremien, Länderparlamente und die Europäische Kommission. Auf der Mikroebene agieren u.a.

---

19 Vergleiche hierzu die Übersicht unter 5.3.

Ministerpräsidenten, Intendanten, Verleger, Rundfunkreferenten und ihre Netzwerke sowie Medienpolitiker und Verbandsvertreter.

Mit der Darstellung der Ausdifferenzierung dieser Ebenen sollen die Grenzen und Möglichkeiten der politischen Steuerung ausdifferenzierter Organisationen und Institutionen anhand systemtheoretischer Grundannahmen am Beispiel der Reform der Landesmedienanstalten veranschaulicht werden. Daran anschließend werden die Grenzen der Steuerung durch das Recht und Schwächen der Rundfunkperspektive der Medienpolitik der Länder am Beispiel der Entwicklung des Rundfunkbegriffs dargestellt.

2. Nach der Einführung in das Politikfeld, dem Abstecken des theoretischen Rahmens sowie spezifischer Steuerungsproblematiken werden im zweiten Schritt das tradierte Verfahren und die Interaktionsprozesse zwischen den Ländern (horizontale Ebene), dem Bund und der EU (vertikale Ebene) sowie die Verhandlungsprozesse und das tradierte Netzwerk auf der Mikroebene der Medienpolitik dargestellt. Die Untersuchung des Verfahrens erfolgt entlang den Komponenten von „Multilevel Governance". Um die Interaktionsprozesse und die Frage der Komplexitätssteigerung dieser Prozesse nachvollziehen zu können, wird das Verfahren zur Änderung des Rundfunkstaatsvertrages ausgewertet. Dazu werden die formalen Verfahrensregeln dargestellt und im Hinblick auf die Möglichkeit zu partizipieren, analysiert. Wer tatsächlich partizipieren kann, wird anhand der Zusammenstellung der Teilnehmerlisten der Anhörungen zu den Rundfunkänderungsstaatsverträgen neun bis vierzehn, im Zeitraum von Januar 2006 bis April 2010, ausgewertet. Im Anschluss an

diese Auswertung werden mögliche neue Akteure des „Internetzeitalters" identifiziert und aktuelle Anforderungen an die Medienpolitik der Länder aufgezeigt.

Die Analyse der Interaktionsprozesse und ihrer Akteure schließt mit spezifischen Problemlagen von Multilevel Governance. Die identifizierten Problemlagen werden in den Zusammenhang mit der Medienpolitik der Länder und deren Rundfunkänderungsstaatsverträgen gebracht.

3. Im dritten Schritt wird analysiert, wie die Leistungsfähigkeit und die Legitimationskraft der Rundfunkänderungsstaatsverträge optimiert werden können. Als Bewertungsmaßstab dient der Ansatz von „Governance im modernen Staat". Unter dieser Überschrift werden der normative Maßstab von Good Governance am Beispiel der EU konkretisiert und partizipative Politikmodelle dargestellt. Ferner wird unter der Überschrift „Governance im modernen Staat" das Leitbild des Gewährleistungsstaates aufgegriffen, um nach der Verantwortungsdimension des Rundfunkstaatsvertragsgesetzgebers zu fragen. Die genannten Komponenten werden auf ihre Übertragbarkeit auf Rundfunkänderungsstaatsverträge untersucht.

Die gegenwärtigen und möglichen zukünftigen Anforderungen an die Medienpolitik der Länder werden aus der Fachliteratur und der Rechtsprechung destilliert und in einen Zusammenhang mit der Entwicklung durch der Informations- und Kommunikationstechnologien gebracht. Die einschlägigen Gesetze und die Rechtsprechung des

Bundesverfassungsgerichts geben Hinweise auf mögliche politische Zielsetzungen und verfassungsrechtliche Vorgaben.

4. Im vierten und letzten Schritt geht es um eine mögliche Zukunftsperspektive und eine Anregung für weitere Untersuchungen und Diskussionen. Hierzu wird zunächst die aktuelle Diskussion um die Ausdifferenzierung eines Leitbildes „Media Governance" aufgegriffen. Um den Begriff zu schärfen, werden die Stärken und Schwächen von Governance im Allgemeinen und von Media Governance im Besonderen diskutiert und bewertet. Dem folgt ein Vorschlag für eine Neujustierung des Verfahrens und eine Abwägung der Vor- und Nachteile einer solchen Veränderung. Die Untersuchung endet mit einem Fazit und einem Ausblick.

3. MEDIENPOLITISCHE STEUERUNG UND RUNDFUNKSTAATSVERTRÄGE

Zur Einführung in die Thematik wird ein Überblick über die Historie des Rundfunks in der Bundesrepublik Deutschland und seine Entwicklung bis zur Einführung des dualen Systems gegeben. Sodann werden die rundfunkpolitischen Ziele anhand der Präambel des Rundfunkstaatsvertrages dargestellt. Ferner wird danach gefragt, welche Politikfelder zur Medienpolitik zählen. Die mangelnde sprachliche Kongruenz zwischen der Beschreibung des Politikfeldes als „Medienpolitik der Länder" und ihrem zentralen Steuerungsinstrument, dem Rundfunkänderungsstaatsvertrag, wird in diesem Kontext problematisiert.

3.1. Der Rundfunkstaatsvertrag und seine Entwicklung

Der erste Rundfunkstaatsvertrag ist am 01.12.1987 in Kraft getreten. Die Entstehungsgeschichte verdeutlicht die Grundgedanken und die ursprüngliche Ausrichtung des Rundfunkstaatsvertrages. Beide Elemente haben noch immer wesentlichen Einfluss auf die Ausgestaltung des Staatsvertrages.

3.1.1. Die Rundfunkpolitik der Länder in drei Phasen

Die Entwicklung der Rundfunkpolitik lässt sich grob in drei Phasen einteilen. Die erste Phase des Rundfunks war vom Aufbau des öffentlich-rechtlichen Rundfunks und seiner Anstalten geprägt. Die Aufbauphase des öffentlich-rechtlichen Rundfunks war nach dem Zweiten Weltkrieg wesentlich durch die Alliierten geprägt. Die Ausrichtung der politischen Maßnahmen war von der Überzeugung der Alliierten geleitet, dass die propagandistische Medienlenkung eine wesentliche Ursache für den Nationalsozialismus und seine verheerenden Folgen war.[20] Die neue Rundfunkordnung sollte die Unabhängigkeit des Rundfunks von Einflüssen des Staates und parteipolitischen Richtungen gewährleisten. Durch Verordnungen und durch Gesetze der Länder wurden 1948/49 sechs Rundfunkanstalten gegründet, die mit dem Recht zur Selbstverwaltung ausgestattet waren.[21] Die Rundfunkverfassung ist unter dem nachhaltigen Einfluss der westlichen Alliierten zustande gekommen und stand bis 1955 unter alliiertem Vorbehalt.

Nach dem „ersten Fernsehurteil" des Bundesverfassungsgerichts vom 28.02.1961[22] folgte die Gründung des Zweiten Deutschen Fernsehens. In der zweiten Phase hatte die Rundfunkpolitik die Fragen der Fernsehwerbung, der Gebührenfinanzierung und des Ausbaus der technischen Kommunikationswege für Hörfunk- und Fernsehsignale (Kabel, Satellit und verbreiterte Frequenzbänder) zu klären.[23] Immer wieder gab es Debatten über die Staatsferne des öffentlich-rechtlichen Rundfunks. Das

---

20 Jürgen Wilke, Überblick und Phasengliederung, in: Jürgen Wilke (Hrsg.), Mediengeschichte der Bundesrepublik Deutschland, Köln 1999, S. 15, 16.
21 Ansgar Diller, Öffentlich-rechtlicher Rundfunk, in: Jürgen Wilke (Hrsg.), Mediengeschichte der Bundesrepublik Deutschland, Köln 1999, S. 146.
22 BVerfGE 12, S. 205 ff. (Erstes Rundfunkurteil), siehe hierzu auch unter 8.2.2.
23 Ansgar Diller, Öffentlich-rechtlicher Rundfunk, in: Jürgen Wilke (Hrsg.), Mediengeschichte der Bundesrepublik Deutschland, Köln 1999, S. 158 ff.

Bundesverfassungsgericht griff 1971[24] und 1981[25] wiederholt in die rundfunkpolitische Entwicklung ein. Mit dem zweiten Rundfunkurteil stellte das Gericht heraus, dass die Veranstaltung von Rundfunk eine öffentliche Aufgabe sei und Rundfunkanstalten insofern eine öffentliche Aufgabe erfüllten und somit eine integrative Funktion für den demokratischen Staat besäßen.[26] Damit könne der Rundfunk nicht gewerblicher Art sein. Das Gericht stellte klar, dass die Rundfunkgebühr keine Gegenleistung für bestimmte Veranstaltungen sei.[27] Mit dem dritten Rundfunkurteil im Jahr 1981 schuf das Gericht die bis heute geltende Grundlage für die Einführung des privaten Rundfunks. Das Gericht prägte den Grundsatz, dass die Rundfunkfreiheit eine „dienende Freiheit" ist.[28] Dies bedeutet, dass Art. 5 Abs. 1 Satz 2 GG der Gewährleistung freier und öffentlicher Meinungsbildung dient und nicht allein einen subjektiv-rechtlichen Abwehranspruch gegen den Staat beinhaltet, sondern darüber hinaus eine Pflicht für Rundfunkveranstalter begründet.

Anfang der 80er Jahre, in der dritten Phase, war die Einführung des privaten Rundfunks und damit das duale System zu gestalten. Der Prozess der Einführung des privaten Rundfunks verlief unter den Bedingungen eines Wertewandels, der durch die Privatisierung des Öffentlichen, durch

---

24   BVerfGE 31, 314 ff. (Zweites Rundfunkurteil).
25   BVerfGE 57, 295 ff. (Drittes Rundfunkurteil).
26   BVerfGE 31, 314, 329 (Zweites Rundfunkurteil).
27   BVerfGE 31, 314, 330 (Zweites Rundfunkurteil).
28   BVerfGE 57, 295, 320 (Drittes Rundfunkurteil).

Individualisierung und Kommerzialisierung gekennzeichnet war. Dabei gehörte die Standortpolitik, gerade bei der Einführung des dualen Systems, zur Rundfunkpolitik der Länder. In den Folgejahren standen und stehen in Abständen die Fragen der Kultur- und Regelungskompetenz der Länder, die Schwerfälligkeit des Föderalismus, die Förderung von Rundfunk-Innovationen aus öffentlichen Haushalten, die Entwicklung des Rundfunkbegriffs, die Gebührenfinanzierung und die sogenannte „publizistische Gewaltenteilung" zwischen Presse und Rundfunk immer wieder im Fokus der medienpolitischen Debatten.[29] Das Thema der Digitalisierung der Frequenzen spielt eine zunehmend wichtige Rolle.

Die rundfunkrechtliche Steuerung knüpfte an der Knappheit der Verbreitungswege an. Vor allem sollte das „Chaos im Äther" verhindert werden. „Die Möglichkeit zur staatlichen Zuteilung knapper Ressourcen wurde aber zugleich zur Entwicklung eines politisch und später publizistisch geprägten Zuteilungskriteriums genutzt."[30] Die knappen Ressourcen sollten vor allem denjenigen zugutekommen, die Programme verbreiten, die der Allgemeinheit nutzen und sich publizistischen Belangen widmen. So war jedenfalls der theoretische Grundgedanke, an dem sich die Zuordnung von knappen Kapazitäten ausrichtete. Ein vorrangiges Ziel der Medienpolitik war es, die Vielfalt sicherzustellen. Die dritte Phase der Rundfunkpo-

---

[29] Rüdiger Steinmetz, Initiativen und Durchsetzung privat-kommerziellen Rundfunks, in: Jürgen Wilke (Hrsg.), Mediengeschichte der Bundesrepublik Deutschland, Köln 1999, S. 167.
[30] Wolfgang Hoffmann-Riem, Medienregulierung als objektiv-rechtlicher Grundrechtsauftrag, Medien & Kommunikationswissenschaft, 50 (2002) Nr. 2, S. 184.

litik war auch davon gekennzeichnet, dass die anwachsenden Vorgaben
des europäischen Rechtsrahmens zunehmend zu berücksichtigen waren.
Die Anforderungen, die die europäische Medienpolitik an die Länder
stellt, haben sich in den Folgejahren erheblich ausgeweitet. Die Europäische Union hat seit den frühen 1980er Jahren Einfluss auf die Medienpolitik der Länder und die Rundfunkregulierung genommen,[31] mit
dem Ziel der Europäisierung und Vereinheitlichung des Medienmarktes.
Dazu gehören die Überwachung eines einheitlichen Rechtsrahmens und
das Erarbeiten von Richtlinien für gemeinsame Mindeststandards in den
Bereichen der audiovisuellen Dienste, des Internethandels und des Urheberrechts.

3.1.2. Einführung des dualen Rundfunks

Ein grundsätzlicher rundfunkpolitischer Paradigmenwechsel war
Mitte der 80er Jahre mit der Beendigung des öffentlich-rechtlichen
Rundfunkmonopols zu verzeichnen.[32]

Der Paradigmenwechsel war politisch angestrebt, aber gleichzeitig auch
politisch sowie gesellschaftlich umstritten. Die Einführung des dualen

---

31 Thomas Latschan, Wofgang Wessles, Europäische Medienpolitik, in: Lutz
Hachmeister (Hrsg.), Grundlagen der Medienpolitik, Bonn 2008, S. 94.
32 Der frühe Vorstoß des Saarlandes, im Jahr 1967 privaten Rundfunk
zuzulassen, scheiterte. Das Bundesverfassungsgericht erklärte in seinem „dritten
Rundfunkurteil" mehrere Vorschriften des Saarländischen Rundfunkgesetzes
für verfassungswidrig und nichtig, BVerfGE, 57, 295 ff.

Systems erfolgte allerdings nicht final, sondern wurde auf Umwegen eingeleitet. Mit den „Kronberger Beschlüssen" einigten sich die Ministerpräsidenten am 14.11.1980 auf die Durchführung von vier Kabel-Pilotprojekten in Berlin, Mannheim/Ludwigshafen, München und Dortmund, die auf drei Jahre angelegt waren. Der Beschluss sah eine gemeinsame Kommission zur Begleitung der Projekte vor, die Mitglieder wurden allerdings erst knapp drei Jahre später berufen.[33] Die Kabel-Pilotprojekte sollten ein wissenschaftlicher Feldversuch zur Untersuchung der Chancen und Risiken neuer Kommunikationstechniken sein. Faktisch war es die Einführung des privaten Rundfunks über eine technische Großinvestition. Dieses Ziel war politisch gewollt, wurde jedoch, im Hinblick auf das umstrittene Thema, öffentlich nicht transparent kommuniziert.[34] Auf die Verkabelung der Haushalte und die Nutzung von Rundfunksatelliten folgte 1984 der Erlass der ersten Landesmediengesetze, die damals noch Landesrundfunkgesetze hießen. Als Aufsichtsinstanz gründete jedes Bundesland eine Anstalt des öffentlichen Rechts, die Landesanstalten für Rundfunk, die heute die Landesmedienanstalten heißen. Sie sind Genehmigungs- und Aufsichtsinstanz für die privaten Rundfunkveranstalter.

---

33 Rüdiger Steinmetz, Initiativen und Durchsetzung privat-kommerziellen Rundfunks, in: Jürgen Wilke (Hrsg.), Mediengeschichte der Bundesrepublik Deutschland, Köln 1999, S. 178.
34 Rüdiger Steinmetz, Initiativen und Durchsetzung privat-kommerziellen Rundfunks, in: Jürgen Wilke (Hrsg.), Mediengeschichte der Bundesrepublik Deutschland, Köln 1999, S. 179, 180.

Mit dem „Staatsvertrag zur Neuordnung des Rundfunkwesens", der am 01.12.1987 in Kraft getreten ist, wurde dann eine für alle Bundesländer verbindliche Grundlage für ein duales Rundfunksystem geschaffen, also für ein Nebeneinander von öffentlich-rechtlichem und privatem Rundfunk. Dieser Staatsvertrag war das Resultat eines zähen politischen Ringens und des fortschreitenden Anpassungsdrucks durch die technischen Entwicklungen und die von der EG-Kommission formulierte Notwendigkeit der Öffnung des Rundfunks für private Anbieter. Der Verabschiedung des Staatsvertrages gingen sechs Jahre äußerst kontroverser politischer Debatten voraus.[35] Das Bundesverfassungsgericht hat in seinem „Niedersachsen-Urteil" vom 04. November 1986 maßgeblich auf die Entscheidung eingewirkt. In dieser Grundsatzentscheidung wurde das duale System für verfassungsgemäß erklärt. Das Gericht stellte gleichzeitig fest, dass die Existenz privater Rundfunkveranstalter von einem funktionierenden öffentlich-rechtlichen System abhängig sei.[36] Der Rundfunkstaatsvertrag sollte das wesentliche politische Element dafür sein, die Grundsätze des dualen Rundfunksystems abzusichern.

---

35 Reinhart Ricker, Der Rundfunkstaatsvertrag – Grundlage einer dualen Rundfunkordnung in der Bundesrepublik, NJW 1988, Heft 8, S. 453.
36 BVerfGE 73, 118 (Viertes Rundfunkurteil).

3.2. Rundfunkpolitische Ziele: Medienpolitik versus Rundfunkpolitik?

Die Rundfunkpolitik der Länder schlägt sich im Wesentlichen in der Gesetzgebung des Rundfunkstaatsvertrages nieder. Die Präambel des Rundfunkstaatsvertrages gibt Hinweise auf die grundsätzlichen rundfunkpolitischen Ziele der Länder, sie bildet quasi die gemeinsame Leitlinie der Länder auf diesem Politikfeld ab. Dieser einleitende Text enthält Programmsätze und erläutert damit den Sinn und Zweck des Regelungswerkes. Es heißt dort unter anderem: „Dieser Staatsvertrag enthält grundlegende Regelungen für den öffentlich-rechtlichen und privaten Rundfunk in einem dualen Rundfunksystem der Länder des vereinten Deutschlands. Er trägt der europäischen Entwicklung des Rundfunks Rechnung. Der öffentlich-rechtliche und der private Rundfunk sind der freien individuellen öffentlichen Meinungsbildung sowie der Meinungsvielfalt verpflichtet. Beide Rundfunksysteme müssen in der Lage sein, den Anforderungen des nationalen und des internationalen Wettbewerbs zu entsprechen."[37] Neben den Grundaussagen zur Bestands- und Entwicklungsgarantie für den öffentlich-rechtlichen Rundfunk soll die Fortentwicklung für den privaten Rundfunk ermöglicht werden. Ferner werden die gerechte Frequenzaufteilung und die Notwendigkeit der Zusammenarbeit der Landesmedienanstalten aufgeführt. Rechtsdogmatisch handelt es sich dabei nicht nur um Absichtserklärungen. Die Aussagen der Präambel entfalten Bindungswirkung und sind die zentralen Zielvorgaben

---

37 Präambel des Rundfunkstaatsvertrages.

für die Auslegung der Regelungen des Rundfunkstaatsvertrages.³⁸ Zugleich sind die Ausführungen der Präambel „rundfunkpolitische Ziele, die einer imperativen Normierung unzugänglich sind".³⁹ Der Gedanke der Vereinheitlichung der Rundfunkpolitik der Länder sowie der Gedanke der Schaffung einer positiven Rundfunkordnung finden sich in der Präambel wieder.

Die Präambel des Rundfunkstaatsvertrages ist seit sechzehn Jahren im Wortlaut unverändert geblieben.⁴⁰ Die Leitlinien stammen im Wesentlichen aus den Anfängen der Rundfunkstaatsvertragsgesetzgebung. Der Wortlaut der Präambel macht keine spezifischen Aussagen über rundfunkpolitische Ziele unter den veränderten Bedingungen der Digitalisierung und des Internets, obwohl die Rundfunkpolitik der Länder faktisch über die klassische Rundfunkregulierung hinausgeht. Die Semantik der Präambel des Staatsvertrages spiegelt dies nicht wider. Die sprachliche Rundfunkzentrierung engt den Blickwinkel also ein. Über eine Überarbeitung der Präambel wird politisch gegenwärtig nicht debattiert, wohl auch deshalb, weil es keine gemeinsamen Vorstellungen der Länder über

---

38 Werner Hahn, Markus Witte, Präambel RStV, Rn. 10, 11, in: Beck'scher Kommentar zum Rundfunkrecht, Werner Hahn, Thomas Vesting (Hrsg.), 2. Aufl., München 2008.
39 Werner Hahn, Markus Witte, Präambel RStV, Rn. 10, in: Beck'scher Kommentar zum Rundfunkrecht, Werner Hahn, Thomas Vesting (Hrsg.), 2. Aufl., München 2008.
40 Werner Hahn, Markus Witte, Präambel RStV, Rn. 46, in: Beck'scher Kommentar zum Rundfunkrecht, Werner Hahn, Thomas Vesting (Hrsg.), 2. Aufl., München 2008.

die Grundausrichtung des Rundfunks in Zeiten des Internets gibt. Für eine solche Debatte, die sich von den eingetretenen Pfaden der Rundfunkzentrierung entfernt und die wirtschaftlichen, gesellschaftlichen und massenkommunikativen Folgen des Internets umfassen müsste, fehlt es auf Länderebene an einer politischen Arena. Auf diesen Gesichtspunkt und weitere Innovationshemmnisse wird im Zusammenhang mit Multi-level Governance noch einzugehen sein.[41]

Mitte der 1980er Jahre taucht der Begriff des „Medienrechts" auf. Das Medienrecht umfasst in seinem Kern die Regulierung von Presse, Rundfunk und Multimedia-Anbietern.[42] Das Medienrecht ist aus dem Rundfunkrecht hervorgegangen, das auf die Regulierung von Organisationen, nicht von Märkten gerichtet ist.[43] Das zentrale Ziel des Medienrechts ist nach dieser engen Einordnung die Sicherung der Meinungsvielfalt. Zur Erreichung dieses Ziels werden die Massenmedien reguliert. Daneben gibt es die machtpolitischen und interessengeleiteten Ziele. Wie auch auf anderen politischen Gebieten finden sie sich in der Regel nicht im Wortlaut von Rechtstexten wieder.

Zum Teil wird das Medienrecht als Oberbegriff für alle Rechtskonflikte verwendet, an denen Medien beteiligt sind, wie beispielsweise das

---

41 Siehe hierzu unter 8.3. und 8.8.
42 Thomas Vesting, Medienrecht, in: Lutz Hachmeister (Hrsg.), Grundlagen der Medienpolitik. Ein Handbuch, Bonn 2008, S. 267.
43 Thomas Vesting, Medienrecht, in: Lutz Hachmeister (Hrsg.), Grundlagen der Medienpolitik. Ein Handbuch, Bonn 2008, S. 268.

Urheberrecht, das Markenrecht, der Datenschutz oder das Telekommunikationsrecht. Ausgehend von der Erweiterung der Zuordnung von Sachthemen zum Medienrecht, spricht man auch nicht mehr von der Rundfunk-, sondern von der Medienpolitik. Obwohl das Politikfeld nunmehr als Medienpolitik bezeichnet wird, orientiert es sich in den Ländern nach wie vor am Modell der Rundfunkregulierung.[44] Dabei gibt es gegenwärtig keine konsistente Theorie der Medienregulierung, die den Paradigmenwechsel durch den Computer und das Internet aufgriffe.

Ende der 1990er und Anfang der 2000er Jahre wurden Landesrundfunkgesetze in Landesmediengesetze umbenannt und aus den Rundfunkkommissionen der Landesrundfunkanstalten wurden Medienkommissionen der Landesmedienanstalten. Im Sprachgebrauch der Politik wurde nicht mehr von der Rundfunk-, sondern von der Medienpolitik der Länder gesprochen. Zur Erweiterung des analytischen Blickwinkels ist es sinnvoll, das Feld der Medienpolitik weit abzustecken, auch wenn die juristische Einordnung möglicherweise an Trennschärfe verliert und eine enge Eingrenzung der juristischen Zuordnung zum Medienrecht durchaus sinnvoll sein kann.

Da aber das gesamte Politikfeld aufgrund der andauernden Entwicklung der Informations- und Kommunikationstechnologien stark in Bewegung ist, wird vorgeschlagen, zwei Stränge der Medienpolitik und ihrer

---

44 Thomas Vesting, Medienrecht, in: Lutz Hachmeister (Hrsg.), Grundlagen der Medienpolitik. Ein Handbuch, Bonn 2008, S. 269.

Rechtsetzung zu differenzieren: zum einen den Bereich der Massenmedien und ihrer Regulierung mit dem Ziel der Sicherung der Meinungsvielfalt, also das traditionelle Politikfeld; und zum anderen die gesamten hybriden Themenfelder, in denen Medien und Mediennutzer interagieren. Dies erscheint insofern hilfreich, als der Computer und das Internet die Unterscheidung zwischen Individual- und Massenkommunikation verschwimmen lassen. Zum jetzigen Zeitpunkt kann auch noch nicht abschließend beurteilt werden, welche medienpolitischen Felder tatsächlich im Bereich der Medienpolitik der Länder verbleiben werden.

4. VON DEN STEUERUNGSTHEORIEN ZUR GOVERNANCE-PERSPEKTIVE

Die Staatsvertragsgesetzgebung, ihre Veränderung und Anpassung, erfolgt durch Rundfunkänderungsstaatsverträge. Dabei spielen die Rechtsetzung und Verfahren sowie Interaktionen zwischen staatlichen und privaten Akteuren eine wesentliche Rolle. Die Untersuchung politischer Steuerungsprozesse erfordert geeignete Analyseinstrumente.

Bevor auf die Analyseinstrumente eingegangen wird, soll zunächst erläutert werden, was allgemein unter Steuerung und speziell unter politischer Steuerung zu verstehen ist. Sodann wird die Entwicklung von den politischen Steuerungstheorien hin zur Governance-Forschung dargestellt.

4.1. Der Begriff der politischen Steuerung

Im allgemeinen Sprachgebrauch wird unter Steuerung „die Einstellung, Erhaltung oder Veränderung der Zustände eines Systems durch externe Festlegung einer oder mehrerer das Verhalten des Systems bestimmender Größen ohne Rückkopplung" verstanden.[45]

---

45 Brockhaus - Die Enzyklopädie: in 30 Bänden. 21., neu bearbeitete Auflage. Leipzig, Mannheim: F.A. Brockhaus 2005-07. Online-Ausgabe mit aktualisierten Artikeln aus der Brockhaus-Redaktion.

Der Begriff der politischen Steuerung wird unterschiedlich verwendet und steht heute im Zusammenhang mit dem Staatsbegriff der modernen bürgerlichen Staatstheorie.[46] Zunächst stand das Steuerhandeln staatlicher Akteure im Vordergrund der Betrachtung. Im politikwissenschaftlichen Kontext wurde politische Steuerung zunächst eng, „im Sinne [der Fähigkeit] zur konzeptionell orientierten Gestaltung der gesellschaftlichen Umwelt durch politische Instanzen"[47], verstanden.

Nach dem handlungsorientierten Steuerungsbegriff setzt Steuerung ein Steuerungssubjekt im Sinne eines Steuerungsakteurs voraus. Dies können Personen oder handlungsfähige soziale Kollektive sein. Ferner bedarf es eines oder mehrerer Steuerungsobjekte, eines Steuerungsziels, auf das die Steuerungstätigkeit gerichtet ist, einer Steuerungsintervention, also des Einsatzes von Maßnahmen, um das Steuerungsziel zu verwirklichen, und einer Vorstellung von den Wirkungsbeziehungen zwischen Steuerungsaktivitäten und Steuerungsergebnissen. Dabei wird nicht vorausgesetzt, dass das angestrebte Ziel auch tatsächlich erreicht werde. Handeln und Wirkung sind zu unterscheiden, damit eine getrennte Analyse möglich ist.

---

46 Axel Görlitz/Hans-Peter Burth, Politische Steuerung, 2. Aufl., Opladen 1998, S. 116.
47 Renate Mayntz, Politische Steuerung und politische Steuerungsprobleme. Anmerkungen zu einem theoretischen Paradigma, in: Thomas Ellwein/Joachim Jens Hesse/Renate Maynz (Hrsg.), Jahrbuch zur Staats- und Verwaltungswissenschaft, Bd. 1. Baden-Baden 1987, S. 92.

In den Sozialwissenschaften gab es immer wieder Diskussion über die
Ausweitung und Konturen des politischen Steuerungsbegriffs.

Renate Mayntz kritisiert in diesem Zusammenhang, dass der Begriff der
politischen Steuerung an Trennschärfe verliere, wenn man ihn ganz allgemein mit Handlungskoordination oder sozialer Ordnung gleichsetze
und Steuerung als eine Art des Handelns, als Prozess oder Systemfunktion
begreife.[48] Dahinter verbirgt sich die grundsätzliche Frage, ob politische
Steuerung überhaupt möglich ist. Vermischt man diese Debatte mit der
Frage, welche Komponenten zur Steuerung dazugehören, ist es kaum möglich, den Begriff des Steuerns begrifflich zu erfassen. Dies ist im ersten analytischen Schritt notwendig, um Steuerungsziele, Steuerungsinstrumente
und Systemfunktionen unterscheidbarer machen zu können. Im nächsten
Schritt können dann die Grenzen der Steuerung untersucht werden.

Vor dem Hintergrund der Kenntnis der Relativierung der Steuerungstätigkeit des Staates wird in der politikwissenschaftlichen Forschung die Notwendigkeit von politischer Steuerung nicht in Frage gestellt.[49] Geht man
also von der Grundannahme aus, dass politische Steuerung grundsätzlich

---

48 Renate Mayntz, Politische Steuerung und politische Steuerungsprobleme.
Anmerkungen zu einem theoretischen Paradigma, in: Thomas Ellwein/Joachim
Jens Hesse/Renate Maynz (Hrsg.), Jahrbuch zur Staats- und Verwaltungswissenschaft, Bd. 1. Baden-Baden 1987, S. 92.
49 Renate Martinsen, Demokratie und Diskurs. Organisierte Kommunikationsprozesse in der Wissensgesellschaft, 1. Aufl., Baden-Baden 2006, S. 22.

möglich ist,⁵⁰ stellt sich die Frage nach den Steuerungsinstrumenten und Steuerungszielen. Zu den wesentlichen politischen Steuerungsinstrumenten zählen das Recht, Macht, Geld, Strukturierungen im Sinne von Verhaltensangeboten und Information.⁵¹ Die Wahrscheinlichkeit, ein angestrebtes Ziel zu erreichen und damit erfolgreich zu steuern, hängt wesentlich von der Komplexität und der Dimension der Problemstellung sowie den jeweiligen Akteuren ab.⁵² Die Konkretisierung von Zielvorstellungen ist ein wichtiger Faktor, um einen Steuerungserfolg zu erreichen. Allerdings müssen die formulierten Ziele auch an die zu steuernden Bereiche angepasst sein.

4.2. Politische Steuerungstheorien

Die Entwicklung der Steuerungstheorien zeigt die Möglichkeiten und Grenzen der politischen Steuerung auf.

In der Politikwissenschaft haben sich seit den 60er Jahren steuerungstheoretische Ansätze entwickelt. Allgemein formuliert, befassen sich die

---

50 Auch Niklas Luhmann, der die Steuerung gesellschaftlicher Subsysteme insbesondere durch regulatives oder interventionistisches Recht bezweifelt, konstatiert: „[D]ass Politik sich auswirkt, kann ebenso wenig bestritten werden wie, dass es ihr gelingt, Systemzustände (und seien es die eigenen) in der gewünschten Richtung zu determinieren." In: Niklas Luhmann, Die Politik der Gesellschaft, 1. Aufl. Frankfurt am Main 2002, S. 110.
51 Axel Görlitz/Hans-Peter Burth, Politische Steuerung, 2. Aufl., Opladen 1998, S. 33.
52 Jörg Klawitter, Staatstheorie als Steuerungstheorie? In: Heinrich Bußdorf (Hrsg.), Politische Steuerung, 1. Aufl., Baden-Baden 1992, S. 196.

Steuerungstheorien mit der Frage der Möglichkeit und Reichweite der Beeinflussung gesellschaftlicher Systeme und gesellschaftlicher Prozesse durch politische Instanzen. Dazu gehört die Analyse, welche politischen und gesellschaftlichen Voraussetzungen für erfolgreiche politische Steuerung gegeben sein müssen, welche Steuerungsinstrumente unter welchen Bedingungen Erfolg versprechen und welche Rollen den Steuerungssubjekten und den Steuerungsobjekten im Steuerungsprozess jeweils zukommen. Die Perspektive der Planungsansätze war die Vorstellung „einer primär hierarchischen, etatistischen Gestaltung gesellschaftlicher Felder durch Politik, mit der Ministerialbürokratie als zentralem Gestaltungssubjekt, das ‚von oben' mit großer Zielgenauigkeit dirigistisch in ein jeweiliges Gestaltungsobjekt – zum Beispiel die Hochschulen, Unternehmen oder weiniger organisierte Handlungsfelder in einer Gesellschaft – hineinzuwirken vermag."[53]

Nachdem zunächst ein gewisser Steuerungs- und Planungsoptimismus in der politikwissenschaftlichen Forschung verbreitet war, wuchs mit den Forschungsergebnissen die Erkenntnis der Grenzen politischer Steuerungsmöglichkeiten. In der wissenschaftlichen Diskussion wurden die Planungsansätze, die sich in den späten 60er Jahren im Geleitzug der steuerungstheoretischen Debatten entwickelten, zunehmend kritisch

---

53 Arthur Benz, Susanne Lütz, Uwe Schimank, Georg Simonis, Einleitung, in: Arthur Benz, Susanne Lütz, Uwe Schimank, Georg Simonis (Hrsg.), Handbuch Governance. Theoretische Grundlagen und empirische Anwendungsfelder. Wiesbaden 2007, S. 12.

bewertet.[54] In den 70er Jahren standen die institutionellen und organisatorischen Bedingungen der Politikentwicklung im Fokus der Forschung. Danach findet die Politikentwicklung innerhalb des politisch-administrativen Systems statt und wird durch das Implementieren staatlicher Vollzugsinstanzen gesteuert. In den folgenden Jahren wurden die Grenzen der Steuerungsfähigkeit des Staates erkannt, die Steuerbarkeit gesellschaftlicher Teilbereiche in Frage gestellt und staatliches Steuerungsversagen diskutiert.[55] Die Forschung löste sich von der Perspektive allein auf das politisch-administrative System und bezog fortan gesellschaftliche Akteure ein. Interaktionen und „Rückkoppelungen" wurden zunehmend in die Analyse einbezogen. Die Beschreibung der Regelkreismodelle auf der Grundlage der Kybernetik wurde auf Steuerungs- und Regelvorgänge bei Lebewesen und Systemen übertragen. Die Kybernetik wird als Steuerungswissenschaft[56] bezeichnet. In der Kybernetik wird zwischen Steuerung und Regelung unterschieden. In einem Regelungsmechanismus ist ferner eine „Rückkoppelungsschleife" enthalten.[57] Der Begriff

---

54 Renate Mayntz, Zur Selektivität der steuerungstheoretischen Perspektive, in: Hans-Peter Burth/Axel Görlitz (Hrsg.), Politische Steuerung in Theorie und Praxis, 1. Aufl., Baden-Baden 2001, S. 18.
55 Renate Mayntz, Zur Selektivität der steuerungstheoretischen Perspektive, in: Hans-Peter Burth/Axel Görlitz (Hrsg.), Politische Steuerung in Theorie und Praxis, 1. Aufl., Baden-Baden 2001, S. 18.
56 Volker Schneider, Frank Janning, Politikfeldanalyse. Akteure, Diskurse und Netzwerke in der öffentlichen Politik, 1. Aufl., Wiesbaden 2006, S. 162.
57 Helmut Schwengler, Gerhard Roth, Steuerung, Steuerbarkeit und Steuerungsfähigkeit komplexer Systeme, in: Heinrich Bußhoff (Hrsg.), Politische Steuerung. Steuerbarkeit und Steuerungsfähigkeit. Beiträge zur Grundlagendiskussion, Baden-Baden 1992, S. 12.

Kybernetik leitet sich von dem griechischen Begriff „kybernân" ab, was so viel bedeutet wie: die Kunst, ein Schiff zu steuern.[58]

Einen wesentlichen Beitrag für die Erkenntnisse der Grenzen gesellschaftlicher Steuerung durch Politik hat die Politikfeldanalyse, die auch als Policy-Forschung bezeichnet wird, geleistet. Sie untersucht das politische Handeln im Hinblick auf drei Kernfragen, nämlich, was politische Akteure tun, warum sie es tun und welche Wirkung ihre Handlungen entfalten. Diese Grundausrichtung orientiert sich am Titel des Lehrbuchs von Thomas S. Dye „Policy Analysis is what Governments do, why they do it and what difference it makes".[59] In der deutschen Politikwissenschaft entwickelte sich die Politikfeldanalyse Mitte der 80er Jahre, wobei Grundgedanken durchaus auch schon in der Planungsdebatte der 60er Jahre erkennbar sind.[60] Allgemein gesprochen, befasst sich die Politikfeldanalyse mit den konkreten Inhalten, Determinanten und Wirkungen politischen Handelns.

In zahlreichen Fallstudien zu politischen Entscheidungsprozessen konnte durch die empirische Arbeit der Politikfeldforschung festgestellt werden,

---

58 Brockhaus Die Enzyklopädie: in 30 Bänden. 21., neu bearbeitete Auflage. Leipzig, Mannheim: F.A. Brockhaus 2005 07. Online-Ausgabe mit aktualisierten Artikeln aus der Brockhaus-Redaktion.
59 Klaus Schuppert, Nils C. Bandelow, Politikfeldanalyse: Dimensionen und Fragestellungen, in: Klaus Schuppert, Nils C. Bandelow (Hrsg.), Lehrbuch der Politikfeldanalyse 2.0, 2. Aufl., München, 2008, S. 4.
60 Volker Schneider, Frank Janning, Politikfeldanalyse. Akteure, Diskurse und Netzwerke in der öffentlichen Politik, 1. Aufl., Wiesbaden 2006, S. 28, 29.

„dass erfolgreiche Politik nicht nur von der Steuerungsfähigkeit der Politik, sondern auch von der Steuerbarkeit der Adressaten und damit von den Merkmalen des Politikfeldes abhängt".[61] Es wird deutlich, dass die Erkenntnisse über die Mechanismen politischer Steuerung nicht spezifisch sind. Unterschiedliche Politikfelder haben unterschiedliche Regeln und Interaktionsmuster. Die theoretischen Ansätze haben sich damit von der Handlungsorientierung hin zu einer akteurzentrierten Steuerungsperspektive verändert.

Es wurde festgestellt, dass politische Steuerung kaum noch als ein rational ausformbares, lineares Verlaufsdesign beschrieben werden kann. Vielmehr zeigten die Ergebnisse der empirischen Forschung, dass es sich bei den Steuerungsprozessen um irreduzible und rekurrente Verlaufszirkel handelt. Der Fokus richtet sich damit auf die Wechselwirkungen zwischen der Top-down- und der Bottom-up-Perspektive politischer Steuerungsprozesse.[62] Politische Steuerung wird nunmehr als ein vielschichtiges, komplexes Interaktionsmuster innerhalb eines interdependenten Ak-

---

61 Renate Mayntz, Von der Steuerungstheorie zu Global Governance, in: Gunnar Folke Schuppert/Michael Zürn (Hrsg.) Governance in einer sich wandelnden Welt, 1. Aufl., Wiesbaden 2008, S. 44.
Volker Schneider, Frank Janning, Politikfeldanalyse. Akteure, Diskurse und Netzwerke in der öffentlichen Politik, 1. Aufl., Wiesbaden 2006, S. 160.
62 Axel Görlitz/André Bergmann, Politikwissenschaftliche Steuerungstheorie als Theorienetz. Auf dem Weg zu einer reifen empirischen Steuerungstheorie, in: Hans-Peter Burth/Axel Görlitz (Hrsg.), Politische Steuerung in Theorie und Praxis, 1. Aufl., Baden-Baden 2001, S. 32.

teurgeflechts verstanden.⁶³ Mit diesen Transformationsprozessen geht der Wandel des Staatsverständnisses einher, von einem hierarchischen Staat, der von „oben" nach „unten" regiert, zu einem Staat, der mit privaten Akteuren kooperiert, um öffentliche Aufgaben zu erfüllen und politische Ziele zu erreichen. Den „kooperativen Staat" zeichnet u.a. aus, dass er Zugang zu seinen Entscheidungsprozessen gewährt und Gruppenmeinungen und Gruppeninteressen im demokratischen Gefüge anerkennt und sie in die Entscheidungsfindung einbezieht.⁶⁴

Steuerungstheoretisch ist schon lange bekannt, dass die politische Steuerung im Geiste Platons, nach der ein Staatsmann mit großer Weitsicht und Verantwortung das „Staatsschiff" zum Wohle aller lenkt und auch lenken kann,⁶⁵ überkommen ist. Zum einen ist ein solches Staatsverständnis im Grunde totalitär und im Sinne einer demokratischen Gesellschaftstheorie nicht mehr anwendbar.⁶⁶ Zum andern wird in der Politikwissenschaft und Soziologie die Annahme bezweifelt, dass politische Steuerung zielgerichtet und kausal verlaufe und Erfolge und Misserfolge politischen Akteuren allein zuzurechnen seien.

---

63 Volker Schneider, Frank Janning, Politikfeldanalyse. Akteure, Diskurse und Netzwerke in der öffentlichen Politik, 1. Aufl., Wiesbaden 2006, S. 85.
64 Ernst-Hasso Ritter, Der kooperative Staat, in: Archiv des öffentlichen Rechts, 104, S. 408, 409.
65 Jörg Klawitter, Staatstheorie als Steuerungstheorie? In: Heinrich Bußhoff (Hrsg.), Politische Steuerung. Steuerbarkeit und Steuerungsfähigkeit. Beiträge zur Grundlagendiskussion. 1. Aufl., Baden-Baden 1992, S. 200.
66 Jörg Klawitter, Staatstheorie als Steuerungstheorie? In: Heinrich Bußdorf (Hrsg.), Politische Steuerung, 1. Aufl., Baden-Baden 1992, S. 201.

In der politischen Praxis und im Hinblick auf die Erwartungen, die Betroffene, Wähler, die Wirtschaft und Interessengruppen an die Politik haben, wird weiterhin erwartet, dass die Politik gesellschaftlich gewünschte Entwicklungen zielgerichtet und kausal steuern kann. Gleichzeitig wird die Wirkungskompetenz von politischer Steuerung in Frage gestellt. Die Politik selbst lebt in einer Art „Kontrollillusion", so „als ob sie tatsächlich über Riesenmengen kausaler Faktoren (Uraschen und Wirkungen) jetzt disponieren könnte". Luhmann resümiert diesen Zustand wie folgt: „Wir treffen hier auf die Wurzel der hochgradig illusionären und zugleich äußerst wirksamen (weil motivierenden) Kausalitätsvorstellung des politischen Handelns. Und nur dank dieser Illusion, die zur Selbstzurechnung führt, kann man überhaupt von politischem Handeln sprechen."[67]

Mit der Governance-Debatte, die seit etwa 1990 andauert und nicht „erlahmt"[68], wird die Steuerungsdiskussion erweitert, zum Teil wird sogar von einem Paradigmenwechsel gesprochen.[69] Außerdem wird die steuerungstheoretische Grundannahme in Frage gestellt, dass politische Akteure primär an der Lösung gesellschaftlicher Probleme orientiert seien und dass Problemlösung die zentrale Aktivität von Politik und

---

67 Niklas Luhmann, Die Politik der Gesellschaft, 1. Aufl., Frankfurt am Main 2002, S. 23, 24.
68 Gunnar Folke Schuppert, Governance – auf der Suche nach Konturen eines „anerkannt uneindeutigen Begriffs", in: Gunnar Folke Schuppert, Michael Zürn (Hrsg.) Governance in einer sich wandelnden Welt, 1. Aufl. Wiesbaden 2008, S. 13.
69 Renate Mayntz, Von der Steuerungstheorie zu Global Governance, in: Gunnar Folke Schuppert, Michael Zürn (Hrsg.) Governance in einer sich wandelnden Welt, 1. Aufl. Wiesbaden 2008, S. 45.

Verwaltung sei.[70] Macht werde im Kontext der Steuerungstheorien zwar nicht ausgeblendet, aber nur im Kontext von Problemlösungen behandelt und nicht als Handlungsziel des Machtzuwachses und Machterhalts.[71]

Die steuerungstheoretische Perspektive ist selektiv, nicht alle Problemlagen können in einer konsistenten Theorie bearbeitet werden. Insofern besteht die Notwendigkeit zur Differenzierung, um eine unterscheidbare Problemzuordnung und eine Problemanalyse vornehmen zu können.[72] Die wissenschaftlichen Ansätze innerhalb der Governance-Forschung und das Einnehmen der Governance-Perspektive erweitern den analytischen Blick.

---

70 Renate Mayntz, Zur Selektivität der steuerungstheoretischen Perspektive, in: Hans-Peter Burth/Axel Görlitz (Hrsg.), Politische Steuerung in Theorie und Praxis, S. 19.
71 Renate Mayntz, Zur Selektivität der steuerungstheoretischen Perspektive, in: Hans-Peter Burth/Axel Görlitz (Hrsg.), Politische Steuerung in Theorie und Praxis, S. 19.
72 Axel Görlitz/André Bergmann, Politikwissenschaftliche Steuerungstheorie als Theorienetz. Auf dem Weg zu einer reifen empirischen Steuerungstheorie, in: Hans-Peter Burth/Axel Görlitz (Hrsg.), Politische Steuerung in Theorie und Praxis, 1. Aufl. Baden-Baden 2001, S. 29.

5. GOVERNANCE ALS ANALYSEINSTRUMENT

Aufgrund der Vielschichtigkeit und Uneindeutigkeit der Governance-Perspektive ist es zunächst erforderlich, sich mit ihrer Begriffsentwicklung auseinanderzusetzen. Ferner werden der weite und der enge Governance-Ansatz unterschieden und die Ausdifferenzierung von Governance-Begriffen dargestellt. Der Konturierung dient ferner die Unterscheidung von Governance als Analyseinstrument und Governance als normativem Konzept. Zur weiteren Präzisierung des Umgangs mit dem Governance-Ansatz wird der theoretische Analyserahmen abgesteckt.

5.1. Begriffsentwicklung

Die Verwendung des Governance-Begriffes ist in Mode gekommen. Der Governance-Ansatz scheint das Mittel dafür zu sein, komplexe Strukturen, in denen eine unübersichtliche Anzahl von Akteuren interagiert, sowie unüberschaubare Problemlagen zu bewältigen. Komplexe und kaum überschaubare Strukturen finden sich auf allen lokalen, regionalen, nationalen und internationalen Ebenen. Sie sind von der Politik, der öffentlichen Verwaltung, Verbänden und Universitäten genauso zu bewältigen wie von privaten Unternehmen aller Branchen. Dies gilt für Presseunternehmen ebenso wie für den öffentlichen und privaten Rundfunk, die gegenwärtig den Übergang ins Zeitalter des Internets bewältigen müssen. Es geht um Steuerungs- und Koordinationsmechanismen, um Wettbewerb, die Ausübung von Macht, um Verhandlungen und Vertrauen. Am Ende sollen Probleme effektiv, orientiert an der Ausrichtung des jeweiligen Bereiches, bearbeitet werden. Dabei ist die gemeinsame

„Grunderfahrung" von Akteuren des öffentlichen Lebens, „dass wir in zahllosen Bereichen des öffentlichen Lebens auf Problemlagen stoßen, bei denen die Formen staatlichen und generell hierarchischen Handelns (militärische Gewaltausübung, [Rechts-]Befehl und Zuteilung von negativen und positiven materiellen Leistungen) ebenso manifest versagen, wie marktliche oder quasi-marktliche Anreize".[73]

Die breite Anwendungspraxis von Governance könnte eine „postmodernen Beliebigkeit" nahelegen, einen Anglizismus, der alten Wein in neue Schläuche gießt[74]; einen Begriff, mit dem die Politik, private Unternehmen und die Wissenschaft die Steuerungsschwächen kompensieren und sich gleichzeitig als gegenwartsorientiert und innovativ präsentieren können, ohne dabei Problemlösungskonzepte genau zu definieren.

Der Informationswert des Begriffs Governance ist gering und seine Kontur uneindeutig.[75] So gibt es denn auch keine allgemeingültige Definition von Governance, und der Anwendungsbereich des Begriffs erstreckt sich über alle zentralen gesellschaftlichen Kontexte.

---

73 Claus Offe, Governance – „Empty signifier" oder sozialwissenschaftliches Forschungsprogramm? In: Gunnar Folke Schuppert, Michael Zürn (Hrsg.), Governance in einer sich wandelnden Welt, 1. Aufl., Wiesbaden 2008, S. 67.
74 Arthur Benz, Einleitung: Governance – Modebegriff oder nützliches sozialwissenschaftliches Konzept? In: Arthur Benz (Hrsg.), Governance – Regieren in komplexen Regelsystemen, 1. Aufl., Wiesbaden 2004, S. 12, 27.
75 Claus Offe, Governance – „Empty signifier" oder sozialwissenschaftliches Forschungsprogramm? In: Gunnar Folke Schuppert, Michael Zürn (Hrsg.), Governance in einer sich wandelnden Welt, 1. Aufl., Wiesbaden 2008, S. 67.

Der weite Anwendungsbereich von Governance erfordert also eine differenzierte Betrachtung und eine Präzisierung, um klarzustellen, mit welchem Governance-Begriff gearbeitet wird.

Da Governance vielschichtige Problemlagen erfasst, geht es um die Beobachtung von Merkmalen dieser Probleme, die sich dadurch auszeichnen, dass sie sich nicht abstrakt-generell erfassen lassen, sondern durch ihre Beschreibung erschlossen werden müssen. In der Politikwissenschaft gibt es viele Begriffe, die nicht allgemeingültig definiert sind, wie Politik, Staat, Globalisierung oder soziale Marktwirtschaft. Sie bedürfen der Beschreibung und der Berücksichtigung der Perspektive, die bei dieser Beschreibung eingenommen wird.

Die Übersetzung aus dem Englischen ergibt, dass mit „governance" nicht bloß das Regieren und Steuern gemeint ist, sondern die Art und Weise dieser Tätigkeit und der Prozess des Regierens.[76] Governance konzentriert sich auf die Interaktion zwischen Regierungen, Verwaltungen und gesellschaftlichen Akteuren.[77] Der Begriff „government" umfasst das Re-

---

76 Arthur Benz, Susanne Lütz, Uwe Schimank, Georg Simonis, Einleitung, in: Arthur Benz, Susanne Lütz, Uwe Schimank, Georg Simonis (Hrsg.), Handbuch Governance, Theoretische Grundlagen und empirische Anwendungsfelder, 1. Aufl., Wiesbaden 2007, S.10.
77 Renate Mayntz, Von der Steuerungstheorie zu Global Governance, in: Gunnar Folke Schuppert, Michael Zürn (Hrsg.) Governance in einer sich wandelnden Welt, 1. Aufl., Wiesbaden 2008, S. 45.

gierungssystem eines Staates sowie seine Institutionen und richtet den Fokus auf die hierarchischen Strukturen.[78]

Es gibt kein Verb zu Governance. Man kann sagen, dass jemand ein Land regiert oder Koalitionsverhandlungen steuert. Sprachlich ist das bei Governance nicht möglich. Es ist eine Beschreibung notwendig, die den Kontext, die Perspektive und die Haltung verdeutlicht, die im Zusammenhang mit Governance eingenommen werden.

Die Merkmale von Governance sind kontextbezogen. Insofern haben sich innerhalb der verschiedenen wissenschaftlichen Disziplinen unterschiedliche Governance-Begriffe ausdifferenziert. Verortet war das Governance-Konzept zunächst bei der Wirtschaftswissenschaft. Dort wurde festgestellt, dass nicht nur Marktmechanismen und Allokationsmodelle für den Erfolg eines Unternehmens von Bedeutung sind, sondern auch die Unternehmensorganisation und die Koordinierung von Marktakteuren,[79] das heißt, dass der Markt nicht alle wirtschaftlichen Probleme lösen kann, sondern Regeln gelten müssen, damit die Koordinierung zwischen Marktteilnehmern funktioniert. Die Governance-

---

78 Arthur Benz, Einleitung: Governance – Modebegriff oder nützliches sozialwissenschaftliches Konzept? In: Arthur Benz (Hrsg.), Governance – Regieren in komplexen Regelsystemen, 1. Aufl., Wiesbaden 2004, S. 16.
79 Gunnar Folke Schuppert, Governance – auf der Suche nach Konturen eines „anerkannt uneindeutigen Begriffs", in: Gunnar Folke Schuppert, Michael Zürn (Hrsg.), Governance in einer sich wandelnden Welt, 1. Aufl., Wiesbaden 2008, S. 16.

Perspektive machte also den Blick frei für neue Organisations- und Koordinierungsmodelle. In der Folge wurden Komponten von „Corporate Governance" diskutiert. Corporate Governance befasst sich insbesondere mit den grundlegenden Fragestellungen, die Wirtschaftsunternehmen betreffen, nämlich ihrer gesellschaftlichen Verantwortung, Transparenzregelungen und Anreizsystemen für Management sowie der Organisation von Aufsichtsratsfunktionen.[80] Mit der Erweiterung der Perspektive wird das Ziel verfolgt, Interdependenzen zwischen verschiedenen am Unternehmen beteiligten Akteurgruppen zu managen. Corporate Governance untersucht dazu Strukturen, Regeln und Praktiken der Steuerung von börsennotierten Unternehmen. Die Ausrichtung des Fokus auf solche Unternehmen resultiert daraus, dass die Probleme von Governance dort besonders stark auftreten.[81]

Der zweite Forschungsstrang, auf dessen Grundlagen sich Governance entwickelt hat, war die Politikwissenschaft, bezogen auf das Feld der internationalen Beziehungen. Die Zentralbegriffe, die in diesem Zusammenhang geprägt wurden, heißen „Global Governance" und „Governance without Government". Der Fokus dieses Forschungsstrangs liegt auf der Beschreibung internationaler Beziehungen und der Analyse von

---

80 Ulrich Jürgens, Corporate Governance – Anwendungsfelder und Entwicklungen, in: Gunnar Folke Schuppert (Hrsg.), Governance-Forschung, 2. Aufl., Baden-Baden, S. 47.
81 Dagmar Eberle, Corporate Governance, in: Arthur Benz, Susanne Lütz, Uwe Schimank, Georg Simonis (Hrsg.), Handbuch Governance. Theoretische Grundlagen und empirische Anwendungsfelder. Wiesbaden 2007, S. 378.

Formen politischer Steuerung, der Koordination in internationalen Systemen sowie der normativen Interpretationen von „Global Governance", inklusive eines Ordnungskonzeptes zur Lösung globaler Probleme.[82] Im Kontext der Forschung zu den Mechanismen internationaler Politik, vor allem auch auf der europäischen Ebene, wurde der Begriff „Multilevel Governance" geprägt, der auch bei der Föderalismus-, der Policy- und der Verwaltungsforschung eine wichtige Rolle spielt.[83]

Weitere Begriffe haben sich ausdifferenziert, hierzu zählt „Regional Governance", wo es um die Frage der Entwicklungsprozesse auf regionaler Ebene geht. Auch dieser Begriff schließt an die Diskussion von „Global Governance" an. Er setzt bei Problemstellungen wie beispielsweise dem Schrumpfen von ländlichen Regionen an sowie der Frage, wie gemeinschaftliche Problemlösungen aussehen könnten.[84] Bei „Local

---

82 Maria Behrens, Alexander Reichwein, Global Governance, in: Arthur Benz, Susanne Lütz, Uwe Schimank, Georg Simonis (Hrsg.), Handbuch Governance. Theoretische Grundlagen und empirische Anwendungsfelder. Wiesbaden 2007, S. 311 ff.
83 Arthur Benz, Multilevel Governance, in: Arthur Benz, Susanne Lütz, Uwe Schimank, Georg Simonis (Hrsg.), Handbuch Governance. Theoretische Grundlagen und empirische Anwendungsfelder. Wiesbaden 2007, S. 297 ff.
84 Dietrich Fürst, Regional Governance, in: Arthur Benz, Susanne Lütz, Uwe Schimank, Georg Simonis (Hrsg.), Handbuch Governance. Theoretische Grundlagen und empirische Anwendungsfelder. Wiesbaden 2007, S. 353 ff.

Governance" geht es um die speziellen Bedingungen auf kommunaler Ebene und das Verhältnis der Kommunen zu ihren Bürgern.[85]

Der dritte Strang wurde im Kontext der Weltbank geprägt. Mit „Good Governance" sollte eine effiziente und rechtsstaatliche Vergabepraxis von Krediten an Entwicklungs- und Transformationsländer zum Ausdruck gebracht werden. Mit Good Governance differenzierte sich ein normatives Konzept heraus.[86]

Die Begriffe „Multilevel Governance", „Governance im modernen Staat" und „Good Governance" sollen der Untersuchung der Rundfunkänderungsstaatsverträge und ihrer Interaktionsmuster als Analyse- und Bewertungsinstrumente dienen und werden an späterer Stelle aufgegriffen und vertiefend bearbeitet.[87]

Die Governance-Forschung ist also nicht nur einer wissenschaftlichen Disziplin zuzuordnen. Sie findet in der Politikwissenschaft, der Rechtswissenschaft, der Wirtschaftswissenschaft und der Soziologie, aber auch in der Geschichtswissenschaft und der Philosophie statt. Insofern liegt die

---

85 Lars Holtkamp, Local Governance, in: Arthur Benz, Susanne Lütz, Uwe Schimank, Georg Simonis (Hrsg.), Handbuch Governance. Theoretische Grundlagen und empirische Anwendungsfelder. Wiesbaden 2007, S. 366 ff.
86 Gunnar Folke Schuppert, Governance – auf der Suche nach Konturen eines „anerkannt uneindeutigen Begriffs" , in: Gunnar Folke Schuppert, Michael Zürn (Hrsg.), Governance in seiner sich wandelnden Welt, 1. Aufl., Wiesbaden 2008, S. 17.
87 Siehe unter 8., 10. und 10.1.

Diskussion nahe, inwiefern Governance als „Brückenbegriff" zwischen den Disziplinen dienen kann.[88] Dabei geht es wohl nicht darum, begriffliche Instrumentarien zu vereinheitlichen, sondern darum, unterschiedliche Begriffe aufeinander zu beziehen und damit die Verständigung zwischen den Disziplinen zu erleichtern sowie abzugleichen, welchen Beitrag die unterschiedlichen Disziplinen zur Governance-Forschung leisten. Ob und inwieweit sich Governance als Brückenbegriff etablieren wird, muss sich noch zeigen. Der Erfolg hängt nicht zuletzt von der Aufgeschlossenheit der wissenschaftlichen Disziplinen ab.

Aufgrund der Einsichten in politisches Steuerungsversagen lag es nahe, dass sich die Politikwissenschaft der Governance-Forschung angenommen hat. Die empirischen Untersuchungen der Politikfeldanalyse relativierten die Durchsetzungskraft des Staates und seiner Verwaltung bei der Erfüllung gesellschaftlicher Aufgaben.[89] Die Abhängigkeiten der Regierungen von Verwaltungen und von anderen Akteuren aus dem privaten und öffentlichen Sektor wurden offenbar. Die klare Unterscheidung zwischen Steuerungsobjekt und Steuerungssubjekt erodierte mit diesen Kenntnissen. Der Wechsel von der Top-down- zur Bottom-up-Perspektive erforderte eine Begrifflichkeit, die den Steuerungsbegriff

---

88 Arthur Benz, Susanne Lütz, Uwe Schimank, Georg Simonis, Einleitung, in: Arthur Benz, Susanne Lütz, Uwe Schimank, Georg Simonis (Hrsg.), Handbuch Governance. Theoretische Grundlagen und empirische Anwendungsfelder. Wiesbaden 2007, S. 9 25.
89 Volker Schneider, Frank Janning, Politikfeldanalyse. Akteure, Diskurse und Netzwerke in der öffentlichen Politik, 1.Aufl., Wiesbaden 2006, S. 160.

erweitern oder gar ablösen kann. Steuerung und Kontrolle werden nicht mehr als einseitige Tätigkeiten gesehen, sondern als Prozesse der Interaktion zwischen Akteuren.

Fasst man die Entwicklung von den Steuerungstheorien zum Governance-Ansatz grob zusammen, „dann kann man die Steuerungstheorie als akteurzentriert und die Governance-Theorie als institutionalistisch bezeichnen. Bei ihr [der Steuerungstheorie] steht das handelnde Steuerungssubjekt im Vordergrund, bei der Governance-Theorie die Regelungsstruktur."[90]

Der grundsätzliche Ansatz der Governance-Forschung ist also strukturzentriert, Regelungsstrukturen und ihre Leistungsfähigkeit stehen im Zentrum der Betrachtung. Damit gelangen Verhandlungssysteme in das Blickfeld der Governance-Forschung.

5.2. Enger und weiter Governance-Begriff

In der Governance-Debatte gibt es keine Einigkeit darüber, welche Reichweite der Governance-Ansatz haben sollte. Grundsätzlich kann zwischen dem engen und dem weiten Governance-Begriff unterschieden werden. Eng verstanden, ist Governance die „nicht-hierarchische, durch

---

90 Renate Mayntz, Governance- Theorie als fortentwickelte Steuerungstheorie? In: Gunnar Folke Schuppert (Hrsg.), Governance-Forschung, 2. Aufl., Baden-Baden 2006, S. 16.

Einbeziehung nicht-staatlicher Akteure gekennzeichnete Steuerung jenseits des klassischen Repertoires von Regierung und Verwaltung".[91] Demgegenüber steht ein weiter Governance-Begriff, der „von der Hierarchie bis zur institutionalisierten gesellschaftlichen Selbstregelung die gesamte Bandbreite der Interaktionsmuster und Modi kollektiven Handelns"[92] einbezieht. Dieser Forschungsstrang untersucht, warum in bestimmten Politikfeldern bestimmte Kombinationen von Governance-Formen anzutreffen sind und in anderen nicht und wie dies zu erklären ist.[93]

Der weite Governance-Begriff lässt sich mit Renate Mayntz wie folgt definieren:

„Auf der gesellschaftlichen Makro-Ebene verweist das Wort Governance auf den Tatbestand der Kombination, des Neben- und Miteinanders verschiedener Arten kollektiver Regelung gesellschaftlicher Sachverhalte. Zu den Governance-Formen zählt neben zivilgesellschaftlicher Selbstregelung

---

91 Gunnar Folke Schuppert, Governance – auf der Suche nach Konturen eines „anerkannt uneindeutigen Begriffs", in: Gunnar Folke Schuppert/Michael Zürn (Hrsg.), Governance in einer sich wandelnden Welt, 1. Aufl., Wiesbaden 2008, S. 24.
92 Gunnar Folke Schuppert, Governance – auf der Suche nach Konturen eines „anerkannt uneindeutigen Begriffs", in: Gunnar Folke Schuppert/Michael Zürn (Hrsg.), Governance in einer sich wandelnden Welt, 1. Aufl., Wiesbaden 2008, S. 24.
93 Gunnar Folke Schuppert, Governance – auf der Suche nach Konturen eines „anerkannt uneindeutigen Begriffs", in: Gunnar Folke Schuppert/Michael Zürn (Hrsg.), Governance in einer sich wandelnden Welt, 1. Aufl., Wiesbaden 2008, S. 24.

und verschiedenen Formen der Kooperation staatlicher und privater Akteure auch das hoheitliche Handeln staatlicher Akteure. Dabei können sich verschiedene Politikfelder im Mischungsverhältnis der verschiedenen Governance-Formen mehr oder weniger stark unterscheiden."[94]

Auch wenn Governance in verschiedenen Anwendungsfeldern variiert, definiert Arthur Benz, der ebenfalls den weiten Ansatz vertritt, einen konstanten Begriffskern, der mit den folgenden vier Merkmalen bestimmt werden kann:

1. Governance bedeutet Steuern und Koordinieren (oder auch Regieren) mit dem Ziel des Managements von Interdependenzen zwischen (in der Regel) kollektiven Akteuren.

2. Steuerung und Koordination beruhen auf institutionalisierten Regelsystemen, welche das Handeln der Akteure lenken sollen, wobei in der Regel Kombinationen aus unterschiedlichen Regelsystemen (Markt, Hierarchie, Mehrheitsregel, Verhandlungsregeln) vorliegen.

3. Governance umfasst auch Interaktionsmuster und Modi kollektiven Handelns, welche sich im Rahmen von Institutionen ergeben

---

[94] Renate Mayntz, Von der Steuerungstheorie zu Global Governance, in: Gunnar Folke Schuppert/Michael Zürn (Hrsg.), Governance in einer sich wandelnden Welt, 1. Aufl. Wiesbaden 2008, S. 45.

(Netzwerke, Koalitionen, Vertragsbeziehungen, wechselseitige Anpassung im Wettbewerb).

4. Prozesse des Steuerns bzw. Koordinierens sowie Interaktionsmuster, die der Governance-Begriff erfassen will, überschreiten in der Regel Organisationsgrenzen, insbesondere auch die Grenzen von Staat und Gesellschaft, die in der politischen Praxis fließend geworden sind. Politik in diesem Sinne findet normalerweise im Zusammenwirken staatlicher und nicht-staatlicher Akteure (oder von Akteuren innerhalb und außerhalb von Organisationen) statt.[95]

In der theoretischen Diskussion scheint sich der weite Governance-Begriff durchgesetzt zu haben. Er legt einen weiten Untersuchungsblickwinkel zugrunde und bezieht jede Form des Steuerns und Zusammenwirkens ein, auch die hierarchische Steuerung. Im Hinblick auf die Fragestellung von Staatsversagen und Steuerungsschwäche staatlicher Akteure sowie ihrer Institutionen liefert der weite Ansatz deutlich mehr analytische Ansätze und ist eine wertvolle Erweiterung der Steuerungsperspektive.

---

95 Arthur Benz, Einleitung: Governance – Modebegriff oder nützliches sozialwissenschaftliches Konzept? In: Arthur Benz (Hrsg.), Governance – Regieren in komplexen Regelsystemen, 1. Aufl., Wiesbaden 2004, S. 12, 25.

Zur Untersuchung der Mechanismen des Verfahrens zur Änderung des Staatsvertrages gehört auch die Untersuchung hierarchischer Steuerungs- und Verhandlungsprozesse. Die Arbeit legt, gerade wegen des analytischen Mehrwerts, den weiten Governance-Ansatz von Renate Mayntz und Artur Benz zugrunde.

5.3. Analytische Governance-Perspektive und theoretischer Kontext

Die Kontextbezogenheit von Governance bedeutet, dass, neben der Präzisierung des Forschungsfeldes und Untersuchungsgegenstandes, die analytische Perspektive und die der Untersuchung zugrunde liegenden Theorien zu konkretisieren sind.

Ausgehend von dem Sinngehalt des englischen Wortes Governance, kann, bezogen auf den Kontext der Politikwissenschaft, davon ausgegangen werden, dass mit Governance der Gesamtzusammenhang von „polity", „politics" und „policy" erfasst werden kann.[96] Polity bezieht sich auf die Institutionen, ihre Ideen und ihre Ideologien sowie das formelle Recht eines politischen Systems. Politics beschreibt den politischen Prozess, in dem Akteure mit ihren unterschiedlichen Anforderungen versuchen, auf die Ausgestaltung der Politik Einfluss zu nehmen. Policy bezieht sich auf politische Inhalte, die in Gesetzen, Verordnungen, Maßnahmen und

---

96 Arthur Benz, Governance – Modebegriff oder nützliches sozialwissenschaftliches Konzept? In: Arthur Benz (Hrsg.), Governance – Regieren in komplexen Regelsystemen, 1. Aufl., Wiesbaden 2004, S. 27.

Programmen ihren Niederschlag finden.[97] Ihre Auswirkungen können den Bürger unmittelbar oder mittelbar betreffen, keine oder nur eine symbolische Funktion haben.[98]

Diese weite analytische Perspektive erfordert für die Untersuchung von politischen Steuerungs- und Koordinierungsprozessen die Konkretisierung des Untersuchungsgegenstandes und der Analyseinstrumente.

Die Governance-Perspektive und ihre Begriffsbildung gründen sich auf keine bestimmten Theorien. Vielmehr bedarf es zur Untersuchung politischer Steuerungsprozesse der Anwendung politikwissenschaftlicher und soziologischer Theorien und empirischer Methodik, die wiederum ganz unterschiedliche Ansätze verfolgen.[99]

Die Analyse konkreter Politikfelder ist ein Instrument, um die Governance-Perspektive zu schärfen, da es um die Beschreibung von politischen

---

97 Volker Schneider, Frank Janning, Politikfeldanalyse. Akteure, Diskurse und Netzwerke in der öffentlichen Politik, 1. Aufl., Wiesbaden 2006, S. 15; dazu auch die Übersicht: Klaus Schuppert, Nils C. Bandelow, Politikfeldanalyse: Dimensionen und Fragestellungen, in: Klaus Schuppert, Nils C. Bandelow (Hrsg.), Lehrbuch der Politikfeldanalyse 2.0, 2. Aufl., München, 2008, S. 5.
98 Klaus Schuppert, Nils C. Bandelow, Politikfeldanalyse: Dimensionen und Fragestellungen, in: Klaus Schuppert, Nils C. Bandelow (Hrsg.), Lehrbuch der Politikfeldanalyse 2.0, 2. Aufl., München, 2008, S. 4.
99 Arthur Benz, Einleitung: Governance – Modebegriff oder nützliches sozialwissenschaftliches Konzept? In: Arthur Benz (Hrsg.), Governance – Regieren in komplexen Regelsystemen, 1. Aufl. Wiesbaden 2004, S. 27.

"Realitäten" geht. Im Zentrum der Governance-Perspektive steht die Beobachtung von Entscheidungsprozessen. Politische Steuerung wird dabei als vielschichtiges Interaktionsmuster beschrieben, das aktuelle, zukünftige und unbekannte Einflüsse bearbeiten muss. Verhandlungssysteme und ihre Beeinflussung stehen im Vordergrund und werden als zentrale Instrumente der Politik identifiziert.[100]

Ein zentrales Merkmal der Politikfeldforschung ist ihre problemorientierte, multimethodische und interdisziplinäre Orientierung. „Wenn es darum geht, die Entstehung eines gesellschaftlichen Problems und seine politische Verarbeitung zu verstehen und zu erklären, dann kann sich die Analyse nicht nur auf politik- und verwaltungswissenschaftliche Aspekte beschränken, sondern muss in der Regel auch organisations- und verwaltungssoziologische, ökonomische und juristische Aspekte berücksichtigen."[101]

Die empirische Analyse politischer Entscheidungsprozesse ist ein zentrales Instrument der Politikfeldforschung. „Die Kenntnis politischer Entscheidungsverfahren ist wichtig, da diese offensichtlich keinen beliebig anwendbaren und austauschbaren, einfach und eindeutig wirksamen

---

100 Dietmar Braun, Olivier Giraud, Politikinstrumente im Kontext von Staat, Markt und Governance, in: Klaus Schubert, Nils C. Bandelow (Hrsg.), Lehrbuch der Politikanalyse 2.0, 2. Aufl., Braunschweig 2008, S. 180.
101 Volker Schneider, Frank Janning, Politikfeldanalyse. Akteure, Diskurse und Netzwerke in der öffentlichen Politik, 1.Aufl., Wiesbaden 2006, S. 40.

Mechanismus darstellen."¹⁰² Das Analysieren des Zusammenwirkens von Entscheidungsregeln, Entscheidungsträgern und Akteuren könnte Aussagen über die Leistungsfähigkeit und Legitimationskraft der Verfahren politischer Entscheidungsfindung liefern.¹⁰³ Die Untersuchung von politischen Entscheidungsprozessen kann insofern sinnvoll nach Politikfeldern differenziert werden.

---

102 Burkhard Eberlein, Edgar Grande, Entscheidungsfindung und Konfliktlösung, in: Klaus Schubert, Nils C. Bandelow (Hrsg.), Lehrbuch der Politikfeldanalyse 2.0, 2. Aufl. München 2009, S. 152.
103 Burkert Eberlein und Edgar Grande, Entscheidungsfindung und Konfliktlösung, in: Klaus Schubert, Nils C. Bandelow (Hrsg.), Lehrbuch der Politikanalyse 2.0, 2. Aufl., Braunschweig 2008, S. 152.

In der Untersuchung geht es um die Analyse der Entscheidungs- und Interaktionsprozesse der Medienpolitik der Länder im Kontext der Rundfunkänderungsstaatsverträge. Bei der Analyse der Medienpolitik der Länder werden unterschiedliche Betrachtungsebenen eingenommen:

- » Auf der Makroebene der Medienpolitik sind u.a. die Medienwirtschaft, die Medienpolitik der Länder, das duale Rundfunksystem, die Länderparlamente, der Bund, Bundesministerien und die europäische Ebene zu identifizieren.

- » Auf der Mesoebene agieren ausdifferenzierte Organisationen und Institutionen wie die Rundfunkkommission der Länder, Medienunternehmen in Gestalt privater Rundfunkanbieter und Verlage, der öffentlich-rechtliche Rundfunk, Aufsichtsgremien, Länderparlamente und die Europäische Kommission.

- » Auf der Mikroebene verhandeln u.a. Ministerpräsidenten, Intendanten, Verleger, Rundfunkreferenten und ihre Netzwerke sowie Medienpolitiker und Verbandsvertreter.

Ohne den Anspruch auf Vollständigkeit zu erheben, gibt die nachfolgende Darstellung einen Überblick über das ausdifferenzierte Feld der Medienpolitik:

Betrachtungs-ebene	Etablierte Medienpolitik	(Neue) Akteure in Zeiten des Internets
Makroebene:	Medienpolitik der Länder, Länderparlamente, dualer Rundfunk, Presse, Europäische Kommission (Ressortbezeichnung von 2004–2010 „Informationsgesellschaft und Medien"), Europäisches Parlament, Medienwirtschaft (stark national geprägt)	Netzpolitik des Bundes, Bundesnetzagentur, Bundeskartellamt, Bundeswirtschaftsministerium, Europäische Kommission (Ressortbezeichnung seit 2010 „Digitale Agenda"), Europäisches Parlament, Internetwirtschaft: globale Infrastruktur und Plattform für alte und neue Inhalte (keine nationale Begrenzung)

Betrachtungs-ebene	Etablierte Medienpolitik	(Neue) Akteure in Zeiten des Internets
Mesoebene: *Soziale Teilsysteme, Organisationen, Institutionen der Medienpolitik*	Rundfunkkommission der Länder, öffentlich-rechtlicher Rundfunk, Medienunternehmen: privater Rundfunk, Verlage, Interessenvertretungen (VPRT, BDZV) für Medienpolitik, zuständige Ausschüsse der Länderparlamente, Aufsichtsgremien, Landesmedienanstalten	Abteilungen zuständiger Bundesministerien, zuständige Abteilungen der Europäischen Kommission („Digitale Agenda", incl. Zuständigkeit für den klassischen Medienbereich), Internetunternehmen (Google, Apple, Microsoft, Anbieter von sozialen Netzwerken), Telekommunikationsunternehmen, Interessenverbände (ecu, BITKOM), Selbstregulierungseinrichtungen

Betrachtungs-ebene	Etablierte Medienpolitik	(Neue) Akteure in Zeiten des Internets
Mikroebene: *Netzwerke und individuelle Akteure*	Ministerpräsidenten, Staatssekretäre, Intendanten, Geschäftsführer, Vorstände, Verleger, Medienpolitiker, Verbandsvertreter, Rundfunkreferenten, Ministerialbeamte, Gremienvertreter, Direktoren der Landesmedienanstalten, Rundfunknutzer	Zuständige EU-Kommissarin „Digitale Agenda" sowie ihr Arbeitsstab (incl. Zuständigkeit für den klassischen Medienbereich), Vorstände der Internet- und Telekommunikationsunternehmen, Verbandsvertreter, Netzpolitiker, Internetaktivisten, Internetnutzer, ihre Kommunikationsplattformen und ihre Interessenvertretungen

(Quelle: Eigene Darstellung)

Der Schwerpunkt der Analyse liegt auf der Untersuchung der Mikroebene, unter Berücksichtigung der Interaktionsprozesse zwischen den Ländern (horizontale Ebene), dem Bund und der EU (vertikale Ebene). Hierzu dient der Analyseansatz von Multilevel Governance.

Der theoretische Ansatz der Untersuchung umfasst systemtheoretische Grundannahmen, anhand derer der Frage nachgegangen werden soll, ob die Governance-Perspektive sowie die Netzwerkforschung an systemtheoretische Ansätze anschließen. Ferner sollen mit Hilfe systemtheoretischer Annahmen die Grenzen und Möglichkeiten der politischen Steuerung ausdifferenzierter Organisationen und Institutionen aufgezeigt werden. Als praktisches Beispiel dient die Reform der Landesmedienanstalten.

6. SOZIALE (TEIL-)SYSTEME UND
DIE MEDIENPOLITIK DER LÄNDER

Bevor die Governance-Perspektive im Hinblick auf das Politikfeld der Medienpolitik unter dem Begriff „Multilevel Governance" konkretisiert und die Mikroebene der handelnden Akteure analysiert werden, soll der Blick zuvor auf die Mesoebene der Medienpolitik gerichtet werden. Unter Zugrundelegung systemtheoretischer Grundannahmen wird am Beispiel der Reform der Landesmedienanstalten auf die Steuerungsmöglichkeiten durch indirekte Maßnahmen aufmerksam gemacht.

6.1. Systemtheorien versus Governance-Perspektive?

Es soll zunächst der Frage nachgegangen werden, ob systemtheoretische Grundannahmen mit der Governance-Perspektive und der Netzwerkforschung in Einklang zu bringen sind.

6.1.1. Forschungsperspektive Systemtheorien

Vor dem Hintergrund der Beobachtung von Staatsversagen entwickelten sich die systemtheoretischen Konzepte. Die handlungstheoretischen Konzepte wurden kritisiert, da sie auf linearen Kausalitätskonzepten basieren. Ihr Ansatz ist nicht kompatibel mit der Beobachtung, dass es um eine Vielzahl von Kausalitätsfaktoren und netzwerkartigen Strukturen geht, die keine feste Koppelung haben. Der Fokus der systemtheoretischen Forschung ist nicht primär auf den einzelnen Menschen, sondern auf gesellschaftliche Systeme gerichtet. Im Zentrum des

Forschungsinteresses stehen das Funktionieren und die Entwicklung sozialer Systeme, ihre Wechselbeziehungen sowie ihre Steuerbarkeit. Für Systemtheoretiker ist die Differenz der entscheidende Ausgangspunkt der Betrachtung, alles hängt über Unterschiede miteinander zusammen. Dabei wird der Kausalitätsansatz der Steuerungstheorie relativiert, die Unterscheidung von System und Umwelt wird zum Maßstab der Beobachtung.[104] Die unterschiedlichen systemtheoretischen Ansätze sind einigermaßen unübersichtlich, es gibt nicht die eine Systemtheorie.

In der systemtheoretischen Steuerungstheorie geht der Dissens u.a. um die Frage, ob gesellschaftliche Systeme der staatlichen Steuerung überhaupt zugänglich sind. So sieht Niklas Luhmann den staatlichen Steuerungsanspruch ausdifferenzierter Subsysteme als eine Illusion und steht ihm kritisch gegenüber. Wer allerdings die Governance-Perspektive einnimmt, unterstellt, dass politische Steuerung in Interaktion zwischen Akteuren durchaus möglich und Politik nicht nur durch wirtschaftliche Zwänge oder durch Institutionen determiniert sei.[105]

Im Kontext der Governance-Forschung wird die Frage diskutiert, wie der Steuerungspessimismus innerhalb der Systemtheorien, insbesondere der

---

104 Niklas Luhmann, Die Wirtschaft der Gesellschaft, 2. Aufl. Frankfurt am Main, 1989. S. 330.
105 Arthur Benz, Governance – Modebegriff oder nützliches sozialwissenschaftliches Konzept? In: Arthur Benz (Hrsg.) Governance – Regieren in komplexen Regelsystemen. Eine Einführung, 1. Aufl., Wiesbaden 2004, S. 21.

Luhmann'sche Ansatz, überwunden werden könnte, ohne in den Steuerungsoptimismus der Planungsansätze zurückzufallen.

Der Frage der Steuerbarkeit sozialer Systeme steht im unmittelbaren Zusammenhang mit der Fragestellung, was ein soziales System überhaupt ausmacht. In den systemtheoretischen Diskussionen besteht keine Einigkeit darüber, ob Individuen die Basis sozialer Systeme bilden oder ob sich Systeme ausschließlich selbst erzeugen und erhalten sowie ausschließlich aus Operationen bestehen.

In der Governance-Forschung wird nicht nur das Agieren bzw. Operieren sozialer Systeme, sondern, unter Zugrundelegung eines weiten Governance-Begriffs, auch die Interaktion von einzelnen Akteuren innerhalb und zwischen ausdifferenzierten sozialen Systemen betrachtet. Die Frage von Netzwerken und ihren Akteuren stellt sich ebenfalls in der Governance-Forschung. Insofern ist die systemtheoretische Streitfrage, ob Individuen die Basis sozialer Systeme bilden oder eben nicht, im Zusammenhang mit dem Governance-Ansatz von Bedeutung.

6.1.2. Menschen und soziale Systeme

Für die Beantwortung der Frage, welche Rolle Individuen innerhalb und zwischen sozialen Systemen haben, sind die Annahmen über die Funktionsweise sozialer Systeme, also wie diese sich erhalten, wandeln und erneuern, relevant. Unter Zuhilfenahme der Beschreibungen biologischer Systeme wird im Rahmen der systemtheoretischen Forschung die Funktionsweise sozialer Systeme herausgearbeitet. Im Zusammenhang mit lebenden Systemen haben Maturana und Varela das Konzept der Autopoiese entwickelt. Danach sei „der Mechanismus, der Lebewesen zu autonomen Systemen macht, die Autopoiese; sie kennzeichnet Lebewesen als autonom".[106] Zwar ist das Bestehen einer Organisation für alle Einheiten, die wir als Systeme betrachten, kennzeichnend. „Dennoch ist den Lebewesen eigentümlich, dass das einzige Produkt ihrer Organisation sie selbst sind, das heißt, es gibt keine Trennung zwischen Erzeuger und Erzeugnis."[107]

In der (konstruktivistischen) Systemtheorie à la Luhmann werden auch soziale Systeme als autopoietisch aufgefasst. Nach Luhmann erzeugen sie sich selbst, haben die Fähigkeit zur Selbstorganisation und Selbststeuerung. Dieser Selbstorganisationsprozess erfolge nach eigenen Strukturgegebenheiten. Ein soziales System wäre danach das Produkt und der Produzent seiner Bestandteile. Zur Aufrechterhaltung dieses Selbstproduktionsprozesses agiere und reflektiere es allein nach eigenen Strukturgegebenheiten. Die eigenen Strukturen könnten nur durch eigene Operationen aufgebaut und geändert werden; dies geschieht nach Luhmann durch Kommunikation.[108] „Im operativen Vollzug (dadurch, daß

---

106 Humberto R. Maturana, Francisco J. Varela, Der Baum der Erkenntnis. Wie wir die Welt durch unsere Wahrnehmung erschaffen – die biologischen Wurzeln des menschlichen Erkennens, 1. Aufl. 1987, Bern, München, Wien, S. 55.
107 Humberto R. Maturana, Francisco J. Varela, Der Baum der Erkenntnis. Wie wir die Welt durch unsere Wahrnehmung erschaffen – die biologischen Wurzeln des menschlichen Erkennens, 1. Aufl. 1987, Bern, München, Wien, S. 56.
108 Niklas Luhmann, Die Gesellschaft der Gesellschaft, Erster Teilband, 1. Aufl., Frankfurt am Main 1997, S. 93.

sie geschieht) reproduziert die Kommunikation die Geschlossenheit des Systems."[109]

Die Kritik an Luhmann, auf deren Einzelheiten hier nicht vertieft eingegangen werden kann, macht sich vor allem an dem Paradigma der Autopoiese und der Annahme, dass Kommunikation, also Handlungen, „Letztelement[e]" eines Systems sei bzw. seien, fest.[110] Eine Handlung kann kaum unabhängig vom Menschen gedacht werden. Kommunikation erfolgt durch handelnde Menschen innerhalb oder zwischen sozialen Systemen. Sie können sich systemimmanenten Strukturgegebenheiten anpassen oder durchaus auch nicht anpassen. Wie bereits skizziert wurde und später noch zu vertiefen ist, untersucht die Governance-Forschung institutionelle und zivilgesellschaftliche Selbstregelung, hoheitliches Handeln staatlicher Akteure sowie das Zusammenwirken staatlicher und privater Akteure.

Will man im Kontext von Governance mit einer systemtheoretischen Perspektive arbeiten, benötigt man einen akteurtheoretischen Ansatz, der das Zusammenwirken handelnder Gesellschaftsmitglieder innerhalb und

---

109 Niklas Luhmann, Die Gesellschaft der Gesellschaft, Erster Teilband, 1. Aufl., Frankfurt am Main 1997, S. 97.
110 Peter M. Hejl, Konstruktion der sozialen Konstruktion. Grundlinien einer konstruktivistischen Sozialtheorie, in: Heinz Gumin/Heinrich Meier (Hrsg.), Einführung in den Konstruktivismus, 7. Aufl., München 2003, S. 132; Uwe Schimank, Teilsystemische Autonomie und politische Gesellschaftssteuerung. Beiträge zur akteurzentrierten Differenzierungstheorie 2, 1. Aufl., Wiesbaden 2006, S. 284.

zwischen sozialen Systemen berücksichtigt. Einen Beitrag hierzu kann der systemtheoretische Ansatz von Peter Hejl leisten. Er nähert sich der Frage, was soziale Systeme ausmacht, indem er die Unterschiede zwischen biologischen Systemen und sozialen Systemen im Hinblick auf die Verwendung der Begriffe selbsterhaltend und selbstreferentiell vergleicht. Mit dieser Analyse zeigt er die Schwächen der Verwendung beider Begrifflichkeiten im Zusammenhang mit der Beschreibung sozialer Systeme auf und rückt bei der Untersuchung, wie sich Systeme erzeugen und erhalten, die Akteure ins Blickfeld.[111]

Nach Hejl werden soziale Systeme durch lebende Systeme konstituiert, „die prinzipiell frei sind, an der Konstitution eines spezifischen Systems teilzunehmen oder nicht. Wenn sie teilnehmen, verlieren sie dennoch nicht den Charakter als Individuen."[112] Ferner könnten Menschen stets und gleichzeitig eine Mehrzahl sozialer Systeme konstituieren, wobei Individuen nur insoweit Komponenten eines sozialen Systems seien, als sie an den Interaktionen des Systems teilnähmen.[113] Im Gegensatz zu

---

111 Peter M. Hejl, Konstruktion der sozialen Konstruktion. Grundlinien einer konstruktivistischen Sozialtheorie, in: Heinz Gumin/Heinrich Meier (Hrsg.), Einführung in den Konstruktivismus, 7. Aufl., München 2003, S. 130 ff.
112 Peter M. Hejl, Konstruktion der sozialen Konstruktion. Grundlinien einer konstruktivistischen Sozialtheorie, in: Heinz Gumin/Heinrich Meier (Hrsg.), Einführung in den Konstruktivismus, 7. Aufl., München 2003, S. 135.
113 Peter M. Hejl, Selbstorganisation und Emergenz in sozialen Systemen, in: Wolfgang Krohn/Günter Küppers (Hrsg.), Emergenz: Die Entstehung von Ordnung, Organisation und Bedeutung, 2. Aufl., Frankfurt am Main 1992, S. 274, 277.

selbsterhaltenden biologischen Systemen erzeugten soziale Systeme ihre Komponenten nicht selber. Des Weiteren würden sie auch nicht alle Zustände selbst organisieren. Damit werde die jeweilige Realität nicht als einzige festgelegt[114], allerdings müssten die Mitglieder eines sozialen Systems eine gemeinsame Realität und damit einen Bereich des Handelns und Kommunizierens erzeugen sowie auf diese Realität bezogen interagieren.[115] Der Selbstproduktionsprozess eines sozialen Systems erfolge auf der Grundlage von Realitätskonstrukten und Handlungsprogrammen von Individuen innerhalb eines Systems oder durch solche, die Mitglied eines Sozialsystems werden wollten.[116] In der differenzierten Gesellschaften konstruiere jedes Individuum eine Vielzahl von sozialen Systemen mit.[117] Jede Gesellschaft sei ein Netzwerk sozialer Systeme, die Individuen würden als „Knoten" fungieren.[118]

---

114 Peter M. Hejl, Konstruktion der sozialen Konstruktion. Grundlinien einer konstruktivistischen Sozialtheorie, in: Heinz Gumin/Heinrich Meier (Hrsg.), Einführung in den Konstruktivismus, 7. Aufl., München 2003, S. 135, 136.
115 Peter M. Hejl, Konstruktion der sozialen Konstruktion. Grundlinien einer konstruktivistischen Sozialtheorie, in: Heinz Gumin/Heinrich Meier (Hrsg.), Einführung in den Konstruktivismus, 7. Aufl., München 2003, S. 127, 128.
116 Peter M. Hejl, Selbstorganisation und Emergenz in sozialen Systemen, in: Wolfgang Krohn/Günter Küppers (Hrsg.), Emergenz: Die Entstehung von Ordnung, Organisation und Bedeutung, 2. Aufl., Frankfurt am Main 1992, S. 276.
117 Peter M. Hejl, Konstruktion der sozialen Konstruktion. Grundlinien einer konstruktivistischen Sozialtheorie, in: Heinz Gumin/Heinrich Meier (Hrsg.), Einführung in den Konstruktivismus, 7. Aufl., München 2003, S. 129.
118 Peter M. Hejl, Konstruktion der sozialen Konstruktion. Grundlinien einer konstruktivistischen Sozialtheorie, in: Heinz Gumin/Heinrich Meier (Hrsg.), Einführung in den Konstruktivismus, 7. Aufl., München 2003, S. 130.

Insofern besteht auch kein Widerspruch zu den Ansätzen der Netzwerkforschung, in der es ebenfalls um die Beziehungen zwischen Individuen und der Verknüpfung der in sozialen Systemen produzierten und stabilisierten Kontakte geht.[119] Dabei konstituieren sich soziale Systeme über die Abgrenzung zur Umwelt, Netzwerke zeichnen sich primär durch ihre Unabgeschlossenheit aus.[120]

Seiner Analyse folgend schlägt Hejl vor, soziale Systeme nicht als selbsterhaltend oder als selbstreferentiell zu bezeichnen, sondern als „synreferentiell".[121] Die Verwendung der altgriechischen Präposition „syn", die „mit", „zusammen" oder auch „gemeinsam" bedeutet[122], weist auf die Notwendigkeit des gemeinsamen Interagierens sowie des Sich-aufeinander-Beziehens zwischen Individuen hin, damit ein soziales System entsteht und „überlebt".

---

119   Boris Holzer, Netzwerke und Systeme. Zum Verhältnis von Vernetzung und Differenzierung, in: Christian Stegbauer (Hrsg.), Netzwerke und Netzwerktheorie. Ein neues Paradigma in den Sozialwissenschaften, 1. Aufl. Wiesbaden 2008, S. 157.
120   Boris Holzer, Netzwerke und Systeme. Zum Verhältnis von Vernetzung und Differenzierung, in: Christian Stegbauer (Hrsg.), Netzwerke und Netzwerktheorie. Ein neues Paradigma in den Sozialwissenschaften, 1. Aufl. Wiesbaden 2008, S. 157.
121   Peter M. Hejl, Konstruktion der sozialen Konstruktion. Grundlinien einer konstruktivistischen Sozialtheorie, in: Heinz Gumin/Heinrich Meier (Hrsg.), Einführung in den Konstruktivismus, 7. Aufl., München 2003, S. 136.
122   Brockhaus – Die Enzyklopädie: in 30 Bänden. 21., neu bearbeitete Auflage. Leipzig, Mannheim: F.A. Brockhaus 2005-07. Online-Ausgabe enthält aktualisierte Artikel aus der Brockhaus-Redaktion.

Die Ausrichtung des Fokus auf Individuen als Komponenten sozialer Systeme und ihre Interaktionen innerhalb „ihrer" sozialen Systeme sowie die Interaktionen zwischen sozialen Systemen ist ein wesentliches Element der Governance-Forschung. Sie geht von der Notwendigkeit der Kooperation staatlicher und nichtstaatlicher Akteure aus. Die Notwendigkeit der Kooperation besteht sowohl innerhalb sozialer Systeme als auch zwischen den Systemen.

Der systemtheoretische Ansatz von Peter Hejl berücksichtigt die Interaktionen von Individuen innerhalb und zwischen sozialen Systemen. Dieser Ansatz unterstützt somit die Forschungsperspektive von Governance.

6.2. Politische Steuerungsmöglichkeiten und soziale Systeme

Die Beschreibung, was ein soziales System ausmacht, gibt Hinweise auf die Möglichkeiten und Grenzen politischer Steuerung.

Im Hinblick auf die Beschreibung, was ein soziales System ausmacht, wird der Ansatz von Hejl geteilt. Danach sind Sozialsysteme im weitesten Sinn zu bestimmen als eine Menge von Individuen, die erstens die gleiche Wirklichkeitskonstruktion ausgebildet haben und mit Bezug auf sie in einer spezifisch und ihr zugeordneten Weise handeln können und zweitens mit Bezug auf diese Wirklichkeitskonstruktion tatsächlich handeln und interagieren.[123]

Ohne hier vertieft auf die Komponenten eingehen zu können, kann die etablierte Medienpolitik der Länder als soziales System beschrieben werden, das sich funktional in soziale Teilsysteme, Institutionen und Organisationen ausdifferenziert hat.[124] Fraglich ist, welche erfolgversprechenden Steuerungsmöglichkeiten die Medienpolitik der Länder im Hinblick auf Reformen hat, wenn es beispielsweise um die föderal ausdifferenzierte Medienaufsicht über den privaten Rundfunk und das Internet, also die Landesmedienanstalten, geht.

Die Frage der Wirksamkeit politischer Steuerung setzt im Kontext der Systemtheorien bei den Mechanismen erfolgreicher Interaktionen zwischen den Systemen an. Hierzu werden die wechselseitig rückwirkenden Interaktionsprozesse zwischen mehreren sozialen Systemen beobachtet und analysiert. Dabei hat sich allerdings keine einheitliche Theorie herausgebildet, die beschriebe, wie eine politisch intendierte Steuerung im Kontext sozialer Systeme erfolgen könnte. Unstreitig scheint die folgende Beschreibung der Interaktion zwischen sozialen Systemen: Danach senden die einzelnen, sich wechselseitig beobachtenden Systeme Störungen oder Signale aus. Systeme werden durch diese Impulse irritiert und

---

123 Peter M.Hejl, Politik, Pluralismus und gesellschaftliche Selbstregelung, in: Politische Steuerung. Steuerbarkeit und Steuerungsfähigkeit. Beiträge zur Grundlagendiskussion, Heinrich Bußdorf (Hrsg.), 1. Aufl., Baden-Baden 1992, S. 112.
124 Vergleiche die Übersicht unter 5.3.

möglicherweise zu einer Systemoperation angeregt. Die Störung wird entsprechend der eigenen Selbstbeschreibung wahrgenommen und verarbeitet oder auch nicht, während sich das System (zunächst) weiterhin reproduziert. Soziale Systeme operieren gemäß ihrer jeweiligen Umwelt- und Selbstbeschreibung. Sie konstruieren jeweils für sich systemimmanente Bedeutungen.

Innerhalb der Systemtheorien wird der radikal konstruktivistische Ansatz diskutiert, der sich mit der Frage von Wirklichkeit und Wirklichkeitskonstrukten befasst.

Der erkenntnistheoretische Realismus geht von den Grundannahmen aus, dass „die" Realität existiere und dass sie so erkannt werden könne, „wie sie [sei]".[125] Die traditionelle Vorstellung einer objektiven Wirklichkeit impliziert damit eine Wahrnehmung, die der Wahrnehmende nicht beeinflussen kann, und beruht folglich auf der Annahme, dass die Realität angemessen unbeeinflusst beschrieben werden könne. Die Wirklichkeit wäre danach der Garant des objektiven Wissens.[126]

---

125 Siehe Ernst von Glasersfeld, Konstruktion der Wirklichkeit und des Begriffs der Objektivität, in: Heinz Gumin/Heinrich Meier (Hrsg.), Einführung in den Konstruktivismus, 7. Aufl., München 2003, S. 31 ff.
126 Peter M. Hejl, Konstruktivismus und Universalien – eine Verbindung contre nature? In: Peter M. Hejl, Universalien und Konstruktivismus, 1. Aufl., Frankfurt am Main, 2001 S. 8, 9.

Die radikal konstruktivistische Perspektive geht davon aus, dass die „Wirklichkeit" ein Ergebnis eines Verarbeitungs- und Konstruktionsprozesses ist. Nicht die traditionelle Vorstellung von Objektivität sei also „das Problem", sondern die Überzeugung, dass man diese Realität selbst objektiv und angemessen beschreiben könne.[127] Der radikal konstruktivistische Ansatz geht vielmehr davon aus, dass das geschriebene und gesprochene Wort mit Hilfe der Sprache eine ganz bestimmte Wirklichkeitsauffassung übermittelt.[128]

Der Begriff „radikal" soll die Abkehr von der abendländischen Überlieferung der Objektivität, die von einer absoluten und vom Menschen unabhängigen Wirklichkeit ausgeht, verdeutlichen. Das Paradoxon, dass es möglich sei, ein Objekt so zu kennen, wie es wäre, bevor es in den Erlebnisbereich eines erkennenden Subjekts erscheint, ist schon durch die Vorsokratiker beschrieben worden.[129] Auch wenn vom konstrutivistischen Standpunkt aus eine bestimmte Lösung eines Problems oder eine bestimmte Vorstellung von einem Sachverhalt nicht als die objektiv richtige oder wahre bezeichnet wird, unterscheidet der konstruktivistische Ansatz zwischen „Illusion" und „Wirklichkeit" sowie zwischen „subjektivem" und

---

127 Peter M. Hejl, Konstruktion der sozialen Konstruktion. Grundlinien einer konstruktivistischen Sozialtheorie, in: Heinz Gumin/Heinrich Meier (Hrsg.), Einführung in den Konstruktivismus, 7. Aufl., München 2003, S. 109.
128 Paul Watzlawick, Wie wirklich ist die Wirklichkeit? Wahn, Täuschung, Verstehen, 2. Aufl., München, 2005, S. 20.
129 Ernst von Glasersfeld, Konstruktion der Wirklichkeit und des Begriffs der Objektivität, in: Heinz Gumin, Heinrich Meier (Hrsg.), Einführung in den Konstruktivismus, 7. Aufl., München 2003, S. 31, 32, S.9 ff.

„objektivem" Urteil.¹³⁰ Diese Unterscheidung entsteht durch die Interaktion mit anderen Menschen, die das eigene Erleben bestätigen oder nicht bestätigen. Die Vergewisserung darüber, ob sich die Vorstellungen über Begriffe, Problemstellungen, Methoden sowie Maßnahmen decken, kann zu einer gemeinsamen Wirklichkeitskonstruktion führen.¹³¹

Dies hat Konsequenzen, wenn man nach der Steuerungsfähigkeit von sozialen Systemen fragt. Die radikalste Antwort hat Luhmann hierauf gegeben, nämlich, dass die systemtypischen Differenzen dazu führen, dass Systeme nur sich selbst steuern können, aber kein anderes System; Politik könne sich danach nur selbst steuern.¹³² Allerdings hat Luhmann dies später relativiert und ausgeführt: „dass Politik sich auswirkt, kann ebenso wenig bestritten werden wie: dass es ihr gelingt, Systemzustände (und seien es die eigenen) in der gewünschten Richtung zu determinieren"¹³³, beispielsweise ganz unmittelbar durch direkte Maßnahmen. Je komplexer ein zu regelnder Sachverhalt ist, desto schwieriger ist es, alle Aspekte mit einer Regelung und direkten Steuerungsmaßnahme zu erfassen.

---

130 Ernst von Glasersfeld, Konstruktion der Wirklichkeit und des Begriffs der Objektivität, in: Heinz Gumin, Heinrich Meier (Hrsg.), Einführung in den Konstruktivismus, 7. Aufl., München 2003, S. 32.
131 Ernst von Glasersfeld, Konstruktion der Wirklichkeit und des Begriffs der Objektivität, in: Heinz Gumin, Heinrich Meier (Hrsg.), Einführung in den Konstruktivismus, 7. Aufl., München 2003, S. 37.
132 Niklas Luhmann, Die Wirtschaft der Gesellschaft, 2. Aufl. Frankfurt am Main 1988, S. 337.
133 Niklas Luhmann, Politik der Gesellschaft, 1. Aufl., Frankfurt am Main 2002, S. 110.

Bezüglich der Kenntnis der Grenzen linearer Steuerungsprozesse spielen indirekte Maßnahmen eine wichtige Rolle bei der Frage, wie politische Zielsetzungen innerhalb ausdifferenzierter sozialer Systeme erreicht werden können.

Die unterschiedlichen Wirklichkeitskonstrukte sozialer Systeme relativieren zwar kausale Steuerungsansätze und damit die Möglichkeit des linearen Erreichens von Steuerungszielen. Gleichzeitig markiert aber jede Absicht von Akteuren einen Handlungsimpuls, der sich mit anderen involvierten Akteuren verbindet.[134] Untersucht man die „Mechanik", die zu Systemänderungen führt, so können externe und interne Ereignisse oder „Störungen" durch Individuen innerhalb und außerhalb des Systems identifiziert werden.[135] Insofern kommt dem Senden von Handlungsimpulsen bei der Frage, wie Strukturen von Organisationen und Institutionen verändert werden können, eine wesentliche Funktion zu. Damit rücken Steuerungshandlungen wie indirekte Maßnahmen, die Ankündigung von Maßnahmen oder die Kooperation zwischen den Akteuren ins Zentrum eines systemtheoretisch angelegten Steuerungsansatzes, wie er hier verstanden wird.

---

134 Uwe Schimank, Teilsystemische Autonomie und politische Gesellschaftssteuerung. Beiträge zur akteurzentrierten Differenzierungstheorie 2, 1. Aufl. Wiesbaden 2006, S. 286.
135 Peter M. Hejl, Selbstorganisation und Emergenz in sozialen Systemen, in: Wolfgang Krohn/Günter Küppers (Hrsg.), Emergenz: Die Entstehung von Ordnung, Organisation und Bedeutung, 2. Aufl., Frankfurt am Main 1992, S. 272.

6.3. Reform der Landesmedienanstalten

Ein aktuelles Beispiel für eine solche indirekte medienpolitische Interaktion der Länder ist im 10. Rundfunkänderungsstaatsvertrag, der am 1. September 2008 in Kraft getreten ist, zu finden. Gemäß § 35 Abs. 7 Rundfunkstaatsvertrag müssen die Landesmedienanstalten bis zum Jahr 2013 eine gemeinsame Geschäftsstelle installieren, die die bundesweiten Angelegenheiten des privaten Rundfunks abwickelt. Martin Stadelmaier, der Chef der Staatskanzlei Rheinland-Pfalz, die traditionell den Vorsitz der Rundfunkkommission der Länder hat, bewertet dies positiv als einen ersten Schritt zur Installierung einer Anstalt der Länder im Medienbereich.[136] Mit der Einrichtung einer gemeinsamen Geschäftsstelle soll zum einen das unstreitige Ziel verfolgt werden, die bundesweiten Angelegenheiten des privaten Rundfunks verwaltungstechnisch zu vereinfachen und zu vereinheitlichen. Hinter diesem offensichtlichen und notwendigen Anliegen verbirgt sich der schwelende Streit zwischen den Ländern, ob eine eigenständige Medienanstalt der Länder eingerichtet werden soll. Unklar ist ferner, wie eine solche Institution – wenn sie denn eingerichtet würde – aussieht und welche Aufgaben sie letztendlich erfüllen soll.

---

136 Martin Stadelmaier, Zehn Gebote für das digitale Zeitalter. Der gesellschaftliche Anspruch. Impuls, in: Lost in Transition. Überlebensstrategien für das private Fernsehen, Sissi Pitzer, Ingrid Scheithauer (Hrsg.), Schriftenreihe der Landesmedienanstalten: Band 41, Berlin 2009, S. 149.

Die Einrichtung einer Medienanstalt der Länder auf Bundesebene könnte zur Marginalisierung durch weitere Kompetenzverluste der bestehenden Landesmedienanstalten führen. Mit der Verpflichtung, eine gemeinsame Geschäftsstelle einzurichten, wurde innerhalb der Landesmedienanstalten ein Prozess in Gang gesetzt, der durch die Frage der Ausstattung mit Personal, der Organisationsform und der Ausdifferenzierung von neuen Interaktionsmustern dazu führen könnte, dass am Ende faktisch eine Medienanstalt der Länder entstünde. Ungeklärt sind darüber hinaus die Einflussmöglichkeiten der Direktoren, der Gremienvorsitzenden, der Verwaltung und der Kommission zur Ermittlung der Konzentration im Medienbereich (KEK). Von der noch auszudifferenzierenden Struktur und der Ausgestaltung der Geschäftsstelle wird es am Ende abhängen, ob die Länder letztlich stärker oder schwächer eingebunden bleiben werden. Ob die Landesmedienanstalten die Kraft haben werden, eine Konstruktion zu entwickeln, die den Anforderungen einer modernen Medienaufsicht entspricht, ist gegenwärtig offen. Die handelnden Akteure hätten an dieser Stelle die Freiheit zur Gestaltung, da der Gesetzgeber bislang keine abschließende Struktur für eine Medienanstalt der Länder vorgegeben hat.

Bislang haben sich die Landesmedienanstalten lediglich auf den Sitz der Geschäftsstelle geeinigt. Die Mehrheit der Landesmedienanstalten hat sich für Berlin ausgesprochen.[137] Dies ist zumindest ein wesentlicher

---

137 Beschluss der Gesamtkonferenz der Landesmedienanstalten vom 19. März 2009.

symbolischer Schritt, der eine Wirklichkeit konstruiert, bei der eine „Berliner Zentrale" die Angelegenheiten der Landesmedienanstalten nicht nur in verwaltungstechnischer Hinsicht bündelt. Auch wenn Symbol und Wirklichkeit gegenwärtig noch auseinanderfallen, ist eine Tendenz erkennbar, die für eine Zentralisierung spricht.

Dadurch, dass die Regelungen des Rundfunkstaatsvertrages keine abschließende Struktur für die Neugestaltung der Aufsicht über den privaten Rundfunk und das Internet vorgeben, haben die Landesmedienanstalten einen Ausgestaltungsspielraum, eine Struktur zu schaffen, die sich den geänderten Realitäten des Internets und Computers anpasst. Wie später noch näher zu untersuchen sein wird, sind „Mehrebenensysteme" aber wenig innovativ, da der Zwang zu Verhandlungslösungen sehr hoch ist.[138] Außerdem erschwert die sogenannte „Pfandabhängigkeit", also die historischen Festlegungen von Grundsätzen für eine institutionelle Ordnung, es, neue Weichen zu stellen.

Auch wenn die Veränderungsschritte klein sind, ist durch die Debatte um die Anstalt der Länder und die Verpflichtung, eine gemeinsame Geschäftsstelle einzurichten, eine Dynamik entstanden, die eine Systemveränderung erwarten lässt.

---

138 Siehe hierzu unter 8.8.

6.4. Resümee

Die Ausführungen zeigen, dass systemtheoretische Grundannahmen an die Governance-Perspektive und Netzwerkforschung anschließen können und den theoretischen Rahmen mit Blick auf die Funktionsweise sozialer Systeme sinnvoll ergänzen. Unter Berücksichtigung der dargestellten systemtheoretischen Grundannahmen ergeben sich Grenzen linearer Steuerungsprozesse der Medienpolitik der Länder sowie hohe Anforderungen an die damit verbundenen kommunikativen Prozesse. Die Konvergenz der technischen und inhaltlichen Verbreitungsmöglichkeiten spiegeln sich bislang nicht in der bestehenden Ausgestaltung der Medienaufsicht und der Arbeitsweise der Rundfunkkommission der Länder wider. Die Strukturen sind nach wie vor stark segmentiert und orientieren sich an den tradierten System- und Organisationsgrenzen. Systemimmanente Realitätskonstrukte und Handlungsprogramme sind nach wie vor rundfunkzentriert. Dieser Gesichtspunkt wird im Zusammenhang mit der Fragestellung der Pfadabhängigkeit der Medienpolitik der Länder wieder aufgegriffen.[139] Gleichzeitig wird erkennbar, dass mittelbare Maßnahmen und Handlungsimpulse geeignet sind, Veränderungsprozesse in Gang zu setzen. Allerdings ist eine abschließende Beurteilung, ob eine solche indirekte Maßnahme das gewünschte Ziel erreicht hat oder sich dem Ziel annähert, erst in der Zukunft möglich.

---

139 Siehe hierzu unter 8.8.1.

7. STEUERUNGSINSTRUMENT RUNDFUNKRECHT

Ein weiteres Indiz für die Komplexitätssteigerung im Feld der Medienpolitik sind die zunehmenden Regulierungsaktivitäten des Rundfunkstaatsgesetzgebers. In den Jahren 2000 bis 2010 wurde der Rundfunkstaatsvertrag elf Mal, zum Teil grundlegend geändert.[140] Die „Überlappung" der Regulierungsebenen zwischen den Bundesländern, dem Bund und der europäischen Ebene erschwert ferner die Abstimmungsprozesse zwischen den unterschiedlichen Regulierungsebenen und damit die konsistente Ausgestaltung des Medienrechts. Am Beispiel der Entwicklung des Rundfunkbegriffs sollen die Komplexität der Regulierungsmaterie und die damit einhergehenden Grenzen der Steuerung durch das Recht dargestellt und die Probleme der Rundfunkzentrierung der Medienpolitik der Länder verdeutlicht werden.

Der Dreh- und Angelpunkt der Rundfunkpolitik der Länder ist die Auseinandersetzung über den Rundfunkbegriff. Die Verständigung darüber, was Rundfunk ausmacht, ist prägend für das gesamte Politikfeld. Die Fragestellungen um die Ausgestaltung des Rundfunkbegriffs zeigen exemplarisch auf, welche Problemlagen von der Medienpolitik der Länder zu bewältigen sind. Gleichzeitig verdeutlicht die Darstellung, dass die Rechtsetzung als politisches Problemlösungs- und Steuerungsinstrument begrenzt ist.

---

140 Vergleiche hierzu die Übersicht unter 1.

Das medienpolitische Handeln der Länder manifestiert sich ganz wesentlich in der Rechtsetzung im Rundfunkstaatsvertrag. Die Aufmerksamkeit sowie die zeitlichen und personellen Ressourcen der politischen Akteure richten sich auf die Rechtsetzungstätigkeit, auf die weitere Ausdifferenzierung der Regulierung des Politikfeldes, nach einem Muster, das bereits vor über zwanzig Jahren mit der Entstehung des Rundfunkstaatsvertrages entwickelt wurde.

Neben der Regulierung dienen Macht, Geld, Strukturierungen im Sinne von Verhaltensangeboten und Information als politische Steuerungsinstrumente.[141]

Dem kodifizierten Recht kommt eine zentrale Funktion im Kontext der politischen Steuerung und der Stabilisierung von Gesellschaften zu.[142] Will man den Begriff des Rechts beschreiben, so kann festgestellt werden, dass menschliches Recht, nicht göttliches oder natürliches Recht, eine soziale Tatsache ist, die menschliches Handeln voraussetzt.[143] Menschliches Handeln setzt ein Ziel oder eine Intention sowie ein Mittel zur

---

141 Axel Görlitz/Hans-Peter Burth, Politische Steuerung, 2. Aufl., Opladen 1998, S. 33.
142 Siehe hiezu: Gunnar Folke Schuppert, Das Gesetz als zentrales Steuerungsinstrument des Rechtsstaates, in: Gunnar Folke Schuppert (Hrsg.), Das Gesetz als zentrales Steuerungsinstrument des Rechtsstaates, Baden-Baden 1998, S. 105 155.
143 Dietmar von der Pfordten, Was ist Recht? Ziele und Mittel, JZ Nr. 13 63. Jahrgang, 2008, S. 644 und 646.

Zielerreichung voraus. Insofern kann man die Steuerung durch Recht vom Grundgedanken her dem handlungsorientierten Steuerungsansatz zuordnen.[144]

Eine weitere wichtige Funktion der Rechtsetzung innerhalb von Gesellschaften ist ihre symbolische Funktion. Das Recht ist eine Wirklichkeitskonstruktion und sichert in den westlichen Demokratien Herrschaftsstrukturen über Verfassungstexte ab. Mit der Rechtsetzung werden Begriffe „eingebürgert", die den Impetus der Objektivität verströmen. „Die Macht, die eingebürgerte Begriffe über unser Denken haben, lässt sich kaum überschätzen."[145]

Das parlamentarische Gesetz ist nach wie vor ein zentraler Gestaltungsfaktor demokratischer Gesellschaften. Es dient als Steuerungsinstrument gegenüber der Verwaltung und als Kontrollmaßstab der Gerichte.[146] Positives Recht ist dadurch gekennzeichnet, dass es unübersichtliche Problemlagen rechtlich handhabbar macht, indem sie auf bipolare Kontexte reduziert werden. Bei übersichtlichen Problemlagen ist der Entwurf von

---

144 Dietmar von der Pfordten, Was ist Recht? Ziele und Mittel, JZ Nr. 13 63. Jahrgang, 2008, S. 644 und 646.
145 Ernst von Glasersfeld, Konstruktion der Wirklichkeit und des Begriffs der Objektivität, in: Heinz Gumin, Heinrich Meier (Hrsg.), Einführung in den Konstruktivismus, 7. Aufl., München 2003, S. 14.
146 Schmidt-Aßmann, Zur Reform des Allgemeinen Verwaltungsrechts, Reformbedarf und Reformansätze, in: Hoffmann Riem/Schmidt-Aßmann/Schuppert (Hrsg.), Reform des Allgemeinen Verwaltungsrechts, Grundfragen, Baden-Baden 1993, S. 57 ff.

Rechtstexten relativ leicht zu bewältigen. Je komplexer der zu regulierende Sachverhalt aber ist und je mehr Regulierungsebenen bei der Beschlussfassung zu beteiligen sind, desto schwieriger ist es, unübersichtliche Problemlagen allein durch Rechtsetzung handhabbar zu machen.

Traditionelles Recht allein kann deshalb nur begrenzt ein schlüssiges Instrument zur politischen Steuerung sein. Es scheint, als sei ein bestimmtes Niveau der Komplexität eine Voraussetzung und Grenze für die adäquate Problemlösung durch „Einregulierung".[147] Es sieht so aus, als sei diese Grenze in der Medienpolitik der Länder überschritten. Neben der föderalen Ausgangslage erschwert die dynamische Entwicklung der Regulierungsbedingungen eine Reduktion auf überschaubare Kontexte. Besonders deutlich tritt dies im Zusammenhang der Regulierungsbemühungen um den Rundfunkbegriff hervor.

7.1. Der Rundfunkbegriff

Die Beantwortung der Frage, ob ein Angebot als Rundfunk einzustufen ist oder nicht, hat weitreichende Konsequenzen. Die Einordnung ist entscheidend für die Kompetenzverteilung zwischen Bund und Ländern. Mit der Einordnung einer Veranstaltung als „Rundfunk" sind die Regeln des Rundfunkstaatsvertrages und der Landesmediengesetze anzuwenden, mit der Folge einer hohen Regulierungsdichte. Wird ein Angebot als

---

147 Niklas Luhmann, Ausdifferenzierung des Rechts. Beiträge zur Rechtssoziologie und Rechtstheorie, 1. Aufl. Frankfurt am Main 1999, S.21.

Rundfunk eingestuft, bedarf es einer Lizenz; die Aufsicht erfolgt durch die Landesmedienanstalten. Ist eine Einordnung als Rundfunk zu verneinen, gelten die allgemeinen Regelungen, die für jede andere wirtschaftliche Betätigung Gültigkeit haben.

Auf die Schwierigkeiten, den Rundfunkbegriff unter den Bedingungen des Internets weiterzuentwickeln, wird noch einzugehen sein. Zuvor ist die Systematik des Rundfunkbegriffs zu erläutern. Der Rundfunkbegriff hat eine verfassungsrechtliche und eine einfachgesetzliche Dimension.

7.1.1. Verfassungsrechtlicher Rundfunkbegriff

Die in Art. 5 Abs. 1 Satz 1[148] GG geregelte Rundfunkfreiheit ist nach der Rechtsprechung des Bundesverfassungsgerichts für die freiheitlich-demokratische Grundordnung von konstituierender Bedeutung.[149] Die Rundfunkfreiheit dient der Gewährleistung freier individueller und öffentlicher Meinungsbildung, sie ist damit eine „dienende Freiheit". Dem Rundfunk kommt die Aufgabe eines Faktors und Mediums der Meinungsbildung zu, die sich in Kommunikationsprozessen vollzieht.[150] Die

---

148 Art. 5 Abs. 1 GG: „Jeder hat das Recht, seine Meinung in Wort, Schrift und Bild frei zu äußern und zu verbreiten und sich aus allgemein zugänglichen Quellen ungehindert zu unterrichten. Die Pressefreiheit und die Freiheit der Berichterstattung durch Rundfunk und Film werden gewährleistet. Eine Zensur findet nicht statt."
149 BVerfGE 35, 202, 219.
150 BVerfGE 12, 205, 260.

freie und umfassende Meinungsbildung bedarf einer positiven Ordnung, die sicherstellt, dass die Vielfalt der Meinungen im Rundfunk in größtmöglicher Breite ihren Ausdruck findet.[151]

Trotz seiner zahlreichen Entscheidungen zu Art. 5 Abs. 1 GG hat das Bundesverfassungsgericht keine präzise Definition vorgegeben, was Rundfunk ist.[152] Vielmehr hat es festgestellt, dass der verfassungsrechtliche Begriff des Rundfunks nicht abschließend definiert werden könne, sondern dynamisch zu verstehen sei. Allerdings dürfe bei der Bestimmung, was Rundfunk sei, nicht nur an eine bereits eingeführte Technik angeknüpft werden.[153] Das Bundesverfassungsgericht hat mit den drei Begriffen „Aktualität, Suggestivkraft und Breitenwirkung" Merkmale eingeführt, die Indizien dafür liefern, was als Rundfunk einzuordnen ist.[154] Je schwächer die Faktoren ausgebildet sind, desto geringer ist das Regulierungsbedürfnis; dies ist insbesondere bei den neuartigen Angeboten im Internet von Bedeutung.[155] Die verfassungsrechtlichen Vorgaben des Art. 5 Abs. 1 Satz 2 GG sichern die Ausrichtung der Merkmale des einfachen Rechts ab.

---

151 BVerfGE 90, 60, 88.
152 Hans D. Jarass, Rundfunkbegriffe im Zeitalter des Internet, AfP, 29 (1998) Nr. 2, S. 133.
153 BVerfGE 83, 238, 302.
154 BVerfGE 90, 60, 90.
155 Hans D. Jarass, Rundfunkbegriffe im Zeitalter des Internet, AfP, (1998), Nr. 2, S. 133, 134.

Bei der Bewertung und Einordnung von Kommunikationsangeboten als Rundfunk ist also zu überprüfen, ob es sich um regulierungsbedürftige Vorgänge der Massenkommunikation handelt. Bei der Debatte um den Rundfunkbegriff gilt es zu bewerten, ob Kommunikationsangebote im Zusammenhang mit der öffentlichen Meinungsbildung stehen, ob sie an die Allgemeinheit gerichtet sind, ob die Inhalte redaktionell aufbereitet sind und besondere Suggestivkraft haben, was insbesondere Bild- und Tonübertragungen zugeschrieben wird. Bei der Bewertung und Einordnung ist es grundsätzlich nicht wesentlich, über welche Technik (analog oder digital, Hörfunk oder Fernsehen) oder über welche Plattform (Terrestrik, Satellit, Breitbandkabel, DSL usw.) Rundfunk übertragen wird und ob dies verschlüsselt oder unverschlüsselt geschieht.[156]

7.1.2. Einfachgesetzlicher Rundfunkbegriff

Von dem verfassungsrechtlichen Rundfunkbegriff ist der einfachgesetzliche zu unterscheiden. Die einfachgesetzliche Ausgestaltung des Rundfunkbegriffs und seine Entwicklung sind eine wesentliche Aufgabe des Landesgesetzgebers. Man kann in diesem Zusammenhang von einem Ausgestaltungsauftrag sprechen. Das bedeutet, dass der Gesetzgeber für die Funktionsfähigkeit der jeweiligen Medienordnung so zu sorgen

---

156 Zur Entwicklung der Medien in Deutschland zwischen 1998 und 2007: Wissenschaftliches Gutachten zum Kommunikationsbericht der Bundesregierung, Hamburg 2008, S. 97, http://www.bundesregierung.de/Content/DE/__Anlagen/BKM/2009-01-12-medienbericht-teil2-barrierefrei,property=publicationFile.pdf.

hat, dass die Kommunikationsfreiheit unter Einschluss der Meinungsbildungsfreiheit der Rezipienten gewahrt ist.[157] Der einfachgesetzliche Rundfunkbegriff muss sich danach an den Zielen einer freien, individuellen und öffentlichen Meinungsbildung orientieren.[158] Bei der Entscheidung über die Ausgestaltung des Rundfunkbegriffs hat der Landesgesetzgeber einen weiten Gestaltungsspielraum.

7.1.3. Der Rundfunkbegriff im Internetzeitalter

Die Entwicklung des Rundfunkbegriffs und seine Übertragung auf das Internet erweisen sich in der Praxis als schwierig. Die Gewissheit darüber, was Rundfunk ist und was nicht, scheint mit der technischen Entwicklung des Internets zu erodieren. Die Probleme entstehen zum einen durch die unübersichtlichen technischen Entwicklungen. Zum anderen entstehen die Schwierigkeiten dadurch, dass neben der Debatte um die Begriffsentwicklung eine Reihe von „medienpolitischen Auseinandersetzungen um Regelungskompetenzen, Regelungsinhalte und wirtschaftlich-politische Interessen stattfinden. Dahinter verbergen sich bestimmte gesellschaftliche Konzeptionen, Freiheitsverständnisse und damit verbundene Einschätzungen über Regulierungsbedarfe und -möglichkeiten. Allerdings wird

---

157 Wolfgang Hoffmann-Riem, Der Rundfunkbegriff in der Differenzierung kommunikativer Dienste, AfP (1996), Nr. 1, S. 9.
158 Wolfgang Schulz, § 2 RStV, Rn. 11, in: Beck'scher Kommentar zum Rundfunkrecht, Werner Hahn, Thomas Vesting (Hrsg.), 2. Aufl., München 2008.

weniger um die Konzeption und Prämissen gestritten als über Deduktionen, die den Anschein rechtlicher Gewißheit vermitteln sollen."[159]

Mit dem 12. Rundfunkänderungsstaatsvertrag vom 1. Juni 2009 wurde u.a. der Rundfunkbegriff auf einfachrechtlicher Ebene neu formuliert. Nach dem neu gefassten § 2 Abs. 1 ist „Rundfunk ein linearer Informations- und Kommunikationsdienst; er ist die für die Allgemeinheit und zum zeitlichen Empfang bestimmte Veranstaltung und Verbreitung von Angeboten in Bewegtbild oder Ton, entlang eines Sendeplans unter Benutzung elektromagnetischer Schwingungen."[160]

Mit der Neufassung des § 2 Abs. 1 Satz 1 des Rundfunkstaatsvertrages wird die technische Komponente „linearer Informations- und Kommunikationsdienst" vom Staatsvertragsgesetzeber eingeführt. Nach der EU-Richtlinie über audiovisuelle Mediendienste (AVMDR) sind audiovisuelle Mediendienste sowohl klassisches Fernsehen mit einem festen Programmschema (sog. lineare audiovisuelle Mediendienste) als auch fernsehähnliche Abrufdienste/Video-on-Demand (sog. nichtlineare audiovisuelle

---

159 Wolfgang Hoffmann-Riem, Der Rundfunkbegriff in der Differenzierung kommunikativer Dienste, AfP (1996), Nr. 1, S. 9.
160 Nach der alten Fassung des § 2 Abs. 1 Rundfunkstaatsvertrag lautete die Definition: „Rundfunk ist die für die Allgemeinheit bestimmte Veranstaltung und Verbreitung von Darbietungen aller Art in Wort, in Ton und in Bild unter Benutzung elektromagnetischer Schwingungen ohne Verbindungsleitung oder längs oder mittels eines Leiters."

Mediendienste).¹⁶¹ Die EU-Richtlinie über audiovisuelle Mediendienste hat, vor allem auch durch den Einfluss Deutschlands, darauf verzichtet, die technische Komponente der Linearität als das entscheidende Kriterium für die Einordnung eines Angebotes als Rundfunk vorzugeben. Gleichwohl hat sich der Rundfunkstaatsvertragsgesetzgeber dazu entschieden, die Komponente der Linearität als Kriterium für die Einordnung eines Dienstes als Rundfunk mit aufzunehmen.

Mit dieser Änderung sollte der Rundfunkbegriff präziser gefasst werden, um Sachverhalte auszugrenzen, die keinen Rundfunkcharakter haben. Deshalb wurde im 12. Rundfunkänderungsstaatsvertrag mit § 2 Abs. 3¹⁶² zusätzlich zur neuen Definition ein Negativkatalog eingefügt, der klarstellen soll, was nicht unter den Rundfunkbegriff zu fassen ist.

---

161 Siehe die Erläuterungen zur Richtlinie unter: http://ec.europa.eu/avpolicy/reg/avms/index_de.htm.
162 § 2 Abs. 3 Rundfunkstaatsvertrag: „Kein Rundfunk sind Angebote, die
1. jedenfalls weniger als 500 potentiellen Nutzern zum zeitgleichen Empfang angeboten werden,
2. zur unmittelbaren Wiedergabe aus Speichern und Empfangsgeräten bestimmt sind,
3. ausschließlich zu persönlichen oder familiären Zwecken dienen,
4. nicht journalistisch-redaktionell gestaltet sind,
5. aus Sendungen bestehen, die jeweils gegen Einzelentgelt freigeschaltet werden oder
6. Eigenwerbekanäle sind." Wenn ein Kriterium erfüllt ist, liegt kein Rundfunk im Sinne der Regelung vor.

Fraglich ist allerdings, ob die Anknüpfung an die Art und Weise der Verbreitung von Inhalten den verfassungsrechtlichen Grundgedanken der Rundfunkregulierung entspricht.[163] Die Kriterien „Aktualität, Suggestivkraft und Breitenwirkung" können auch bei nichtlinearen Angeboten zum Tragen kommen.[164] Die Kritiker dieses Weges führen an, dass nicht

---

163 Für Hörfunkprogramme im Internet wird ebenfalls ein neuer Weg beschritten. Hörfunkprogramme privater Anbieter, die ausschließlich im Internet verbreitet werden, bedürfen gemäß § 20 b des Rundfunkstaatsvertrages keiner Zulassung mehr. Sie müssen lediglich der zuständigen Landesmedienanstalt angezeigt werden, wenn sie für mehr als 500 Zuhörer gleichzeitig zur Verfügung gestellt werden.
164 „Es sind aber im Bereich des WWW durchaus auch sonstige Angebote denkbar, die sowohl das nachrichtentechnische und das massenkommunikative, als auch das inhaltliche Merkmal des verfassungsrechtlichen Rundfunkbegriffs erfüllen. So lassen sich im Internet mehr und mehr informierende und unterhaltende Inhalte finden, die mit der „Breitenwirkung, Aktualität und Suggestivkraft" die entscheidenden Wesenszüge des Rundfunks aufweisen. Der Nutzer wird auch im Netz verstärkt auf ein „Gesamtprogramm" stoßen, welches ihm die Rezeption thematisch zusammenhängender Inhalte in einer mit dem herkömmlichen Rundfunk vergleichbaren Weise ermöglicht. Diese Entwicklung wird zusätzlich dadurch begünstigt, dass sich das Medium Internet gegenwärtig in einem Reifeprozess befindet und in zunehmendem Maße Strukturen herausbildet, die durch einen hohen Grad an Professionalität gekennzeichnet sind. So wird schließlich in einem hierarchisch aufgebauten Netz eine überschaubare Anzahl aufwendig gestalteter Websites und Internetportale nicht zuletzt die der großen Rundfunkveranstalter und Presseunternehmen den Großteil der Aufmerksamkeit der Nutzer auf sich ziehen und damit potentiell in der Lage sein, mit ihren Angeboten einen signifikanten Einfluss auf die öffentliche Meinungsbildung auszuüben." Roland L. Klaes, Eine dogmatische Bestandsaufnahme vor dem Hintergrund des 12. Rundfunkänderungsstaatsvertrages, ZUM 2009, S. 141.

berücksichtigt werde, dass auch nichtlineare Mediendienste dem Fernsehen immer ähnlicher sähen und eine zunehmend wichtigere Rolle für die Meinungsbildung spielten.[165] Da die Entwicklung der Angebote im Internet noch offen ist, ist es fraglich, ob mit der Neufassung des § 2 Abs. 1 und 3 des Rundfunkstaatsvertrages eine widerspruchsfreie sowie konsistente Anwendung und dynamische Entwicklung des Rundfunkbegriffs eröffnet wird.[166] In der Debatte wird kritisiert, dass der Rundfunkbegriff damit von der Konvergenz der Medien abgekoppelt werde. Es komme nicht darauf an, wie ein audiovisueller Dienst verbreitet werde, sondern auf das inhaltliche, redaktionell zu verantwortende Angebot und die publizistische Wirkung. Eine technische Definition trage dem Rundfunkbegriff, dessen Entwicklung dynamisch angelegt sei, nicht hinreichend Rechnung.[167]

7.2. Abgrenzungsprobleme zwischen Rundfunk und Telemedien

Eine weitere Abgrenzungsfrage ergibt sich aus der Unterscheidung von Rundfunk und Telemedien. Letztere sind grundsätzlich zulassungs- und anmeldefrei und fallen damit nicht unter die ausdifferenzierte

---

165 Ruth Hieronymi, Hoch politisch. Der Rundfunkbegriff im 12. und 13. RfÄndStV, epd medien Nr. 37, 13.05.2009, S. 3.
166 Kritisch hierzu zum Beispiel: Raimund Schütz, Rundfunkbegriff: Neutralität der Inhalte oder der Übertragung? - Konvergenz und Innovation, MMR 2009, Heft 4, S. 228.
167 Resolution des WDR-Rundfunkrates vom 28. April 2009, http://www.wdr.de/unternehmen/senderprofil/pdf/gremien/rundfunkrat/resolution/WDR-Rundfunkrat_2009_IV-Umsetzung_AVM_Richtlinie.pdf.

Rundfunkregulierung. Mit dem Telemediengesetz vom 01.03.2007 wurde eine bundesgesetzliche Regelung geschaffen, um die unterschiedlichen Rechtsmaterien verschiedener so genannter Dienstetypen zu harmonisieren und um überblickbarere Vorgaben sowie Strukturen für diesen Bereich zu schaffen.[168]

Telemedien sind nach § 2 Abs. 1 Satz 3 des Telemediengesetzes alle elektronischen Informations- und Kommunikationsdienste.[169] Beispiele für Telemedien sind Onlineangebote von Waren-bzw. Dienstleistungen mit unmittelbarer Bestellmöglichkeit (z.B. Fernsehtext, elektronische Presse, Verkehrs-, Wetter- oder Börsendaten, Teleshopping, Chat-Rooms),

---

168 Zur Entwicklung der Medien in Deutschland zwischen 1998 und 2007, Wissenschaftliches Gutachten zum Kommunikationsbericht der Bundesregierung, Hamburg 2008, S. 133, http://www.bundesregierung.de/Content/DE/__Anlagen/BKM/2009-01-12-medienbericht-teil2-barrierefrei,property=publicationFile.pdf.
169 Telemedien sind nicht nur vom Rundfunk abzugrenzen, sondern auch von Telekommunikationsdienstleistungen, die im Telekommunikationsgesetz geregelt sind. Telekommunikationsdienstleistungen bestehen ganz in der Übertragung von Signalen über Telekommunikationsnetze, wobei auch hier Ausnahmen geregelt sind, so werden Acess-Providing und E-Mail-Übertragung als Telemedien eingeordnet, obwohl es sich um Telekommunikationsdienste handelt, die überwiegend in der Übertragung von Signalen über Telekommunikationsnetze bestehen. Siehe: Thorsten Held, § 54 RStV, Rn. 35, in: Beck'scher Kommentar zum Rundfunkrecht, Werner Hahn, Thomas Vesting (Hrsg.), 2. Aufl., München 2008. Weitere Abgrenzungsschwierigkeiten werden im Hinblick auf die Schwerpunktsetzung nicht vertieft.

Video auf Abruf, Internetsuchmaschinen oder die kommerzielle Verbreitung von Informationen mit elektronischer Post (z.B. Werbemails).[170] Die grundsätzliche Zulassungs- und Anmeldefreiheit wird allerdings dann durchbrochen, wenn elektronische Informations- und Kommunikationsdienste dem Rundfunk zuzuordnen sind. Dies regelt § 20 Abs. 2 des Rundfunkstaatsvertrages. Solche Angebote fallen in die Regulierung des Rundfunkstaatsvertrages.

7.3. Die Zukunft des Rundfunkbegriffs

Die Rundfunkwirklichkeit verändert sich mit den Entwicklungen von Kommunikation, Information und Technik. Gleichzeitig wird durch die Bundesebene und die Europäische Gemeinschaft infolge von Kompetenzverschränkungen erheblicher Einfluss auf die Entwicklung des Rundfunkbegriffs genommen. Bei all den unterschiedlichen Regulierungsebenen und Regulierungszielen ist es für diejenigen, die von der Rundfunkregulierung betroffen sind, aber auch für Aufsichts- und Regulierungsinstanzen kaum mehr nachvollziehbar, worum es bei der Ausgestaltung des Rundfunkbegriffs eigentlich geht. Letztlich ist der Rundfunkbegriff überfrachtet. Die richtigen Bemühungen, einer undifferenzierten Ausweitung der Rundfunkregulierung im Internet entgegenzuwirken, führen durch die unflexiblen Formulierungen im 12.

---

170 Thorsten Held, § 54 RStV, Rn. 37, in: Beck'scher Kommentar zum Rundfunkrecht, Werner Hahn, Thomas Vesting (Hrsg.), 2. Aufl., München 2008, mit dem Verweis auf die Begründung zu § 2 Abs. 1 Satz 3 und Satz 4 des 9. Rundfunkänderungsstaatsvertrages.

Rundfunkänderungsstaatsvertrag allerdings gleichzeitig dazu, dass die
Frage der Massenkommunikation im Verbreitungsmedium Internet aus
dem Blickfeld gerät.

Die skizzierten Probleme verdeutlichen die tatsächlichen Schwierigkeiten
für die politische Praxis. Die regulatorischen Bemühungen lassen wenig
Konsistenz in der Entwicklung des Rundfunkbegriffs erkennen. Gleichzeitig verstellt die Rundfunkfunkzentrierung den Blick auf Problemlösungsalternativen. So gibt es keine theoretisch begründete Überleitung
der verfassungsrechtlichen Grundgedanken in das Internetzeitalter.

Eine Kritik grundsätzlicher Art wird an der rundfunkrechtlichen Regulierung dergestalt geübt, dass sie sich als „politisches Staatskanzleirecht"
durch ein hohes Maß an begrifflicher Ungenauigkeit und Kompromisshaftigkeit auszeichne. Die Rundfunkregulierung reagiere mehr oder
weniger ad hoc auf praktische Probleme, auch sei die Orientierung des
Medienrechts an der Rundfunkregulierung untauglich, die medientechnologischen Entwicklungen sachgemäß zu erfassen. Insgesamt wird die
Theorielosigkeit der derzeitigen Medienregulierung beklagt.[171]

Die Folge ist eine gewisse Orientierungslosigkeit. Ferner ist zu konstatieren, dass es keine medienwissenschaftliche oder medienpolitische „Selbstvergewisserung" darüber gibt, was den Rundfunk im Internet ausmacht

---

171 Thomas Vesting, Medienrecht, in: Lutz Hachmeister (Hrsg.), Grundlagen der Medienpolitik. Ein Handbuch, Bonn 2008, S. 267 271, S. 269, 270.

und wie er sich entlang der verfassungsrechtlichen Ziele einer freien individuellen und öffentlichen Kommunikation entwickeln soll. Schließlich steht die Frage im Raum, wie die dargestellten verfassungsrechtlichen Ziele unter den Bedingungen einer Informations- und Kommunikationsgesellschaft abzusichern sind. Die Herauforderung besteht darin, eine verfassungskonforme und internetkompatible Medienordnung zu schaffen, die die technischen Dimensionen erfasst und eine gesellschaftliche Akzeptanz entfaltet.

Trotz erheblicher Regulierungsbemühungen wird die Komplexität der Problemstellungen nicht handhabbarer. Die Steuerung der Interaktionsprozesse zwischen den unterschiedlichen Regulierungsebenen und den beteiligten staatlichen wie nichtstaatlichen Akteure ist gegenwärtig ein ungelöstes Problem. Im Hinblick auf die gegenwärtige Rundfunkstaatsvertragsgesetzgebung kann man mit Luhmann resümieren. Sein Befund bezieht sich ganz allgemein auf die Gesetzgebung der Gegenwart: „Eine Vielzahl (anderer) politischer Organisationen, von politischen Parteien, politisch agierenden Wirtschafts- und Berufsverbänden bis zur politischen Presse sorgen für ein unkoordinierbares Wirrwarr von Impulsen, die Reaktionen herausfordern. Das System produziert unter diesen Bedingungen eine ständig wachsende Zahl restriktiver Regulierungen, die ihrerseits als Problemlösungen zu Problemen, als Output zum Input werden."[172]

---

172 Niklas Luhmann, Die Politik der Gesellschaft, 1. Aufl., Frankfurt am Main 2002, S. 143.

Aufgrund der gegenwärtigen Ausgangslage ist es unwahrscheinlich, dass die Ausrichtung des Fokus auf die Rundfunkregulierung zur Bewältigung der Anforderung ausreichend ist, um eine harmonisierte Medienordnung zu schaffen.

Das Bundesverfassungsgericht hat die Grundlage dafür gelegt, dass die dynamische Entwicklung der Kommunikations- und Informationstechnologien in die Rechtsetzung des Rundfunkstaatsvertrages integriert werden kann. Im Kontext des Verfassungsrechts wird eine „Verfassungswirklichkeit" des Grundgesetzes angenommen, die sich mit den gesellschaftlichen Entwicklungen dynamisch verändert.

Das Rundfunkrecht und der ihm zugrunde liegende Rundfunkbegriff sind, wie alle anderen Regelungen, von der „Stimmigkeit seiner Realitätsannahmen" abhängig. Die normative Wirklichkeitsbeschreibung erfolgt nach eigenen Kriterien der Rechtswissenschaften; Fremdbeschreibungen können diese Wirklichkeitskonstruktionen, die sich in der Rechtsdogmatik und Rechtstheorie abbilden, kaum ersetzen.[173] Governance als „Brückenbegriff" könnte einen spezifischen Beitrag im Verwendungszusammenhang mit der jeweilgen Disziplin leisten. Für die Rechtswissenschaft im Allgemeinen und für das Rundfunk- und Medienrecht im Besonderen wäre das grundsätzliche Einnehmen der Governance-Perspektive eine

---

173 Heinrich Trute, Doris Kühlers, Arne Pilniok, Governance als verwaltungswissenschaftliches Analysekonzept, in: Gunnar Folke Schuppert, Michael Zürn, Governance in einer sich wandelnden Welt, 1. Aufl., Wiesbaden 2008, S. 180.

Erweiterung, die am Ende einen wesentlichen Einfluss auf die Rechtstheorie haben könnte. In der Medienregulierung ist die normative Wirklichkeitsbeschreibung immer noch vom analogen „Rundfunkzeitalter" geprägt. „Wie die Erfahrung lehrt, sind rechtsnormative Konstruktionen auf Dauer nur dann haltbar, wenn dabei kognitive Beschreibungen zugrunde gelegt werden, die sich an den Verhältnissen der Praxis orientieren."[174] Dies erfordert, die Rundfunkregulierung und die Konzeption des Rundfunkbegriffes so umzugestalten, dass die normative Realitätsbeschreibung mit den Realitäten der Massenkommunikation, unter den Bedingungen des Internets, abgeglichen wird.

Ein solcher „Abgleich" bedarf eines „Ortes" in Gestalt einer Abstimmungs- und Koordinierungsplattform. Die Bundesländer sind für die Ausgestaltung der Rundfunkordnung zuständig.[175] Es stellt sich die Frage, ob die tradierten Interaktionsprozesse und Steuerungsinstrumente der Länder und ihrer Rundfunkkommission so ausgestaltet sind, dass sie die Aspekte klassischer Rundfunkregulierung mit Fragestellungen des Internets sachgerecht verknüpfen können.

---

174 Thomas Vesting, Das Rundfunkrecht vor den Herausforderungen der Logik der Vernetzung. Überlegungen zu einer horizontalen Rundfunkordnung für die Ökonomie der Aufmerksamkeit, in: Medien und Kommunikationswissenschaft, 49 (2001) Nr. 3, S. 294.
175 Vergleich hierzu die Ausführungen unter 8.2.2. und 8.2.3.

8. MULTILEVEL GOVERNANCE UND DIE MEDIENPOLITIK DER LÄNDER

Das Agieren der Länder im Kontext der Rundfunkänderungsstaatsverträge wird dazu anhand von Aspekten des Multilevel-Governance-Ansatzes untersucht. Zunächst werden die Begriffsmerkmale von Multilevel Governance erörtert. Sodann wird das Mehrebenensystem der Medienpolitik im Allgemeinen dargestellt. Daran schließt sich die Untersuchung an, ob die Interaktionsmuster im Zusammenhang mit Rundfunkänderungsstaatsverträgen mit dem Begriff Multilevel Governance zu erfassen sind. Hierzu werden das tradierte Verfahren und die Interaktionsprozesse zwischen den Ländern (horizontale Ebene), dem Bund und der EU (vertikale Ebene) sowie die Verhandlungsprozesse und das tradierte Netzwerk auf der Mikroebene der Medienpolitik dargestellt. Um die Interaktionsprozesse und die Frage der Komplexitätssteigerung dieser Prozesse nachvollziehen zu können, wird das Verfahren zur Änderung des Rundfunkstaatsvertrages ausgewertet. Dazu werden die formalen Verfahrensregeln dargestellt und im Hinblick auf die Möglichkeit zu partizipieren, analysiert. Wer tatsächlich partizipieren kann, wird anhand der Zusammenstellung der Teilnehmerlisten der Anhörungen zu den Rundfunkänderungsstaatsverträgen neun bis vierzehn, im Zeitraum von Mai 2005 bis April 2010, ausgewertet. Zur Analyse gehört das Identifizieren möglicher neuer Akteure, die durch das Internet und die Digitalisierung ins medienpolitische Blickfeld geraten und möglicherweise neue Anforderungen an die Verhandlungs- und Koordinationsstrukturen stellen.

Danach sollen spezifische Probleme, die im Zusammenhang von Multilevel Governance auftauchen, wie Pfadabhängigkeit, Legitimationsdefizite und Parteienwettbewerb, beschrieben werden, um die Leistungsfähigkeit der Verhandlungsstrukturen zu überprüfen und um Strategien zur Problembewältigung aufzuzeigen.

8.1. Multilevel Governance: Merkmale eines Begriffs

Mit „Multilevel Governance", einem Begriff, der von der Europaforschung sowie der Forschung über internationale Politik geprägt wurde, soll der Bereich der so genannten „Mehrebenensysteme" erfasst werden.[176]

Das Regieren in so genannten Mehrebenensystemen beschreibt die funktionale Differenzierung von Staat und Verwaltung durch den Aufbau dezentraler Regierungs- und Verwaltungseinheiten. Hieraus folgen unterschiedliche sachliche Zuständigkeiten auf unterschiedlichen Ebenen. Die Differenzierung kann territorial oder hierarchisch sein. Durch Ausdifferenzierungsprozesse entwickelte sich die vielgestaltige Struktur des modernen Staates. Zu „Mehrebenensystemen" zählen föderative Bundesstaaten wie die Schweiz, Österreich und Deutschland, darüber hinaus

---

176 Arthur Benz, Multilevel Governance, in: Arthur Benz, Susanne Lütz, Uwe Schimank, Georg Simonis (Hrsg.), Handbuch Governance. Theoretische Grundlagen und empirische Anwendungsfelder. Wiesbaden 2007, S. 297.

greift die Beschreibung und Begriffsverwendung ebenso bei internationalen Regierungsformen wie der Europäischen Union.[177]

Mit einer Multilevel-Governance-Perspektive wird die Prämisse verdeutlicht, dass sich die machtpolitischen Ebenen und Organisationseinheiten eines Staates nicht in einer gestuften Ordnung befinden, in der auf jeder Ebene autonom regiert wird, sondern dass das Regieren auf „dem Zusammenwirken inter- und intragouvernementaler Strukturen und Prozesse" beruht.[178] Der Ansatz von Multilevel Governance berücksichtigt, dass die interne Struktur eines Staates in territorialer und funktionaler Hinsicht differenziert ist.

Nach der Begriffsbeschreibung von Arthur Benz können vier Merkmale von Multilevel Governance (Governance im Mehrebenensystem) ausgemacht werden:

1. Ein Mehrebenensystem bezeichnet ein politisches System, in dem die Kompetenzen und Ressourcen auf unterschiedliche „Ebenen" aufgeteilt sind, wobei mit „Ebenen" territoriale Einheiten gemeint sind, auch wenn sie nur für spezifische Funktionen zuständig sind. Die „Ebenen" können durch staatliche oder innerstaatliche Institutionen gebildet werden, oder sie entstehen durch mehr oder weniger verbundene Zusammenschlüsse

---

177 Arthur Benz, Politik in Mehrebenensystemen, 1. Aufl., Wiesbaden 2009, S. 13, 14.
178 Arthur Benz, Politik in Mehrebenensystemen, 1. Aufl., Wiesbaden 2009, S. 15.

von Akteuren innerhalb eines Gebietes, wobei deren Zusammenwirken durch Institutionen oder Regeln stabilisiert und geordnet wird. Mehrebenensysteme entstehen durch Aufteilung von Kompetenzen und Mitteln mit dem Ziel, verbindliche Entscheidungen zu treffen.

2. Man kann dann von Mehrebenenpolitik sprechen, wenn politische Prozesse mindestens eine Ebene überschreiten und die Akteure oder die Institutionen, die verschiedenen Ebenen angehören, in Kontakt treten, um Entscheidungen zu koordinieren (Ebenenverflechtung). Dabei geht es um Interdependenzbewältigung, also um die Bearbeitung von Problemlagen, die aus der gegenseitigen Abhängigkeit der Ebenen entstehen. Dies kann beispielsweise durch Kooperation oder wechselseitige Anpassung geschehen.

3. Auf den einzelnen Ebenen gibt es besondere Strukturen, welche die Politik zwischen den Ebenen beeinflussen. Hierzu zählen zum Beispiel Gebietskörperschaften, Verbände, Netzwerke von Akteuren, Staatenzusammenarbeit oder Staatenverbindungen. Dabei kann man die „intragouvernementale" Dimension, die aus Verbindungen von Strukturen und Prozessen innerhalb einer Ebene besteht, von der „intergouvernementalen" Dimension unterscheiden, die Verbindungen von Strukturen und Prozessen zwischen den Ebenen beschreibt. Welche konkrete Ausgestaltung ein Mehrebenensystem hat, richtet sich nach den institutionellen „Regeln" der jeweiligen Ebenen und deren Beziehungen zueinander.

4. Die Governance-Perspektive verdeutlicht, dass die Politik zwischen den Ebenen und innerhalb derer nicht nur durch formale Institutionen

und Verfahrensregeln bestimmt wird, also durch „intragouvernementale" wie „intergouvernementale" Dimensionen, sondern auch durch die Art und Weise, wie Akteure zusammenwirken und wie sie mit den Regeln umgehen. Gleichzeitig wird die Möglichkeit der aktiven Mitwirkung organisierter privater Akteure eingeschlossen, was allerdings nicht bedeutet, dass in allen Formen der Politik in „Mehrebenensystemen" Private beteiligt wären. Ferner wird durch die Governance-Perspektive verdeutlicht, dass das Regieren nicht von einem Zentrum aus geschieht, sondern durch das Zusammenwirken relativ autonomer Einheiten.[179]

Das Regieren in Mehrebenensystemen zeichnet sich also durch Heterogenität der Akteure und hohe Anforderungen an die Koordinierung zwischen und innerhalb der Ebenen aus. Die Mehrebenenpolitik ist durch Fragmentierung geprägt, und nicht selten wird sie durch Staatsverträge ausgestaltet.[180]

Es gibt keine allgemeine Theorie der Mehrebenenpolitik, eine solche ist angesichts der Vielfalt der Problemstellungen auch kaum zu erwarten. Als Analysemaßstab für die Leistungsfähigkeit des Steuerungsinstruments Rundfunkänderungsstaatsverträge dienen die bereits dargestellten systemtheoretischen Grundannahmen. Dies betrifft die Frage, ob die politischen Interaktionsprozesse so ausgestaltet sind, dass eine „aktive Anpassung" des Rundfunkrechts an die Veränderung der Realitäten infolge

---

179 Arthur Benz, Politik in Mehrebenensystemen, 1. Aufl., Wiesbaden 2009, S. 17, 18.
180 Arthur Benz, Politik in Mehrebenensystemen, 1. Aufl., Wiesbaden 2009, S. 16.

der Kommunikations- und Informationstechnologien sowie der damit zusammenhängenden Veränderungen der Massenkommunikation ermöglicht oder gar forciert wird. Ferner werden die empirischen Erkenntnisse der Analyse von Multilevel Governance herangezogen.

Die politikwissenschaftliche Forschung weiß gegenwärtig relativ wenig über die Voraussetzungen einer effektiven Politik in Mehrebenensystemen. Die Erkenntnisse der Forschung beziehen sich auf Mehrebenensysteme wie den Föderalismus in der Bundesrepublik, auf die Interaktionprozesse der Europäischen Union sowie auf internationale Politikverflechtungen. Politische Mehrebenensysteme zeigen sich gegenwärtig aber in den unterschiedlichsten Variationen, so dass es für aussagekräftige Forschungsergebnisse auf die Untersuchung jedes einzelnen Politikfeldes ankommt.[181]

8.2. Das „Mehrebenensystem" Medienpolitik

Der deutsche Bundesstaat ist ein Beispiel für ein ausdifferenziertes Mehrebenensystem, wobei es unterschiedliche Varianten der „Politikverflechtung" zwischen dem Bund, den Ländern und der Europäischen Gemeinschaft gibt. Es handelt sich dabei um einen Politikmodus, bei dem die Entscheidungsprozesse nicht majoritär und hierarchisch entschieden werden, sondern die Entscheidung von mehreren Bezugseinheiten

---

181 Arthur Benz, Multilevel Governance – Governance in Mehrebenensystemen, in: Artur Benz (Hrsg.), Governance – Regieren in komplexen Regelsystemen, S. 143.

abhängt und es darauf ankommt, ein Einvernehmen herzustellen.[182] Von vertikaler „Politikverflechtung" kann im Zusammenhang mit den Entscheidungsprozessen zwischen dem Bund und den Ländern in der Bundesrepublik oder zwischen der Europäischen Gemeinschaft und ihren Mitgliedstaaten gesprochen werden. Eine horizontale „Politikverflechtung" besteht zwischen den deutschen Bundesländern.[183] Reichen Entscheidungen über die Grenzen eines Landes hinaus, so können diese nur mit allseitiger Zustimmung entschieden werden. Damit treten Verhandlungen und Vereinbarungen an die Stelle hierarchischer Entscheidungen.

Der Aspekt der Mehrstufigkeit von Entscheidungsprozessen ist auch eine Komponente von „Multilevel Governance". Im Hinblick auf die Medienpolitik der Länder soll untersucht werden, wie die Entscheidungsprozesse auf den unterschiedlichen territorialen Ebenen verlaufen.

---

182 Fritz W. Scharpf, Einführung: Zur Theorie von Verhandlungssystemen, in: Arthur Benz, Fritz W. Scharpf, Reinhard Zintl (Hrsg.), Horizontale Politikverflechtung. Zur Theorie von Verhandlungssystemen, Frankfurt am Main/New York 1992, S. 11, 12.
183 Fritz W. Scharpf, Einführung: Zur Theorie von Verhandlungssystemen, in: Arthur Benz, Fritz W. Scharpf, Reinhard Zintl (Hrsg.), Horizontale Politikverflechtung. Zur Theorie von Verhandlungssystemen, Frankfurt am Main/New York 1992, S. 12; Fritz W. Scharpf, Die Theorie der Politikverflechtung: ein kurzgefasster Leitfaden, in: Politikverflechtung im föderativen Staat. Studien zum Planungs- und Finanzierungsverbund zwischen Bund, Ländern und Gemeinden, Joachim Jens Hesse (Hrsg.), Baden-Baden 1978, S. 27.

Die erste Phase der Rundfunkpolitik der Länder war durch den Aufbau des öffentlich-rechtlichen Rundfunks und seiner Länderanstalten geprägt, dabei nahmen die Alliierten wesentlichen Einfluss auf die Ausgestaltung. Mit der Einführung des dualen Rundfunks trat der erste Rundfunkstaatsvertrag am 01.12.1987 in Kraft. Mit dieser bundesweit einheitlichen Regelung waren nunmehr Abstimmungsprozesse erforderlich, deren Zielsetzung die Fortschreibung eines einheitlichen Rechtsrahmens für den dualen Rundfunk der Bundesrepublik war.[184] In dieser Anfangsphase waren die Abstimmungsprozesse und einzubeziehenden unterschiedlichen Ebenen noch relativ überschaubar. Mit der technischen Entwicklung der Digitalisierung und dem zunehmenden Einfluss des Bundes und der europäischen Ebene steigt die Komplexität der notwendigen Verhandlungs- und Abstimmungsprozesse, womit gleichzeitig die Steuerungsproblematik zunimmt.

8.2.1. Länder, Bund und europäische Ebene

Zunächst stellt sich die Frage, wer gegenwärtig in territorialer Hinsicht Einfluss auf die Medienpolitik der Länder nimmt.

Die Europäische Union hat schon seit den frühen 1980er Jahren Einfluss auf die Medienpolitik der Länder[185], mit dem Ziel der Europäisierung

---

184 Siehe hierzu die Ausführungen unter 3.1.
185 Thomas Latschan, Wofgang Wessles, Europäische Medienpolitik, in: Lutz Hachmeister (Hrsg.), Grundlagen der Medienpolitik, Bonn 2008, S. 94.

und Vereinheitlichung des Medienmarktes. Seit dem Jahr 2000 nimmt die europäische Ebene, vor allem in Gestalt der zuständigen Europäischen Kommission, zunehmend Einfluss auf die Ausgestaltung der Rundfunkstaatsverträge, aber auch auf das gesamte Medienrecht. Dazu gehören die Etablierung und Überwachung eines einheitlichen Rechtsrahmens und das Erarbeiten von Richtlinien für gemeinsame Mindeststandards in den Bereichen der audiovisuellen Dienste, des Internethandels und des Urheberrechts. Diese Entwicklung, dies verdeutlicht die Übersicht über die Rundfunkänderungsstaatsverträge[186], hat erhebliche Auswirkungen auf die Rechtsetzungstätigkeit der Länder. Wesentliche Impulse für die Änderungen der Rundfunkstaatsverträge kamen spätestens seit der Jahrtausendwende aus Brüssel. Dieser Umstand verschärft die Steuerungsproblematik der Länder und steigert die Komplexität der Verfahrensabläufe und Interaktionsprozesse.

Zu den Akteuren zählt die EU-Kommission, das zuständige Ressort hieß von 2004 bis 2010 „Informationsgesellschaft und Medien". Seit 2010 ist die Ressortbezeichnung der zuständigen Kommission „Digitale Agenda". Ferner ist die Generaldirektion für Kommunikation, Information und Wettbewerb für den Bereich der Medien verantwortlich. Einfluss nehmen können darüber hinaus der Ministerrat und das Europäische Parlament. Beschlüsse zum gemeinsamen Medienmarkt kann der Ministerrat nur mit qualifizierter Mehrheit beschließen. Richtlinien zur Regulierung des Medienmarktes werden im Mitentscheidungsverfahren nach

---

186 Vergleiche die Übersicht unter 1.

Art. 251 EGV durch das Europäische Parlament verabschiedet. Zwar hat das Parlament kein Initiativrecht, aber es kann Änderungsvorschläge einbringen und die Kommission auffordern, einen entsprechenden Vorschlag einzubringen.

Einfluss auf den Rechtsrahmen der Rundfunkregulierung der Länder hat vor allem die EU-Richtlinie über Audiovisuelle Mediendienste (AVMDR), die die Fernsehrichtlinie reformiert und abgelöst hat.[187] Zu nennen ist ferner die „E-Commerce-Richtlinie"[188] aus dem Jahr 2001. Mit Art. 10 Abs. 1 EMRK[189] sollen die Kommunikationsfreiheiten und die Freiheit der Mitgliedsstaaten zur Ausgestaltung einer Rundfunkordnung gewährleistet werden.[190]

---

187 Richtlinie 2007/65/EG des Europäischen Parlaments und des Rates vom 11. Dezember 2007 zur Änderung der Richtlinie 89/552 EWG des Rates zur Koordinierung bestimmter Rechts- und Verwaltungsvorschriften der Mitgliedstaaten über die Ausübung der Fernsehtätigkeit, ABl. EG L 332 vom 18.12.2007. http://eur-lex.europa.eu/LexUriServ/LexUriServ.do?uri=OJ:L:2007:332:0027:0045:DE:PDF.
188 Richtlinie 200/31/EG des Parlaments und des Rates vom 08. Juni 2000 über bestimmte rechtliche Aspekte der Dienste der Informationsgesellschaft, insbesondere des elektronischen Geschäftsverkehrs, im Binnenmarkt („Richtlinie über den elektronischen Geschäftsverkehr"), Amtsblatt Nr. L 178 vom 17/07/2000, S. 1 bis 16.
189 Konvention zum Schutze der Menschenrechte und Grundfreiheiten vom 4. November 1950.
190 Wolfgang Hoffmann-Riem, Chancen des Medienrechts, in: Gestern begann die Zukunft, Darmstadt 1994, S. 280.

Gemäß Art. 6 Abs. 2 VEU tritt die Union der Europäischen Menschenrechtskonvention bei und hat diese nicht mehr nur bei der Auslegung der Unionsgrundrechte zu berücksichtigen.[191]

Allgemein gesprochen soll der Einfluss der Länder so weit gehen, wie rundfunkgestaltende und kommunikationsbezogene Ziele verfolgt werden.[192] Unstimmigkeiten mit der EU-Administration gibt es immer wieder über die Sonderrolle des öffentlich-rechtlichen Rundfunks auf dem europäischen Medienmarkt. In der Auseinandersetzung geht es darum, dass der öffentlich-rechtliche Rundfunk keine wettbewerbsverzerrenden Aktivitäten entfalten darf.[193]

Zu erwähnen sind noch Rundfunkmitteilungen der EU-Kommission, die keinen formalen Gesetzescharakter haben, aber mittelbar Einfluss auf die rundfunkpolitischen Entscheidungen nehmen. Die Rundfunkmitteilung aus dem Jahr 2001 wurde 2009 überarbeitet. Die Fernsehrichtlinie vom Juli 2009 befasst sich mit den Auswirkungen der Digitalisierung der Verbreitungswege und den wirtschaftlichen Folgen für private, sich in Konkurrenz mit den öffentlich-rechtlichen Veranstaltern befindende

---

191 Vertrag über die Europäische Union, konsolidierte Fassung, Amtsblatt Nr. C 325 vom 24. Dezember 2002.
192 Wolfgang Schulz, Ulrike Bumke, § 20 RStV, Rn. 31, in: Beck'scher Kommentar zum Rundfunkrecht, Werner Hahn, Thomas Vesting (Hrsg.), 2. Aufl., München 2008.
193 Vgl. Staatliche Beihilfe E 3/2005 Deutschland, Rn. 229, 230, http://ec.europa.eu/community_law/state_aids/comp-2005/e003-05.pdf.

Anbieter. Zur Verhinderung von Wettbewerbsverzerrungen sind geplante Internetangebote öffentlich-rechtlicher Sender vorab im Hinblick auf ihre Marktauswirkungen zu überprüfen. Der Drei-Stufen-Test, der mit dem 12. Rundfunkänderungsstaatsvertrag eingeführt wurde, dient dieser Überprüfung.[194] Ferner befasst sich die Richtlinie mit der veränderten Rolle des Mediennutzers, der nicht mehr nur passiver Rezipient sei, sondern sich aktiv beteiligen könne und Kontrolle über Medieninhalte habe.[195]

Die Länder haben keinen unmittelbaren Einfluss auf die EU-Ebene. Es gibt keine direkte institutionelle Verflechtung. Grundsätzlich hat der Bund die Zuständigkeit für die Vertretung in der EU. Im Zusammenhang mit der Föderalismusreform kam die Diskussion über die Entflechtung der europäischen Zuständigkeiten zwischen Bund und Ländern auf. Der Bund wollte eine Alleinzuständigkeit für die Vertretung der Bundesrepublik in der EU, die Länder wollten ihre Interessen durch einen Repräsentanten eigenständig vertreten.

Hier haben wir es mit einem „Trilemma" zu tun, bei dem sich die komplexen europäischen Verhandlungen, die Spielregeln des Föderalismus in der Bundesrepublik und die Regeln der parlamentarischen

---

194 Siehe hierzu unter 8.4.1.
195 http://ec.europa.eu/competition/state_aid/legislation/broadcasting_communication_de.pdf.

„Wettbewerbsdemokratie" schwerlich vereinbaren lassen.[196] Mit der Föderalismusreform wurde Art. 23 Abs. 6 GG geändert, um den Länderinteressen entgegenzukommen. Danach handelt im Ministerrat für die Bereiche Bildung, Kultur und Rundfunk ein vom Bundesrat benannter Ländervertreter für die Bundesrepublik, wobei Bund und Länder nach wie vor ihre europapolitischen Interessen abstimmen müssen.

An den erwähnten Schwierigkeiten ändert dies nichts. Hinzu kommt noch, dass nur eine Person für die gesamten Länder agiert. Die Notwendigkeit einer stärkeren Koordinierung der Länder in Rundfunkfragen, ausgerichtet auf Brüssel, steht noch aus; sie ist aufgrund der Bedingung, dass die Länder wiederum nur gemeinsam handeln können, äußerst schwierig und erfordert Ressourcen sowie das Implementieren neuer, verstetigter Kommunikationsebenen, die nicht nur ad hoc agieren, sondern aktuelle und langfristige Problemfelder bearbeiten. Wünschenswert wäre eine gemeinsame „Repräsentanz" der Länder im Sinne einer Interessenvertretung, nicht im staats- und völkerrechtlichen Sinn. Die einzelnen Bundesländer haben jeweils Landesvertretungen eingerichtet, die untereinander im „Wettbewerb" stehen. Sie sind in der Regel organisatorisch den Staatskanzleien der Länder zugeordnet. Die Akteure dort sind zuständige Staatssekretäre und Minister. Die Arbeitsebenen sind in den Landesvertretungen, je nach Größe, in unterschiedliche

---

196 Arthur Benz, Politik in Mehrebenensystemen, 1. Aufl., Wiesbaden 2009, S. 122.

fachpolitische Abteilungen aufgeteilt.[197] Über diese Ebenen können sich die Länder in die komplexen europäischen Verhandlungsprozesse einbringen, an Anhörungen teilnehmen sowie mit den Vertretern der Kommission und des Europäischen Parlamentes in Kontakt treten.

Auf der europäischen Ebene agieren ferner die Interessenvertreter des öffentlich-rechtlichen[198] und privaten Rundfunks, der Bundesverband der Zeitungsverleger und darüber hinaus eine Vielzahl von anderen Organisationen, die die Interessen der Medienwirtschaft verfolgen.

8.2.2. Zusammenwirken der Länder mit dem Bund

Inwieweit der Bund Einfluss auf die Medienpolitik der Länder hat oder Bund und Länder miteinander kooperieren müssen, ergibt sich formaljuristisch aus der Gesetzgebungskompetenz sowie der Frage der Zustimmungspflichtigkeit von Gesetzen.

Die Frage, wer für die Rundfunkpolitik im Gefüge von Bund und Land die Zuständigkeit hat, war zunächst umstritten. Die Bundesländer haben ge-

---

197 Siehe exemplarisch Nordrhein-Westfalen: Hier gehört die Landesvertretung gegenwärtig in das Ressort des Ministers für Bundesangelegenheiten, Europa und Medien. In der Landesvertretung gibt es die fachpolitische Abteilung „Medien und Telekommunikation, Internationale Angelegenheiten, Erweiterung der EU, Interregionale Zusammenarbeit".
(http://www.mbem.nrw.de/vertretungen-des-landes/bruessel/).
198 http://www.wdr.de/unternehmen/senderprofil/organisation/ard_verbindungsbuero.jsp.

mäß Art. 30 GG die Kompetenz zur Rundfunkregulierung. Dies folgt aus der Grundannahme, dass der Rundfunk dem Bereich der Kultur zuzuordnen ist.[199] Die grundsätzliche Klärung der Kompetenz für Rundfunkangelegenheiten erfolgte 1961 durch das „erste Rundfunkurteil", das auch das „Fernsehurteil" genannt wird.[200] Die Bundesländer Hamburg und Hessen riefen damals das Bundesverfassungsgericht an, um feststellen zu lassen, dass die Gründung der „Deutschland-Fernsehen-GmbH" durch die Bundesregierung die Rechte der Länder verletzt habe. Die „Deutschland-Fernsehen-GmbH" wurde am 25.07.1960 gegründet, nachdem der Bundestag einen entsprechenden Gesetzentwurf zu Einführung eines „Deutschland-Fernsehens" abgelehnt hatte.[201] Das Bundesverfassungsgericht stellte die Verfassungswidrigkeit der Einrichtung eines Deutschlands-Fernsehens und einer „Deutschland-Fernsehen-GmbH" fest.[202]

---

199 Die Grenzziehung zwischen Kultur und Wirtschaft gerät durch die Konvergenz der Medien allerdings zunehmend unter Druck. Die Kompetenz für das Recht der Wirtschaft hat gemäß Art. 74 Nr. 11 des GG der Bund. Die Plausibilität der in den Rechtswissenschaften herrschenden Meinung gerät durch die Entwicklung der Medienwirtschaft, durch die Vernetzung und Aufbereitung der Inhalte und den zunehmenden Wettbewerb ins Wanken.
200 BVerGE, 12, 205 ff. (Erstes Rundfunkurteil), siehe hierzu auch unter 3.1.1.
201 Hans-Jürgen Papier/Johannes Müller, Presse und Rundfunkrecht, in: Jürgen Wilke (Hrsg.), Mediengeschichte der Bundesrepublik Deutschland, Köln 1999, S. 459.
202 Mit dem „Staatsvertrag über die Errichtung der Anstalt des öffentlichen Rechts Zweites Deutsches Fernsehen" vom 06.06.1961 beschlossen die Ministerpräsidenten die Errichtung einer rechtsfähigen Körperschaft unabhängig von den existierenden Landesrundfunkanstalten. Damit wurde das ZDF gegründet. Die verfassungsrechtlichen Streitfragen wurden vor dem Bundesverfassungsgericht indes nicht geklärt.

Damit war der Streit über die Zuständigkeit in Rundfunkangelegenheiten zugunsten der Länder geklärt.

Bezogen auf die Regelungs- und Gestaltungskompetenz wird auf die Kulturhoheit der Länder Bezug genommen. So wird heute also ganz überwiegend davon ausgegangen, dass der Rundfunk, bezogen auf seine Regulierung, der Kulturhoheit der Länder zuzuordnen sei.[203] Dem Rundfunk wird eine Doppelnatur zugeschrieben, er wird als Kultur- und Wirtschaftgut eingeordnet.

Auch die Europäische Gemeinschaft hat durch eine Protokollerklärung zu Art. 87 des Amsterdamer Vertrages klargestellt, dass der öffentlich-rechtliche Rundfunk eine Doppelnatur hat und sowohl Wirtschafts- als auch Kulturgut ist.[204] Das bedeutet vor allem die Anerkennung, dass die Mitgliedstaaten die Kompetenz haben, ein öffentlich-rechtliches Rundfunksystem einzurichten und es über Gebühren zu finanzieren, soweit die Wettbewerbsbedingungen in der Gemeinschaft nicht in einem Maß beeinträchtigt werden, das dem gemeinsamen Interesse zuwiderläuft.[205]

---

203 BVerfGE, 12, 205, 225.
204 Vertrag von Amsterdam zur Änderung des Vertrags über die Europäische Union, der Verträge zur Gründung der Europäischen Gemeinschaft sowie zu einigen damit zusammenhängenden Rechtsakten – Protokolle – Protokoll zum Vertrag zur Gründung der Europäische Gemeinschaft – Protokoll über den öffentlich-rechtlichen Rundfunk in den Mitgliedstaaten, Amtsblatt Nr. C 340 vom 10.11.1997 S. 0109.
205 Albrecht Hesse, Rundfunkrecht, 3. Aufl., München 2003, S. 328.

Nach Art. 30 GG in Verbindung mit Art. 70 GG sind die Länder für das Presse- und Rundfunkrecht zuständig.

Der Bund hat die ausschließliche Gesetzgebungskompetenz für das Telekommunikationsrecht. Er hat mit dem Telemediengesetz vom 01.03.2007 eine bundeseinheitliche Rechtsgrundlage für elektronische Informations- und Kommunikationsdienste, wie Video auf Abruf, Internetsuchmaschinen oder Teleshopping und Chat-Rooms, geschaffen. Diese Angebote fallen demnach nicht unter die ausdifferenzierte Rundfunkregulierung.

Allerdings gibt es Überlappungen zwischen Rundfunk-, Telemedien- und Telekommunikationsrecht. Der Rundfunkstaatsvertrag und das Telemediengesetz regeln „Inhalte-Dienste", für technische Dienste bildet das Telekommunikationsgesetz (TKG) die Rechtsgrundlage. Im Sinne des § 3 TKG ist Telekommunikation der technische Vorgang des Aussendens, Übermittelns und Empfangens von Signalen mittels Telekommunikationsanlagen. Das Bundesverfassungsgericht hat der Telekommunikation eine „dienende Funktion" zugeschrieben.[206] Danach ist die Telekommunikation den Zielsetzungen des Rundfunkrechts nachgeordnet, wenn es um die Gewährleistung programmlicher Vielfalt geht, und ist telekommunikationsrechtlich abzusichern. Für die Kabelbelegung mit Rundfunkprogrammen sind die Länder zuständig. Sie haben gleichzeitig die Aufgabe, die Vielfalt und die kommunikative Chancengleichheit

---

206 BVerfGE 12, 205, 227.

zu sichern. Ferner liegt die Frequenzverteilung in der Zuständigkeit der Länder. Dabei geht es um die Frage, ob eine Frequenz dem öffentlich-rechtlichen oder dem privaten Rundfunk zur Nutzung überlassen wird und welcher Veranstalter konkret zur Nutzung berechtigt sein soll.

Aus den skizzierten verfassungsrechtlichen und rechtlichen Rahmenbedingungen folgt, dass der Bund in Medienangelegenheiten, welche dem Rundfunk zuzuordnen sind, nur eingeschränkte Handlungsspielräume und Kompetenzen hat. Der Bund kann seine Aufgaben auf diesem Feld nur sachgerecht in Kooperation mit den Ländern wahrnehmen.[207]

---

[207] Medien- und Kommunikationsbericht der Bundesregierung 2008, S. 3, http://www.bundesregierung.de/Content/DE/__Anlagen/BKM/2009-01-12-medienbericht-teil1-barrierefrei,property=publicationFile.pdf.

Einen gesamten Überblick über die unterschiedlichen Regulierungsebenen und Regulierungsmaterien gibt auch die nachfolgende Darstellung:

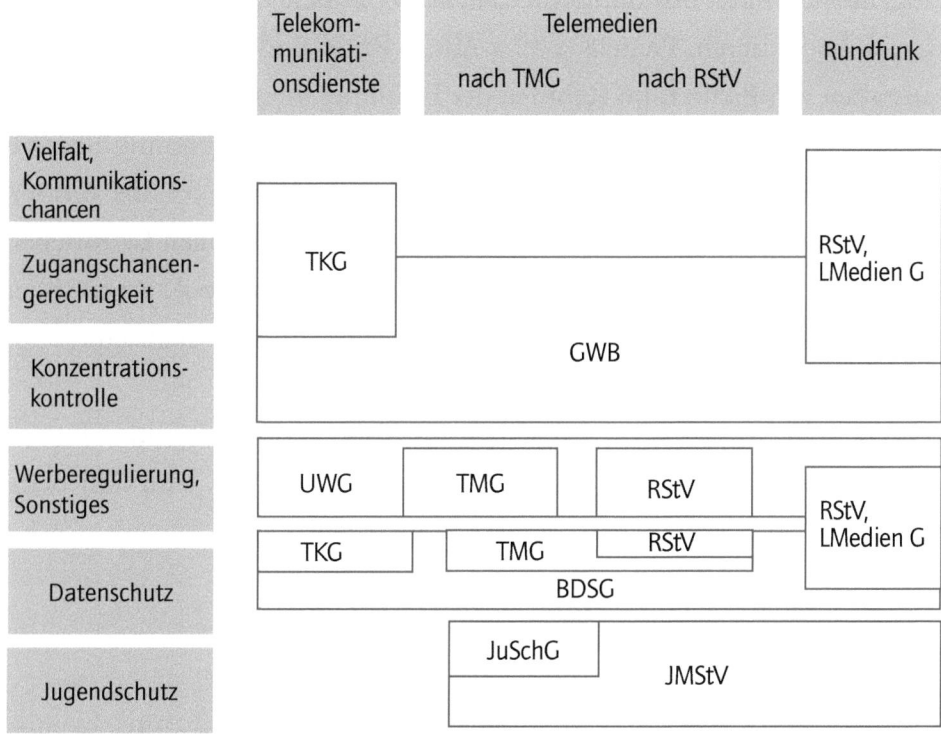

(Quelle: Wissenschaftliches Gutachten zum Kommunikationsbericht der Bundesregierung[208])

---

208 Zur Entwicklung der Medien in Deutschland zwischen 1998 und 2007, Wissenschaftliches Gutachten zum Kommunikationsbericht der Bundesregierung, Hamburg 2008, S. 344, http://www.bundesregierung.de/Content/DE/__Anlagen/BKM/2009-01-12-medienbericht-teil2-barrierefrei,property=publicationFile.pdf.

130 Auf den unterschiedlichen Ebenen gibt es vielschichtige Kooperationen zwischen den Instanzen des Bundes und der Länder. Zum Teil sind diese gesetzlich vorgegeben. Hierzu gehört zum Beispiel gemäß § 123 TKG die allgemeine Pflicht der Bundesnetzagentur, mit den Landesmedienanstalten zu kooperieren. Gemäß § 39 a Abs. 1 RStV sind die Landesmedienanstalten verpflichtet, im Rahmen der Erfüllung ihrer Aufgaben mit dem Bundeskartellamt und der Regulierungsbehörde für Telekommunikation zusammenzuarbeiten. Vor Erlass von Satzungen gemäß § 53 Abs. 6 RStV müssen die Landesmedienanstalten den von den Regelungen Betroffenen die Gelegenheit zur Stellungnahme geben. Dies können z.B. private oder öffentlich-rechtliche Veranstalter oder Anbieter von Diensten sein.[209]

Die vielschichtigen Notwendigkeiten zur Kooperation spiegeln sich auch in den unterschiedlichen Aufsichtsinstanzen wider, die zum Teil beim Bund und zum Teil bei den Ländern angesiedelt sind.

---

209 Wolfgang Schulz, § 53 RStV, Rn. 65, in: Beck'scher Kommentar zum Rundfunkrecht, Werner Hahn, Thomas Vesting (Hrsg.), 2. Aufl., München 2008.

Dies wird durch die folgende Darstellung verdeutlicht:

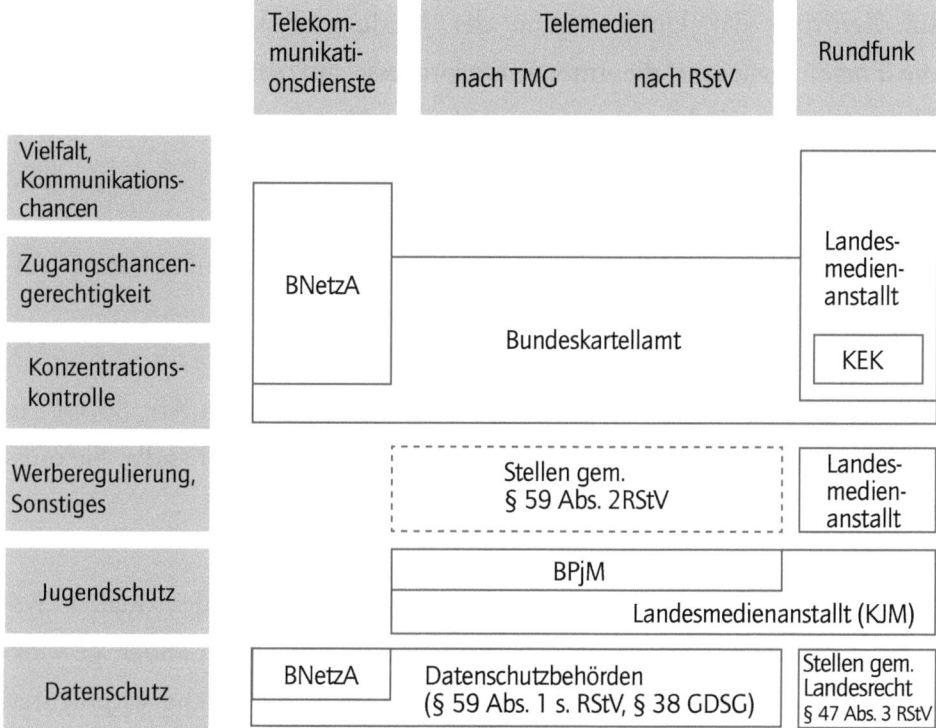

(Quelle: Wissenschaftliches Gutachten zum Kommunikationsbericht der Bundesregierung.[210] Bei der Übersicht sind die Änderungen des 10. Rundfunkänderungsstaatsvertrages noch nicht berücksichtigt)

---

210 Zur Entwicklung der Medien in Deutschland zwischen 1998 und 2007, Wissenschaftliches Gutachten zum Kommunikationsbericht der Bundesregierung, Hamburg 2008, S. 361, http://www.bundesregierung.de/Content/DE/__Anlagen/BKM/2009-01-12-medienbericht-teil2-barrierefrei,property=publicationFile.pdf.

8.2.3. Zusammenwirken der Länder

Im Zentrum der Untersuchung der Medienpolitik der Länder steht die Frage, inwieweit die Interaktionsprozesse auf den unterschiedlichen Ebenen und zwischen den verschiedenen Akteuren unter dem Begriff Multilevel Governance gefasst werden können.

Dazu ist zu klären, ob die Kompetenzen und Ressourcen auf „Ebenen" aufgeteilt sind, die sich territorial abgrenzen lassen.[211]

Die Ausgestaltung des Rundfunkstaatsvertrages liegt nach Art. 30 GG in Verbindung mit Art. 70 GG ganz in der Zuständigkeit der Länder. Sie müssen ihre Interessen untereinander koordinieren.

Der Rundfunkstaatsvertrag sollte bei der Einführung des dualen Systems eine Vereinheitlichung der Rundfunkpolitik der Länder gewährleisten. Die Länder wurden vom Bundesverfassungsgericht verpflichtet, eine einheitliche Rundfunkordnung zu schaffen. Das Bundesverfassungsgericht hielt einen einheitlichen Ordnungsrahmen zunächst für zweckmäßig[212] und in einer späteren Entscheidung für notwendig.[213] Neben den Grundzügen der Rundfunkordnung beinhaltet der Staatsvertrag

---

211 Dies können auch staatsähnliche Gebilde sein, wie internationale Organisationen. Dieser Strang spielt im untersuchten Kontext derzeit noch keine erkennbare Rolle.
212 BVerfGE 12, 205, 227.
213 BVerfGE 73, 118, 196 ff.

viele Detailregelungen, wie beispielsweise zur Zuteilung von Satelliten-
kanälen an private und öffentliche Veranstalter, zur Finanzierung der
Landesmedienanstalten bezüglich der Weiterverbreitung inländischer
und ausländischer Programme oder auch zur Verhinderung einer vorherr-
schenden Meinungsmacht sowie zum Datenschutz. Letztlich sorgte der
Rundfunkstaatsvertrag gerade zu Beginn des dualen Rundfunks für einen
einheitlichen Rechtsrahmen und trug wesentlich dazu bei, eine Zersplit-
terung der Rundfunkordnung zu verhindern, die sich allein an einzelnen
Länderinteressen orientiert.

Rechtssystematisch betrachtet ist der Rundfunkstaatsvertrag ein intraförderaler Vertrag zur Schaffung eines bundeseinheitlichen Rundfunksystems, dem eine Doppelfunktion zukommt. Zum einen ist er ein öffentlich-rechtlicher Vertrag, der zwischenstaatliches Recht begründet, und zum anderen enthält der Rundfunkstaatsvertrag einfaches Landesrecht.[214]

Den Entwurf eines Rundfunkänderungsstaatsvertrages können die Länder also nur gemeinsam vorbereiten. Die Kompetenz zur Entscheidung hat nur jedes Land für sich. Der Rundfunkstaatsvertrag bedarf, wie auch völkerrechtliche Verträge, eines Vertragstextes, der einvernehmlich entworfen wird. Insofern kann man sagen, dass die Kompetenzen und Ressourcen horizontal zwischen territorial abgegrenzten Einheiten, den Ländern, aufgeteilt sind. Damit ist die erste Komponente von Multilevel Governance erfüllt.

---

214 Thomas Vesting, § 1 RStV, Rn. 4, in: Beck'scher Kommentar zum Rundfunkrecht, Werner Hahn, Thomas Vesting (Hrsg.), 2. Aufl., München 2008.

8.2.4. Koordinationsstrukturen im Kontext der Rundfunkänderungsstaatsverträge

Zwei weitere Komponenten zeichnen Governance im „Mehrebenensystem" aus, nämlich die Kooperation durch Bewältigung von Interdependenzen sowie die Existenz von institutionellen Regelsystemen. Damit sind komplexe Verbindungen von Strukturen und Prozessen innerhalb von Ebenen („intragouvernementale Dimension") und zwischen Ebenen (intergouvernementale Dimension") gemeint.

Anstatt die Begriffe „Regelsystem" oder „Regelungsstrukturen" zu verwenden, wird dem Vorschlag von Schuppert gefolgt, im Kontext von Governance von „Koordinierungsstrukturen" zu sprechen, womit das Zusammenspiel von Handlungen, Interaktionen und institutionellen Rahmenbedingungen gemeint ist.[215] Diese können informell verabredet oder tradiert sein, sie können aber auch in formellen Verfahrensnormen ihren Niederschlag gefunden haben. Sofern Letzteres zutrifft, wird im Kontext der Untersuchung von Regelung gesprochen.

Die Entscheidungskoordinierung zwischen den Ländern, ob und inwieweit der Rundfunkstaatsvertrag abzuändern ist, ist nur teilweise geregelt.

---

215 Gunnar Folke Schuppert, Governance – auf der Suche nach Konturen eines „anerkannt uneindeutigen Begriffs", in: Gunnar Folke Schuppert, Michael Zürn, Governance in einer sich wandelnden Welt, 1. Aufl., Wiesbaden 2008, S. 135.

Es hat sich eine eingeübte Praxis entwickelt, die ihre eigenen Strukturen und Prozesse herausgebildet hat. Staatsverträge werden regelmäßig durch die Ministerpräsidenten abgeschlossen und durch die Zustimmung der Landtage in Landesrecht transformiert. Die Federführung liegt also bei den Ministerpräsidenten der Länder.

Das gemeinsame „Koordinierungsgremium" ist die Rundfunkkommission der Länder. Die Kommission wurde eingerichtet, um die Entscheidungen auf politischer Ebene vorzuberaten, damit sie dann von den Ministerpräsidenten abschließend behandelt werden können. An den Treffen der Rundfunkkommission nehmen die für Medienpolitik zuständigen Staatssekretäre oder die Chefs der Staats- bzw. Senatskanzleien teil. Sie agieren als Abgesandte der Ministerpräsidenten der jeweiligen Länder. Hin und wieder sind auch die Ministerpräsidenten selbst bei den Sitzungen anwesend. Jedes Land hat das Recht zur Teilnahme, jedoch muss die hierarchische Entscheidungsebene gewahrt sein. Der Vorsitz der Rundfunkkommission liegt „traditionell" in den Händen von Rheinland-Pfalz. Insofern „wandert" das Vorsitzland nicht. Der Vorsitzende der Rundfunkkommission wird auch nicht gewählt. Derjenige, der Ministerpräsident von Rheinland-Pfalz ist, hat den Vorsitz in dieser Runde. Seit Oktober 1994 ist der rheinland-pfälzische Ministerpräsident Kurt Beck (SPD) Vorsitzender der Rundfunkkommission. Die Rundfunkkommission tagt unter der Leitung des Chefs der Staatskanzlei von Rheinland-Pfalz. Bei der Rundfunkkommission handelt es sich um eine freiwillige Institution, die weder verfassungsrechtlich noch einfachgesetzlich abgesichert ist.

Für die Abstimmung zwischen den Ländern sind auf der Fachebene die Medien- bzw. Rundfunkreferenten der Länder zuständig. Sie bereiten die wichtigsten Verhandlungspunkte vor. Die Rundfunkreferenten sind in der Regel den Staats- oder Senatskanzleien zugeordnet. Auch in dieser Runde hat Rheinland-Pfalz den Vorsitz. Wenn Themen anstehen, die sich mit Bundesrecht überschneiden, wird dies mit der entsprechenden Fachebene des Bundes koordiniert und bearbeitet.

Sofern im Rundfunkänderungsstaatsvertrag Fragestellungen zu bearbeiten sind, die europarechtliche Bezüge aufweisen, findet ein Austausch zwischen den Arbeitsebenen, zwischen Landes- und europäischer Ebene, statt. Diese Form des Austausches ist informell und nicht institutionalisiert.

8.2.5. Informelle Interaktionen der Medienpolitik der Länder und ihrer Akteure

Als Nächstes ist zu untersuchen, auf welche Art und Weise staatliche wie private Akteure im Kontext der Rundfunkänderungsstaatsverträge interagieren.

Die Governance-Perspektive erlaubt es, die Art und Weise des Zusammenwirkens der Akteure zu untersuchen. Dabei geht es auch um die Frage des Agierens außerhalb und innerhalb von formalen Hierarchien zur Bewältigung von Interdependenzen.[216] Ferner schließt die Beschreibung Regel- und Entscheidungsstrukturen mit privaten Akteuren ein, wobei der Charakter der Interaktionen häufig informell ist.[217] Kennzeichnend für Governance-Prozesse ist das Zusammenwirken zwischen den Akteuren unterschiedlicher Organisationen oder Interessengruppen. „Entscheidungen werden nicht oktroyiert, sondern in direkter Interaktion zwischen den Beteiligten vereinbart."[218]

Interdependenzen, also die gegenseitigen Abhängigkeiten im Entscheidungsprozess, werden vielfach durch Verhandlungen bewältigt. Im Kontext der Rundfunkänderungsstaatsverträge soll zwischen „Vertragsverhandlungen" und „Verhandlungen" unterschieden werden. Mit „Vertragsverhandlungen" sind solche gemeint, in denen die Akteure agieren, die die Entscheidungskompetenz über den Vertrag haben. Dies sind die Ministerpräsidenten der Länder. Sie entscheiden abschließend über den Staatsvertragstext und unterzeichnen diesen, bevor er den Länderparlamenten zur Beschlussfassung vorgelegt wird.

---

216 Arthur Benz, Politik in Mehrebenensystemen, 1. Aufl., Wiesbaden 2009, S. 18.
217 Arthur Benz, Multilevel Governance – Governance in Mehrebenensystemen, in : Artur Benz (Hrsg.), Governance – Regieren in komplexen Regelsystemen, S.130.
218 Renate Mayntz, Governance im modernen Staat, in Arthur Benz (Hrsg.), Governance Regieren in komplexen Regelsystemen, 1. Aufl., Wiesbaden 2004, S. 71.

Wenn im Kontext der Untersuchung von „Verhandlungen" gesprochen wird, ist die Orientierung an der Begriffsdefinition von Arthur Benz sinnvoll. Danach soll von „Verhandlungen" gesprochen werden, wenn „die verhandelnden Akteure bei allen Unterschieden in ihrer institutionellen Stellung oder Ressourcenausstattung insofern gleichberechtigt sind, als alle die gleichen Kommunikations- und Entscheidungsrechte besitzen".[219] In den Verhandlungsrunden auf und zwischen diesen Ebenen haben lediglich die staatlichen Akteure, jeweils auf ihrer Hierarchieebene, die gleichen Kommunikations- und Entscheidungsrechte.

Davon zu unterscheiden ist die Handlungskoordinierung als weitere Komponente des „Verhandelns", des direkten Gesprächs über Interessen und Entscheidungsoptionen, um sich auf eine gemeinsame Entscheidung zu einigen. Dieses Interagieren ist im Sinne des „kooperativen Staates" zu verstehen, als eine „strukturelle Konfiguration", die die freiwillige kommunikative Beziehung zwischen staatlichen Akteuren untereinander sowie mit privaten Akteuren beschreibt.[220] „Kennzeichnend für den kooperativen Staat ist die Vielzahl von netzwerkartigen Strukturen, die aus staatlichen und nichtstaatlichen Akteuren gebildet sind und die

---

219 Arthur Benz, Verhandlungen, in: Arthur Benz, Susanne Lütz, Uwe Schimank, Georg Simonis (Hrsg.), Handbuch Governance. Theoretische Grundlagen und empirische Anwendungsfelder. Wiesbaden 2007, S. 106.
220 Renate Mayntz, Von der Steuerungstheorie zu Global Governance, in: Gunnar Folke Schuppert, Michael Zürn (Hrsg.), Governance in einer sich wandelnden Welt, 1. Aufl., Wiesbaden 2008, S. 44.

häufig unter auch dem Begriff Politiknetzwerke zusammengefasst werden können."[221] Die Möglichkeiten der Einflussmöglichkeiten auf politische Entscheidungsprozesse ergeben sich aus den konkreten Beziehungen innerhalb der Netzwerke sowie aus den Machtverteilungen und Machtverhältnissen.[222]

Die wohl gängigste Vorstellung von Netzwerken ist die eines Geflechts von guten und nützlichen sozialen Kontakten. Gute Beziehungen können durch geschäftliche Kooperation, persönliches Kennen oder enge Freundschaften bestehen. Der Zusammenhalt wird insbesondere durch die Pflege und den Aufbau von Vertrauen hergestellt.[223] In Politiknetzwerken werden gute Beziehungen u.a. dazu benötigt, um an Informationen zu gelangen, zu denen nur wenige einen Zugang haben, oder um Unterstützung für eigene Positionen und Sichtweisen zu mobilisieren.

Es ist zu untersuchen, welche Akteure in die vorbereitenden Verhandlungen zur Änderung der Rundfunkstaatsverträge einbezogen werden.

---

221 Renate Mayntz, Governance im modernen Staat, in: Arthur Benz, Governance – Regieren in komplexen Regelsystemen, 1. Aufl., Wiesbaden 2005, S. 69.
222 Arthur Benz, Verhandlungen, in: Arthur Benz, Susanne Lütz, Uwe Schimank, Georg Simonis (Hrsg.), Handbuch Governance. Theoretische Grundlagen und empirische Anwendungsfelder. Wiesbaden 2007, S. 108.
223 Ulrich Brandes, Volker Schneider, Netzwerkbilder: Politiknetzwerke in Metaphern, Modellen und Visualisierungen, in: Volker Schneider, Frank Janning, Philip Leifeld, Thomas Malang (Hrsg.), Politiknetzwerke. Modelle, Anwendungen und Visualisierungen, 1. Aufl., Wiesbaden 2009, S. 37.

Man kann zwischen staatlichen und privaten Akteuren unterscheiden. Akteure können Menschen, aber auch Organisationen, Wirtschaftsunternehmen oder Länder sein.[224] Bei privaten Akteuren spielt die Institutionalisierung eine wesentliche Rolle, sie dient der Stärkung des individuellen oder gemeinsamen Einflusses oder der Interessenvertretung. Die Institutionalisierung sowie die Handlungskoordinierung und Strategieentwicklung erhöht die Einflussmöglichkeiten im Zusammenwirken mit staatlichen Akteuren, sofern der Einfluss nicht durch andere Faktoren, wie wirtschaftliche oder gesellschaftliche Machtpositionen, abgesichert ist.[225]

Die wesentlichen staatlichen Akteure in der Rundfunkpolitik sind in institutioneller Hinsicht die Staatskanzleien und die Rundfunkkommission mit ihren entsprechenden Verwaltungs- und Koordinierungseinheiten. Es handeln die Ministerpräsidenten, Minister und Chefs der Staatskanzleien, vor allem aber die Rundfunkreferenten. Sie bereiten den Vertragstext für die Ministerpräsidenten und Staatssekretäre vor und führen bei diesen Vorbereitungen die Verhandlungen. Zur Arbeitsteilung werden aus der Runde der Rundfunkreferenten länderübergreifend

---

224 Jürgen Pfeffer, Visualisierung sozialer Netzwerke, in Christian Stegbauer (Hrsg.), Netzwerkanalyse und Netzwerktheorie. Ein neues Paradigma in den Sozialwissenschaften, 1. Aufl., Wiesbaden 2008, S. 228.
225 Dorothea Jansen, Andreas Wald, Netzwerktheorien, in : Arthur Benz, Susanne Lütz, Uwe Schimank, Georg Simonis (Hrsg.), Handbuch Governance. Theoretische Grundlagen und empirische Anwendungsfelder. Wiesbaden 2007, S. 188, 190.

Verhandlungsgruppen eingerichtet, die im Zusammenhang von Rundfunkänderungsstaatsverträgen dafür zuständig sind, mit der Bundes- oder EU-Ebene Abstimmungsgespräche zu führen. Die Arbeit der Verhandlungsgruppen ist nicht zugänglich dokumentiert, so dass über den Inhalt keine Ausführungen gemacht werden können. Gleiches gilt für die regelmäßigen Besprechungen der Rundfunkreferenten der Länder. Bei diesen Treffen wird der Vertragstext untereinander und mit etablierten Akteuren der Medienpolitik erörtert und verhandelt. Es existieren über diese Treffen zwar Ergebnisniederschriften, diese sind allerdings nicht öffentlich zugänglich und unterliegen der Vertraulichkeit. Insofern kann keine repräsentative Analyse der Niederschriften durchgeführt werden.

Zu den etablierten außerstaatlichen Akteuren gehören die öffentlich-rechtlichen und privaten Rundfunkveranstalter. In die Interaktionsprozesse einbezogen sind für die öffentlich-rechtlichen Rundfunkveranstalter die ARD und das ZDF. Die Interessen der privaten Rundfunkveranstalter werden vom Verband Privater Rundfunk und Telemedien e.V. (VPRT) vertreten. Zu den außerstaatlichen Akteuren, die bei den Verhandlungsprozessen eine Rolle spielen, gehören die Zeitungsverlage bzw. Zeitungsverleger. Ihre Interessen werden durch den Bundesverband Deutscher Zeitungsverleger (BDZV) und den Verband Deutscher Zeitschriftenverleger (VDZ) vertreten.

In der Medienpolitik der Länder spielt der Interessen- und Machtausgleich zwischen den genannten etablieren staatlichen und privaten Akteuren eine große Rolle. Dies betrifft gegenwärtig vor allem den Ausgleich der wirtschaftlichen Folgen der Verbreitung von Inhalten durch das

Internet. Bei der Debatte um den 12. Rundfunkänderungsstaatsvertrag forderten die Presseverlage die strikte Begrenzung der Internetaktivitäten des öffentlich-rechtlichen Rundfunks.[226] Dadurch, dass sich die Wege des öffentlich-rechtlichen Rundfunks und der Presseverlage auf dem Verbreitungsweg des Internets kreuzen, kommt es zu einer Konkurrenzsituation, vor allem dann, wenn sich die Angebote angleichen. So wurden in den 12. Rundfunkänderungsstaatsvertrag deutliche Begrenzungen für den öffentlich-rechtlichen Rundfunk im Hinblick auf seine zulässigen Angebote im Internet aufgenommen. In § 11 d des Rundfunkstaatsvertrages werden seit dem 1. Juni 2009 die Telemedienangebote des öffentlich-rechtlichen Rundfunks weitreichend begrenzt. So dürfen Sendungen auf Abruf nur bis zu sieben Tagen nach ihrer Ausstrahlung im Netz stehen, Spiele der Ersten und Zweiten Fußballbundesliga nur 24 Stunden, nicht sendungsbezogene, presseähnliche Inhalte dürfen nicht verbreitet werden, eine flächendeckende lokale Berichterstattung in Telemedien ist unzulässig. Eine so genannte Negativliste öffentlich-rechtlicher Telemedien verbietet darüber hinaus ganz konkrete Angebote, wie beispielsweise das Angebot von Anzeigenportalen, Bewerbungsportalen, Partner-

---

226 Der Präsident des Bundesverbandes der Zeitungsverleger, Helmut Heinen, formulierte dieses Anliegen wie folgt: „[...] Vielmehr stehen die Ministerpräsidenten in der Verantwortung, einen geeigneten Ausgleich zwischen der Bestands- und Entwicklungsgarantie der Sender auf der einen und der Sorge um den Erhalt privater Angebote von Qualitätspresse auf der anderen Seite zu finden." http://www.bdzv.de/fileadmin/bdzv_hauptseite/aktuell/bdzv_branchendienste/bdzv_intern/2008/19_2008/assets/Text%20Heinen_Kulturrat_%C3%96R.pdf.

börsen oder Routenplanern.[227] Aufgrund der Begrenzung der zulässigen Angebote hat die ARD nach eigenen Angaben in der Zeit von Juni 2009 bis April 2010 mehr als 100.000 Dokumente aus den Online-Auftritten der neun Landesrundfunkanstalten entfernt.[228]

Gleichwohl dauert der Konflikt zwischen den Verlegern und den öffentlich-rechtlichen Rundfunkveranstaltern an. Die Kritik richtet sich insbesondere gegen den laufenden Drei-Stufen-Test, auf den an späterer Stelle noch einzugehen ist.[229] Nach Ansicht der Verleger würden die von den Sendern vorgelegten Telemedienkonzepte die staatsvertraglichen Vorschriften des 12. Rundfunkänderungsstaatsvertrages „wertlos machen". Die Verlegerverbände haben substanziellere Beschränkungen für die öffentlich-rechtlichen Online-Angebote gefordert.[230] Es zeichnet sich ab, dass die Befriedung des Konflikts zwischen Verlegerinteressen und den Interessen des öffentlich-rechtlichen Rundfunks brüchig ist.

Das Bemühen um den Ausgleich unterschiedlicher Interessenlagen und um die Koordinierung möglicher Kompromisse zwischen den nichtstaatlichen Akteuren und zwischen den unterschiedlichen staatlichen Ebenen

---

227 Negativliste öffentlich-rechtlicher Telemedien, Anlage zu § 11 d Abs. 5 Satz 4 des Rundfunkstaatsvertrages.
228 So der ARD-Vorsitzende Peter Boudgoust, Intendant des SWR, nach der Hauptversammlung des Senderverbundes am 19./20. April 2010 in Leipzig, in: Funkkorrespondenz, 23. April 2010, 16 17/10, S. 9.
229 Siehe unter 8.4.1.
230 Funkkorrespondenz, 23. April 2010, 16 17/10, S. 10.

absorbiert zeitliche und personelle Ressourcen der staatlichen Akteure. Dabei haben die etablierten privaten Akteure zu den staatlichen Akteuren einen direkten Kommunikationszugang. Sie haben zwar kein Entscheidungsrecht im engen Sinne. Allerdings sichert der kommunikative Zugang einen zumindest mittelbaren Einfluss auf den politischen Entscheidungsprozess. Intendanten, Verleger und einflussreiche Vorstände von Medienunternehmen, die selbst über Machtfaktoren wie Status, Einfluss, die wirtschaftliche oder kommunikative Potenz der repräsentierten Unternehmen verfügen, agieren untereinander und mit Ministerpräsidenten, Ministern sowie Staatsekretären auf gleicher Augenhöhe.

Jarren und Donges beschreiben diesen wechselseitigen Einfluss wie folgt: „Die […] heutige Medienordnung ist [somit] nicht das Ergebnis einer planvollen oder konzeptionellen staatlichen (Ordnungs-)Politik, sondern von längeren evolutionären Prozessen. Diese fanden [allerdings] stets unter Einfluss staatlicher wie weiterer gesellschaftlicher Akteure statt."[231] Dieser wechselseitige Einfluss prägt die rechtlichen und ökonomischen Rahmenbindungen des Rundfunkstaatsvertrages. Die Medienpolitik der

---

231 Otfried Jarren, Patrick Donges, Ordnung durch Medienpolitik? Eine (Zwischen-)Bilanz, in: Otfried Jarren, Patrick Donges (Hrsg.), Ordnung durch Medienpolitik? Konstanz 2007, S. 405.

Länder war also von Beginn an nicht durch hierarchische Steuerungsstrukturen, sondern durch kooperative Interaktionsprozesse geprägt.[232]

**Der vorbereitende Verhandlungsprozess lässt sich
wie folgt zusammenfassen:**

1. Wenn die Rundfunkreferenten der Staatskanzleien die wichtigsten Verhandlungspunkte herausgearbeitet und diese untereinander auf ihrer Ebene vorverhandelt haben, werden die zentralen Inhalte zwischen den staatlichen Ebenen (Bund und EU) und den wichtigsten Akteuren der Rundfunk- und Medienpolitik beraten. Nicht selten werden medienpolitische und medienrechtliche Fragen auch in Workshops sowie auf Medienforen in der Fachöffentlichkeit debattiert.

Wenn die Problemlagen während der Verhandlungsphase besonders strittig sind und ein Ausgleich der widerstreitenden Interessen für eine oder mehrere Seiten unbefriedigend ist, findet gelegentlich auch eine öffentliche Kommunikation in der Medienfachpresse oder auf den Medienseiten

---

232 Uwe Schimank: „Die Medienpolitik ist ein Politikfeld, für dessen Analyse ein etatistisches Politik-Modell noch nie sehr weit geführt hat, weil es dort zu keinem Zeitpunkt der Realität entsprochen hat."
Besprechung zum Buch: Von der Medienpolitik zur Media Governance? Patrick Donges (Hrsg.), Köln 2007, in: M&K 56. Jahrgang 3 4/2008, S. 470.

großer Tageszeitungen über die Bewertung von Sachständen statt.²³³ Neben diesen Gesprächsrunden, die eher informellem Charakter haben, werden außerdem Anhörungen zum gesamten Vertragsentwurf durchgeführt. Auf die Anhörungen zu den Rundfunkänderungsstaatsverträgen ist an späterer Stelle noch einzugehen.²³⁴

2. Nach vorbereitenden Gesprächsrunden und ggf. einer durchgeführten Anhörung schnüren die Rundfunkreferenten „kompromissfähige Pakete", die den zuständigen Ministerpräsidenten oder Ministern zur Entscheidung vorgelegt werden. Die vorbereiteten Inhalte werden in Vertragsverhandlungen („Kamingesprächen"), an denen die Ministerpräsidenten bzw. die Minister teilnehmen, beraten, und ggf. wird über sie entschieden.²³⁵

Bei der Entscheidungsfindung gilt das Einstimmigkeitsprinzip; die Ministerpräsidenten müssen also kooperieren, um einen Konsens über den Vertragstext herzustellen. Damit besteht ein sehr hoher Einigungsdruck, wenn es in die Endphase der Beratungen geht. In aller Regel stehen dann

---

233 Eine heftige öffentliche Debatte gab es im Rahmen der Vorbereitungen zum 12. Rundfunkänderungsstaatsvertrag. Dabei ging es um die Frage der Begrenzung der Online-Aktivitäten des öffentlich-rechtlichen Rundfunks. Siehe hierzu beispielhaft: Michael Hanfeld, Brandbrief an die Medienpolitik, FAZ. NET, 17.07.08, http://www.faz.net/s/Rub475F682E3FC24868A8A5276D4FB916D7/ Doc~E3078465A6C284160AA1ED5A5E1910948~ATpl~Ecommon~Scontent.html.
234 Vergleiche unter 8.2.6.
235 Thomas Vesting, § 1 RStV, Rn. 5, in: Beck'scher Kommentar zum Rundfunkrecht, Werner Hahn, Thomas Vesting (Hrsg.), 2. Aufl., München 2008.

die „kompromissfähigen Pakete" zur Entscheidung. Ist die Einigung zustande gekommen, setzen die Ministerpräsidenten ihre Paraphe unter den Staatsvertragsentwurf. Die jeweiligen Staatskanzleien übersenden diesen dann ihren Länderparlamenten zur Ratifizierung. Die Parlamente beraten und verabschieden den vorgelegten Rundfunkänderungsstaatsvertrag.

Fasst man die wesentlichen Begriffsmerkmale von Governance zusammen, also das Steuern und Koordinieren auf der Grundlage von Regelsystemen (Markt, Hierarchie, Mehrheitsregel oder Verhandlungsregeln) mit dem Ziel des Managements von Interdependenzen, wobei die Prozesse und Interaktionsmuster in der Regel Organisationsgrenzen (insbesondere die Grenzen von Staat und Gesellschaft) überschreiten[236], können die vorbereitenden Verhandlungsprozesse wie folgt bewertet werden:

Die Medienpolitik der Länder ist im Vorbereitungsstadium der Rundfunkänderungsstaatsverträge verhandlungsorientiert. Es gibt eine Struktur der Interaktionen mit den etablierten Akteuren der Medienpolitik, die kommunikativen Zugang zu den staatlichen Akteuren haben und Einfluss nehmen können. Die Vertragsinhalte werden abgestimmt, mit dem Ziel, einen Interessenausgleich herzustellen sowie tragfähige Lösungen zu erarbeiten. Dabei hat sich ein öffentlich nicht erkennbares Netz

---

236 Arthur Benz, Einleitung: Governance – Modebegriff oder nützliches sozialwissenschaftliches Konzept? In: Arthur Benz (Hrsg.), Governance – Regieren in komplexen Regelsystemen, 1. Aufl., Wiesbaden 2004, S. 12, 25.

von Informations- und Kommunikationsbeziehungen ausdifferenziert. Die Medienpolitik der Länder im Kontext der Vorbereitungen von Rundfunkänderungsstaatsverträgen erfüllt damit wesentliche Elemente von Governance. Auf dieser Ebene ist die Medienpolitik der Länder Governance-Politik.

8.2.6. Formelle Interaktionen: Wer partizipiert?

Zur vertieften Betrachtung von Multilevel Governance im Kontext der Medienpolitik der Länder gehören weitere Faktoren. So stellt sich die Frage nach den formalen „Spielregeln" des Verfahrens zur Änderung des Rundfunkstaatsvertrages. Der Fokus soll dabei zunächst auf die Anhörungen zu den Rundfunkänderungsstaatsverträgen gerichtet sein. Es wird dargestellt und analysiert, wer an den Anhörungen zu den Rundfunkänderungsstaatsverträgen neun bis vierzehn teilgenommen hat.

8.2.6.1. Verfahrensregeln zur Änderung des Rundfunkstaatsvertrages

Das Verfahren zum Abschluss von Staatsverträgen ist nur teilweise formell abgesichert. Insbesondere gibt es keine Geschäftsordnung oder andere formelle Regeln. Dies gilt auch für die Durchführung von Anhörungen oder die Möglichkeit, schriftlich Stellung zu nehmen. So wurde der Arbeitsentwurf des 13. Rundfunkänderungsstaatsvertrages vom 17.04.09 im Internet auf der Seite der Staatskanzlei Rheinland-Pfalz veröffentlicht[237], die Möglichkeit zur Stellungnahme wurde erwähnt. Es gibt auf dieser Internetseite allerdings keine Möglichkeit, den Entwurf unmittelbar zu kommentieren. Auch sind der Entwurf und die entsprechenden Pressemitteilungen des Vorsitzenden der Rundfunkkommission, die darauf hinweisen, dass schriftliche Stellungnahmen abgegeben werden können und erwünscht sind, nur schwer zu finden. Offen bleibt außerdem, ob es einen bestimmten Adressatenkreis gibt, der Stellung nehmen kann und soll oder ob „jedermann" aufgefordert ist, das Regelwerk zu kommentieren. Besteht Interesse an veröffentlichten Stellungnahmen, kann man diese zum Teil im Netz auf den Seiten von Organisationen finden, die Stellung beziehen. Es gibt allerdings keine Bündelung der Kommentierungen zum Staatsvertragsentwurf.

Darüber hinaus werden Anhörungen durchgeführt. Auch diese sind weder gesetzlich vorgesehen, noch gibt es eine Verfahrensordnung für die Durchführung. Wenn Anhörungen geplant sind, werden sie, soweit ersichtlich, von dem Vorsitzland der Rundfunkkommission Rheinland-Pfalz koordiniert. Von dort aus wird entschieden, wer an den Anhörungen teilnehmen darf. Der Termin wird auf der Arbeitsebene vorher abgestimmt und dann zum Teil informell den möglichen Teilnehmern mitgeteilt. Die Teilnehmer erhalten eine schriftliche Einladung mitsamt der Tagesordnung. Da es keine geregelten Einladungsfristen gibt, sind auch keine formellen Fristen zu wahren, die eine gleichzeitige und rechtzeitige Bekanntgabe des Termins für alle geladenen Teilnehmer

---

237 http://www.rlp.de/ministerpraesident/staatskanzlei/medien/.

sicherstellt. Die Anhörungen sind in der Regel nicht öffentlich, der Teilnehmerkreis ist also geschlossen. Jeder Eingeladene bzw. jeder geladene Vertreter einer Organisation hat ein Rederecht.

8.2.6.2. Anhörungen und ihre Teilnehmer

Die nachfolgende Übersicht gibt einen Überblick über die Anhörungsteilnehmer zu den Rundfunkänderungsstaatsverträgen neun bis vierzehn. Die Darstellung bezieht sich auf Organisationen, Institutionen, Verbände, Ministerien und sagt nichts über die tatsächliche Anzahl der anwesenden Interessenvertreter aus. Wird im Kontext der Auswertung von Teilnehmern gesprochen, sind hiermit die angesprochenen Organisationen, Institutionen etc. gemeint.

Teilnehmer	9. RfÄndStV	10. RfÄndStV	11. RfÄndStV
1	ARD	ALM	
2	BDZV	ANGA	
3	BITKOM	APR	
4	Dt. Journalistenvereinigung	ARD	
5	Ebay	Ebay	
6	Kabelverband	HBI	
7	Presserat	TechniSat Digital	
8	Telekom	KEK	
9	VPRT	RA Bauer	
10	ZDF	VPRT	
11		ZDF	
12			
13			
14			
15			
16			
17			
18			
19			
20			
21			
22			
23			
24			
25			
26			
27			
28			
29			
30			
31			
32			

12. RfÄndStV	13. RfÄndStV	14. RfÄndStV
ARD	*ANGA*	*ANGA*
BDZV	*APR*	*ARD*
Premiere	*ARD*	*BDZV*
Pro 7	*ASTRA*	*BGM*
RTL	*BDI*	*BIGPOINT*
VDZ	*BDZV*	*BMFSJ*
VPRT	*BITKOM*	*BPjM*
ZDF	*BKM*	*DLM*
	BMWI	*Dt. Telekom*
	BVDW	*eco-Verband*
	DIHK	*EKD*
	DLM	*FSK*
	DLR	*HBI*
	Dt. Presserat	*HMAFG*
	eco-Verband	*Huch Medien GmbH*
	Filmproduzentenverband	*IVD*
	IVD	*Jugendschutzbeauftragter*
	Pro 7	*Kabel Deutschland*
	Produzentenallianz	*KJM*
	RTL	*Kommissariat der dt. Bischöfe*
	VATM	*KSK*
	VDZ	*LMK*
	Verband Dt. Drehbuchautoren	*MGFFI-NRW*
	VPRT	*Microsoft*
	VZBV	*Min. f. Arb.u.Soz. BW*
	ZAW	*Sky Deutschland*
	ZDF	*Sozialministerium NDS*
		SPIO
		VDZ
		Vodafone D2
		VPRT
		ZDF

(Quelle: Eigene Darstellung auf der Grundlage der Auskunft der Fraktion Bündnis 90/ Grünen in der Bremischen Bürgerschaft. Stand: Mai 2010)

Auf den ersten Blick fallen zwei Aspekte bei der Auswertung der Übersicht auf: zum einen, dass die etablierten außerstaatlichen Akteure der Medienpolitik, also die ARD, das ZDF und der VPRT sowie der BDZV, kontinuierlich Teilnehmer der Anhörungen sind, unabhängig davon, welche Inhalte die Rundfunkänderungsstaatsverträge berühren. Die Arbeitsgemeinschaften der öffentlich-rechtlichen Rundfunkanstalten der Bundesrepublik Deutschland (ARD), das Zweite Deutsche Fernsehen (ZDF) und der Verband Privater Rundfunk und Telemedien e.V. (VPRT) haben an allen fünf Anhörungen teilgenommen, der Bundesverband Deutscher Zeitungsverleger (BDZV) vier Mal, der Verband deutscher Zeitschriftenverleger (VDZ) und der Verband Privater Kabelnetzbetreiber (ANGA) nahmen nach den vorliegenden Angaben drei Mal teil. Zwei Mal waren die Direktorenkonferenz der Landesmedienanstalten (DLM), der Bundesverband Informationswirtschaft, Telekommunikation und neue Medien e.V. (BITKOM), der Verband der deutschen Internetwirtschaft (eco), der deutsche Presserat sowie die Privatsender Pro 7 und RTL bei den Anhörungen vertreten. Das Hans-Bredow-Institut (HBI) als Forschungseinrichtung taucht in der Liste der Teilnehmer ebenfalls nur zwei Mal auf, nämlich zu den Anhörungen zum 9. und 14. Rundfunkänderungsstaatsvertrag. Alle weiteren Teilnehmer erscheinen nur jeweils ein Mal auf der Teilnehmerliste.

Die Übersicht verdeutlicht zum anderen, dass die Anzahl der teilnehmenden Organisationen, Institutionen und Wirtschaftsverbände bei den Anhörungen zu den Rundfunkänderungsstaatsverträgen neun bis zwölf relativ konstant geblieben ist und sich dann bei den Anhörungen zum zwölften und vierzehnten Rundfunkänderungsstaatsvertrag vervielfacht hat.

Um die Veränderungen im Hinblick auf die Zusammensetzung der
Teilnehmer erkenntlicher zu machen, differenziert die nachfolgende
Übersicht[238] nach öffentlich-rechtlichem Rundfunk, privatem Rundfunk,
Verlagen, Medienwirtschaft, gesellschaftlichen Interessenvertretungen
sowie Aufsicht/Ministerien/Sachverständigen.

---

238 Darstellung auf der Grundlage der Auskunft der Fraktion Bündnis 90/
Die Grünen in der bremischen Bürgerschaft. Stand: Mai 2010.

RfÄnd StV	öffentlich-rechtlicher Rundfunk	privater Rundfunk	Verlage
9.	ARD, ZDF	VPRT	BDZV
10.	ARD, ZDF	VPRT, APR	
11.			
12.	ARD, ZDF, DLR	VPRT, APR, RTL, Pro 7, Premiere	BDZV, VDZ

Medienwirtschaft	gesellschaftliche Interessenvertretungen	Aufsicht/Ministerien/ Sachverständige
BITKOM, Ebay, Kabelverband, Dt. Telekom	Dt. Journalistenvereinigung, Presserat	
ANGA, Ebay, TechniSat Digital		ALM, HBI

RfÄnd StV	öffentlich-rechtlicher Rundfunk	privater Rundfunk	Verlage
13.	ARD, ZDF, DLR	VPRT, APR, RTL, Pro 7	BDZV, VDZ
14.	ARD, ZDF	VPRT	BDZV, VDZ

Medienwirtschaft	gesellschaftliche Interessenvertretungen	Aufsicht/Ministerien/ Sachverständige
ANGA, ASTRA, BDI, BITKOM, BVDW, DIHK, eco, Filmproduzentenverband, IVD, Produzentenallianz, VATM, Verband Dt. Drehbuchautoren, ZAW	Dt. Presserat, VZVB	DLM, BKM, BMWI
ANGA, BGM, BIGPOINT, Dt. Telekom, eco, Huch Medien GmbH, IVD, Kabel Deutschland, Microsoft, Sky Deutschland, SPIO, Vodafone D2	EKD, Kommissariat der dt. Bischöfe, KSK	BMFSJ, BPjM, DLM, FSK, HBI, HMAFG, Jugendschutzbeauftragter, KJM, LMK, MGFFI, Ministerium f. Arbeit u. Soziales BW, Sozialministerium Nds.

(Quelle: Eigene Darstellung auf der Grundlage der Auskunft der Fraktion Bündnis 90/ Grünen in der Bremischen Bürgerschaft. Stand: Mai 2010)

160 Vergegenwärtigt man sich zunächst die Inhalte, dann ging es im Kern beim 9. Rundfunkänderungsstaatsvertrag um die Vereinheitlichung der Regelungen für Teledienste unter dem Begriff „Telemedien", beim 10. stand die Reform der Landesmedienanstalten im Vordergrund, der 11. enthielt die Erhöhung der Rundfunkgebühren, hierzu fand nach den vorliegenden Angaben keine Anhörung statt. Der 12. Rundfunkänderungsstaatsvertrag setzte die Vorgaben der Europäischen Union aus dem Beihilfeverfahren um, es ging dabei im Wesentlichen um die Beschränkung des Online-Angebotes der öffentlich-rechtlichen Rundfunkveranstalter. Auch beim 13. Rundfunkänderungsstaatsvertrag ging es um die Umsetzung von Vorgaben aus Brüssel, nämlich die Richtlinie über audiovisuelle Mediendienste. Konkret umfasst der Inhalt die Liberalisierung der Werberichtlinien für den kommerziellen Rundfunk. Der 14. Rundfunkänderungsstaatsvertrag enthält die Überarbeitung des Jugendmedienschutzstaatsvertrages mit dem Ziel, den Schutz für Jugendliche im Netz zu verbessern und hierzu die Unternehmensverantwortung in diesem Bereich zu stärken. [239]

Bis einschließlich zur Anhörung zum 12. Rundfunkänderungsstaatsvertrag war der Kreis der Teilnehmer relativ konstant. Auffällig ist, dass die Bundesebene erst bei der Anhörung zum 13. Rundfunkänderungsstaatsvertrag Anhörungsteilnehmer ist, und zwar in Gestalt des Beauftragten der Bundesregierung für Kultur und Medien (BKM) sowie in der des Bundesministeriums für Wirtschaft und Technologie (BMWI). Die

---

239 Vergleiche die Übersicht unter 1.

Hinzuziehung der Bundesebene ist im Hinblick auf die Mehrebenenproblematik insgesamt sehr sinnvoll. Gleichwohl gehört die Bundesebene bei den Anhörungen zu den Rundfunkänderungsstaatsverträgen neun bis zwölf nicht zu den Teilnehmern. Offen ist, nach welchen Kriterien staatliche Stellen der Bundes- und Länderebene eingeladen werden oder nicht geladen werden.

Interessenvertretungen der Medienwirtschaft oder Medienunternehmen wurden in dem untersuchten Zeitraum teilweise einbezogen. An der Anhörung zum 9. Rundfunkänderungsstaatsvertrag nahmen u.a. BITKOM, Ebay und die Deutsche Telekom teil. Beim 13. Rundfunkänderungsstaatsvertrag ging es, wie bereits dargestellt, um die Neugestaltung der Werberegeln für den privaten Rundfunk. Von diesen Regelungen sind die privaten Rundfunkveranstalter, die Werbewirtschaft, ihre Interessenvertretungen, aber auch die Film- und Fernsehproduzenten betroffen. An dieser Anhörung nahmen in einem weit größeren Umfang als bei den Anhörungen zu den Rundfunkänderungsstaatsverträgen neun bis zwölf Interessenvertreter der Medienwirtschaft teil. Nach welchen Kriterien die Auswahl der Teilnehmer erfolgt ist, ist nicht ersichtlich.

Zivile Interessenvertretungen partizipierten nur sporadisch. Vertretungen der katholischen und evangelischen Kirche waren im untersuchten Zeitraum nur ein Mal anwesend, nämlich zur Anhörung zum 14. Rundfunkänderungsstaatsvertrag, bei dem es um den Jugendschutz im Internet ging. Der Deutsche Presserat nahm an der Anhörung zum 9. und 13. Rundfunkänderungsstaatsvertrag teil, die deutsche Journalistenvereinigung nur ein Mal. Der Bundesverband der Verbraucherzentralen tauchte als Teilnehmer im dargestellten Zeitraum nur bei der Anhörung zum 13. Rundfunkänderungsstaatsvertrag auf. Weitere zivile Interessenvertreter partizipierten bislang nicht an den Anhörungen. Auch die Vertreter der Aufsicht über den privaten Rundfunk und das Internet, die KEK, die KJM, DLM bzw. die ALM, zu der auch die Gremienvorsitzendenkonferenz gehört, waren und sind seltene bzw. keine Gäste bei den Anhörungen. Die Aufsichtsgremien der öffentlich-rechtlichen Rundfunkveranstalter tauchen in den ausgewerteten Teilnehmerlisten nicht auf. Auffällig ist auch, dass ein unabhängiger Sachverstand, wie der des Hans-Bredow-Institutes oder anderer Forschungseinrichtungen oder Universitäten, trotz der schwierigen und ausdifferenzierten Materie nur selten einbezogen wird.

Eine besondere Aufmerksamkeit verdient die Zusammensetzung der Anhörung zum 14. Rundfunkänderungsstaatsvertrag. Der Fokus der Debatte lag auf den Fragestellungen der Regulierung des Internets. Bei dem Regulierungskonzept des Jugendmedienschutzstaatsvertrages geht es um die sogenannte regulierte Selbstregulierung, d.h., erst wenn die Selbstverpflichtung privater Akteure ausfällt, greift der Staat regulierend ein. Dies setzt die unmittelbare Einbeziehung privatwirtschaftlicher Akteure bei der Lösung staatlicher Zielsetzungen voraus. Mit der Veränderung des Regulierungsgegenstandes, also das Internets, und der Veränderung der Regulierungsmechanismen tauchen neue Akteure bei der Anhörung auf. Neben den etablierten Akteuren partizipieren die Dt. Telekom, Microsoft und Vodafone D2 als potente Akteure der Internet- und Telekommunikationsbranche. Dazu kommen Online-Spiele-Entwickler wie BIGPOINT oder die Berufsgruppe Musik (BGM). Der eco-Verband vertritt die Interessen der deutschen Internetwirtschaft. Erstaunlich ist, dass BITKOM[240], der Bundesverband Informationswirtschaft, Telekommunikation und neue Medien e.V., nicht zu den Teilnehmern dieser Anhörung gehört. Immerhin taucht BITKOM schon bei den Anhörungen zum 9. und 13. Rundfunkänderungsstaatsvertrag auf. Bemerkenswert ist, dass bei der Anhörung zum 14. Rundfunkänderungsstaatsvertrag erstmals eine so große Zahl von Bundes- und Landesministerien vertreten ist. Interessenvertretungen der Internetnutzer, auf die im Einzelnen noch einzugehen sein wird[241], partizipieren nicht. Gleiches gilt, außer für die KSK und die EKD, für zivilgesellschaftliche Interessenvertretungen. Denkbare Interessenvertretungen im Kontext des 14. Rundfunkänderungsstaatsvertrages wären z.B. der deutsche Kinderschutzbund oder der Datenschutzbeauftragte des Bundes.

Bei der Frage einer möglichen Ausweitung der Anhörungsteilnehmer stellt sich zugleich das Problem der Praktikabilität. An der Anhörung zum 14. Rundfunkänderungsstaatsvertrag nahmen ca. 100 Interessenvertreter teil.[242] Diese Größenordnung stellt sehr hohe Anforderungen an die Organisation sowie die Steuerung und ist ein weiteres Indiz für die Komplexitätssteigerung im Kontext des Verfahrens zur Änderung der Rundfunkstaatsverträge.

---

240 Weitere Einzelheiten zum eco-Verband und BITKOM siehe unter 8.6. und 8.6.1.
241 Siehe unter 8.6.2.
242 Bericht des Vorsitzenden der Kommission für Jugendmedienschutz Prof. Dr. Ring im Rahmen der Gesamtkonferenz der Landesmedienanstalten am 17. März 2010 in Köln.

8.2.6.3. Resümee

Die Auswertung der Anhörungen zu den Rundfunkänderungsstaatsverträgen neun bis vierzehn deutet auf die Tendenz hin, dass sich die Runde der Anhörungsteilnehmer zunehmend vergrößert, vor allem dann, wenn die Regulierungsmaterien über den öffentlich-rechtlichen Rundfunk hinausgehen und neue Regulierungskonzepte zur Diskussion stehen. Die Einbeziehung des Internets in die rundfunkstaatsvertragliche Regulierung lässt vermuten, dass sich diese Tendenz ausweitet und verstetigt. Damit verschärft sich die Steuerungsproblematik im Kontext der Rundfunkänderungsstaatsverträge. Neben der dargestellten Steigerung der Komplexität durch die Verschränkung der Rechtsmaterien, die Mehrebenenproblematik sowie den zunehmenden Einfluss der EU-Ebene vergrößert sich die Zahl der von der Staatsvertragsgesetzgebung Betroffenen. Die bestehenden Interaktionsmuster und Verfahrensabläufe sind auf die klassische Rundfunkregulierung ausgerichtet und insofern im Hinblick auf ihre Leistungsfähigkeit begrenzt.

Abschließend lässt sich der Ablauf der Änderung von Rundfunkstaatsverträgen wie folgt zusammenfassen:

1. Befassung auf der Fachebene: Verfassen des Entwurftextes
2. Politische Befassung in der Rundfunkkommission der Länder
3. Fixierung des ausgehandelten Staatsvertragstextes
4. Veröffentlichung des Vertragstextes auf der Internetseite der Staatskanzlei Rheinland-Pfalz
5. Optional: Durchführung einer nicht öffentlichen Anhörung zum Vertragstext
6. Paraphierung des Vertragstextes durch die Ministerpräsidenten
7. Beratung und Verabschiedung in den Länderparlamenten (förmliches Gesetz)
8. Inkrafttreten des geänderten Rundfunkstaatsvertrages (erfolgt nach der Hinterlegung aller Ratifizierungsurkunden).[243]

Die äußere Erscheinungsform des Verfahrens unterscheidet sich auf den ersten Blick nicht wesentlich von einem parlamentarischen Gesetzgebungsverfahren. Faktisch sind die Unterschiede allerdings gravierend. Die Entscheidungsprozesse sind vergleichbar mit den Interaktionsmustern, die im Kontext der Abschlüsse von völkerrechtlichen Verträgen bekannt sind. Die Unterschiede ergeben sich also zum einen, wie bereits dargestellt, aufgrund der strukturellen Gegebenheiten der Mehrebenenpolitik

---

243 Siehe dazu auch: Thomas Vesting, § 1 RStV, Rn. 6, in: Beck'scher Kommentar zum Rundfunkrecht, Werner Hahn, Thomas Vesting (Hrsg.), 2. Aufl., München 2008.

sowie der ausgeprägten informellen Interaktionen zwischen den Akteuren. Zum anderen ist das Verfahren formell nicht abgesichert, etwa durch eine transparente Geschäftsordnung, die die Spielregeln öffentlich machte und die handelnden Akteure bände. Dieser Umstand kann durchaus positiv gewertet werden, da er die Flexibilität erhöht. Allerdings sind die Interaktionsprozesse intransparent und selbst für die Fachöffentlichkeit nur schwer nachvollziehbar.

8.3. Einfluss der Länderparlamente

Der Einfluss der Länderparlamente im Kontext der Rundfunkänderungsstaatsverträge ist eher schwach. Die Länderparlamente werden erst dann formell einbezogen, wenn der Verhandlungsprozess abgeschlossen ist. Die Parlamente sind zwar an die Absprachen nicht gebunden und können den vorgelegten Entwurf zur Änderung des Rundfunkstaatsvertrages ablehnen. Allerdings „darf man den faktischen Zwang nicht übersehen, unter dem die Mehrheitsfraktionen stehen. Er ist, wenn dem Gesetzentwurf Absprachen mit Dritten zugrunde liegen, größer als bei gewöhnlichen Regierungsvorlagen, weil eine Handlungsalternative ausscheidet, über die das Parlament sonst verfügt. Änderungen kommen nicht in Frage, weil sie das gesamte Vorhaben aufs Spiel setzen würden."[244]

---

244 Dieter Grimm, Lässt sich die Verhandlungsdemokratie konstitutionalisieren? In: Michael Wohlgemut (Hrsg.), Spielregeln für eine bessere Politik. Reformblockaden überwinden – Leistungswettbewerb fördern. 2. Aufl. 2006, Herder im Breisgau, S. 167.

Die Länderparlamente wirken also nur am Rande bei der Ausgestaltung des Rundfunkrechts mit.

Im diesen Zusammenhang kann die bislang wenig beachtete Entscheidung des Bundesverfassungsgerichts vom 15. Januar 2008 gestellt werden.[245] In dieser Entscheidung geht es um die Kompetenzen des Vermittlungsausschusses des Bundesrates. „Die Kompetenz des Vermittlungsausschusses beschränkt sich darauf, mit dem Beschlussvorschlag eine Brücke zwischen den Regulierungsalternativen zu schlagen, die bereits zuvor in den Gesetzgebungsorganen erörtert worden oder jedenfalls erkennbar geworden sind." [246] In dem Urteil führt das Gericht weiter aus, dass die Parlamentarier in einem Gesetzgebungsverfahren vor der Beschlussfassung die Möglichkeiten haben müssen, ihre Meinungen zu vertreten und Regulierungsalternativen vorzustellen und zu debattieren. Werden die Abgeordneten mit einem fertigen Gesetzentwurf konfrontiert, dessen einzelne Bestandteile nicht mehr abgeändert werden können, ist dies nach Auffassung des Gerichts nur vertretbar, wenn diese Bestandteile dem Grunde nach im Gesetzgebungsverfahren erkennbar geworden sind.[247] Debatten über mögliche Regulierungsalternativen finden in den Landtagen kaum statt, auch sind die Inhalte der Verhandlungsprozesse

---

245 BVerfG, 2 BvL 12/01 vom 15.01.2006,
http://www.bverfg.de/entscheidungen/ls20080115_2bv1001201.html.
246 BVerfG, 2 BvL 12/01 vom 15.01.2006 Rn. 62.
http://www.bverfg.de/entscheidungen/ls20080115_2bv1001201.html.
247 BVerfG, 2 BvL 12/01 vom 15.01.2006 Rn. 61.
http://www.bverfg.de/entscheidungen/ls20080115_2bv1001201.html.

bei der Formulierung eines Rundfunkänderungsstaatsvertrages für die Parlamentarier schwer nachvollziehbar.

Die Länderparlamente sind als demokratisch legitimierte Vertretungskörperschaften für die Verabschiedung der Regulierungsgegenstände des Rundfunkstaatsvertrages zuständig, das verfassungsrechtlich erforderliche Minimum wird am Ende des Verfahrens durch den Parlamentsbeschluss gewährleistet. „Das läuft im Ergebnis auf eine Art verselbstständigter ‚Bundesgesetzgebung' durch Länderkooperation hinaus, die auch unter rechtsstaatlichen Gesichtspunkten, insbesondere dem der Transparenz des Entscheidungsverfahrens, als verfassungsrechtlich zweifelhaft angesehen werden muss."[248]

Auf der Parlamentsebene agieren die Landtagsfraktionen. Das Thema Medienpolitik im Parlamentsalltag zu platzieren, ist relativ schwierig, vor allem dann, wenn es keinen zuständigen Ausschuss für die Bearbeitung dieses Politikfeldes gibt, wie zum Beispiel in Nordrhein-Westfalen. Bis zum Jahr 2005 war ein ständiger Medienausschuss eingerichtet. Seit dem 6. Juli 2005 wird sich mit dem Thema Medien im Hauptausschuss des Landtags befasst, demjenigen Ausschuss, der für alle Grundsatzfragen des Parlamentes sowie für Europaangelegenheiten zuständig ist. Sowohl die zunehmende Komplexität des Themas, die geringen Einflussmöglichkeiten der

---

248 Thomas Vesting, § 1 RStV, Rn. 8, in: Beck'scher Kommentar zum Rundfunkrecht, Werner Hahn, Thomas Vesting (Hrsg.), 2. Aufl., München 2008.

Parlamentarier und die Belastung des Ausschusses sind Gründe dafür, dass das Thema Medien schwer zu platzieren ist.

Die für die Medienpolitik zuständigen Abgeordneten agieren im parlamentarischen und parteipolitischen Kontext sowie auf Fachveranstaltungen, sofern sie auf Podien geladen werden. Eine bundesweite Koordinierung der Thematik und der Versuch der Einflussnahme auf die politischen Prozesse erfolgen ggf. in parteiinternen Medienkommissionen oder Arbeitsgruppen. Eine gewisse Verschränkung der Abgeordneten mit der Rundfunkaufsicht des privaten und öffentlich-rechtlichen Rundfunks ergibt sich daraus, dass auch Abgeordnete der Länderparlamente in die Rundfunkräte der Länderanstalten der ARD und die Medienkommissionen der Landesmedienanstalten entsendet werden.

Nicht nur die Länderparlamente und die gewählten Abgeordneten sind schwach in die Rundfunkgesetzgebung eingebunden, auch haben es neue und nicht etablierte Akteure schwer, sich am Verhandlungsprozess aktiv zu beteiligen, ihr Wissen und ihre Interessen einzubringen, den Prozess zu befruchten und die Aspekte neuer Medien ins Verfahren zu implementieren.

Das Zusammenwirken zwischen staatlichen und privaten Akteuren im Vorfeld staatlicher Entscheidungen ist geläufig und wird grundsätzlich, auch wenn verfassungsrechtliche Zweifel bestehen, im Ergebnis nicht beanstandet.[249] Allerdings stellt die informelle Praxis das parlamentarische Entscheidungsverfahren und das damit verknüpfte Demokratieprinzip auf eine harte Probe.[250] „An die Stelle allgemein eröffneter Partizipation tritt privilegierte Partizipation, Deliberation wird durch Negotiation ersetzt, Transparenz weicht der Nichtöffentlichkeit, und statt auf Kontrolle wird auf Vertragstreue gesetzt."[251]

8.4. Aufsichtsgremien im dualen Rundfunksystem

Zu den „geborenen" Akteuren des dualen Rundfunks zählen auch die Aufsichtsgremien der öffentlich-rechtlichen Veranstalter, also die Rundfunkräte sowie die Gremien der Landesmedienanstalten und die Landesmedienanstalten selbst.

Im Folgenden soll die Rolle der Aufsichtsgremien im Zusammenhang mit den Rundfunkänderungsstaatsverträgen beleuchtet werden.

---

249 Dieter Grimm, Lässt sich die Verhandlungsdemokratie konstitutionalisieren? In: Michael Wohlgemut (Hrsg.), Spielregeln für eine bessere Politik. Reformblockaden überwinden – Leistungswettbewerb fördern. 2. Aufl., 2006, Herder im Breisgau, S. 160.
250 Thomas Vesting, § 1 RStV, Rn. 7, in: Beck'scher Kommentar zum Rundfunkrecht, Werner Hahn, Thomas Vesting (Hrsg.), 2. Aufl., München 2008.
251 Dieter Grimm, Lässt sich die Verhandlungsdemokratie konstitutionalisieren? In: Michael Wohlgemut (Hrsg.), Spielregeln für eine bessere Politik. Reformblockaden überwinden – Leistungswettbewerb fördern,
2. Aufl., 2006, Herder im Breisgau, S. 172.

8.4.1. Rundfunkräte des öffentlich-rechtlichen Rundfunks

Die Aufsicht des öffentlich-rechtlichen Rundfunks knüpft an das Modell des binnenpluralen Integrationsfunks an.[252] Das Integrationsmodell sollte den unterschiedlichen politischen und sozialen Strömungen, die in der „massendemokratisch-pluralistischen Gesellschaft" vorzufinden sind, Gelegenheit geben, im Rundfunk meinungsbildend zu wirken.[253] Die Rundfunkräte der öffentlich-rechtlichen Anstalten setzen sich aus unterschiedlichen gesellschaftlichen Gruppen zusammen. Sie wählen den Intendanten, der die Anstalt leitet und für das Programm verantwortlich ist. Die Rundfunkräte spiegeln in den Programmdebatten die verschiedenen gesellschaftlichen und politischen Auffassungen wider. Die Integration von Verbänden und Parteien in die innere Rundfunkorganisation war zugleich eine Reaktion auf die sich verändernde Öffentlichkeit, da der Rundfunk neben der Presse zum wichtigsten Medium der Massengesellschaft wurde.[254]

Mit der Einführung des Drei-Stufen-Tests auf der Grundlage des 12. Rundfunkänderungsstaatsvertrags kommt den Rundfunkräten eine neue Funktion zu. Danach müssen alle neuen oder veränderten

---

252 Thomas Vesting, Einf. RStV, Rn. 1, in: Beck'scher Kommentar zum Rundfunkrecht, Werner Hahn, Thomas Vesting (Hrsg.), 2. Aufl., München 2008.
253 Thomas Vesting, Einf. RStV, Rn. 5, in: Beck'scher Kommentar zum Rundfunkrecht, Werner Hahn, Thomas Vesting (Hrsg.), 2. Aufl., München 2008.
254 Thomas Vesting, Einf. RStV, Rn. 6, in: Beck'scher Kommentar zum Rundfunkrecht, Werner Hahn, Thomas Vesting (Hrsg.), 2. Aufl., München 2008.

172 Telemedienangebote den „Drei-Stufen-Test" durchlaufen. Telemedien sind nach § 1 Abs. 1 Telemediengesetz alle elektronischen Informations- und Kommunikationsdienste. Dabei handelt es sich um bestehende und neue Internet-Angebote sowie um ausschließlich im Internet verbreitete Hörfunkprogramme der öffentlich-rechtlichen Anstalten. Ausgangspunkt war das EU-Beihilfeverfahren, welches im Jahr 2002 in Gang gesetzt und im April 2007 mit Auflagen und Beanstandungen eingestellt wurde.

Nach dem so genannten Beihilfekompromiss[255] darf der öffentlich-rechtliche Rundfunk Mediendienste nur dann anbieten, wenn sie den demokratischen, sozialen und kulturellen Bedürfnissen der Gesellschaft dienen.[256] Die Kommission vertritt die Ansicht, dass eine allgemeine Ermächtigung der öffentlich-rechtlichen Rundfunkveranstalter, Mediendienste anzubieten, zu Wettbewerbsverzerrungen führen könne. Deshalb sei eine

---

255 „Die öffentlich-rechtlichen Rundfunkanstalten werden dazu verpflichtet, für alle neuen und veränderten digitalen Angebote einen dreistufigen Test durchzuführen." Staatliche Beihilfe E 3/2005 Deutschland, Rn. 328, http://ec.europa.eu/community_law/state_aids/comp-2005/e003-05.pdf
256 Staatliche Beihilfe E 3/2005 Deutschland, Rn. 229, 230, http://ec.europa.eu/community_law/state_aids/comp-2005/e003-05.pdf. Das Beihilfeverfahren wurde durch die Beschwerde des VPRT in Gang gesetzt, der durch eine Ausweitung der Mediendienste durch öffentlich-rechtliche Veranstalter eine Verzerrung des Wettbewerbs befürchtete. Das Verfahren wurde mit dem besagten Kompromiss beendet. Verfahrensgegner waren nicht die Bundesländer, sondern die Bundesrepublik Deutschland. Für den Bund war der Außenminister zuständig. Auf europäischer Ebene agierte die Europäische Kommission, Generaldirektion für Wettbewerb.

Konkretisierung des Programmauftrags für solche Mediendienste notwendig, sie seien nur dann zulässig, wenn sie den demokratischen, sozialen und kulturellen Bedürfnissen der Gesellschaft dienten.[257]

Die Aufsichtsgremien der öffentlich-rechtlichen Anstalten entscheiden nach § 11 f Abs. 4 bis 6 des Rundfunkstaatsvertrages über die Aufnahme oder die Veränderung bestehender Angebote im Internet. Der Maßstab für den Drei-Stufen-Test ist § 11 f Abs. 4 des Rundfunkstaatsvertrages.

Danach ist von den Gremien zu überprüfen:

1. Stufe: ob das Telemedienangebot den demokratischen, sozialen und kulturellen Bedürfnissen der Gesellschaft entspricht;
2. Stufe: ob das Angebot in qualitativer Hinsicht zum publizistischen Wettbewerb beiträgt;
3. Stufe: welcher finanzielle Aufwand für die Erbringung des Angebots erforderlich ist.

Dabei sind Quantität und Qualität der vorhandenen frei zugänglichen Angebote, die marktlichen Auswirkungen des geplanten Angebotes sowie dessen meinungsbildende Funktion angesichts bereits vorhandener Angebote zu berücksichtigen. Drittens ist in geeigneter Weise, insbesondere im Internet, Gelegenheit zur Stellungnahme zu geben.

---

257 Staatliche Beihilfe E 3/2005 Deutschland, Rn. 229, 230, http://ec.europa.eu/community_law/state_aids/comp-2005/e003-05.pdf.

Damit kommt den Rundfunkräten bei dem Weg des öffentlich-rechtlichen Rundfunks ins Internet eine wesentliche Rolle zu. Sie müssen den Blick auf die Qualität und den öffentlichen Mehrwert der Angebote richten und zugleich wirtschaftliche Verzerrungen, die durch die Gebührenfinanzierung entstehen könnten, verhindern. Zu einem Zeitpunkt, wo Medienunternehmen im Internet nach Geschäftsmodellen und der Bindung des Nutzers suchen, ist der Drei-Stufen-Test wohl die zentrale Aufgabe der Gremien. Insofern wurde die Stellung der Aufsichtsgremien des öffentlich-rechtlichen Rundfunks mit dem 12. Rundfunkänderungsstaatsvertrag wesentlich gestärkt.

8.4.2. Medienkommissionen und Landesmedienanstalten

Für die Aufsicht über die privaten Rundfunkveranstalter sind die Landesmedienanstalten zuständig. Sie bestehen in der Regel aus zwei Organen, dem Direktor bzw. dem Präsidenten und einer plural besetzten Medienkommission. Bei der Zuständigkeitsverteilung wird von der „Allzuständigkeit" der Medienkommission ausgegangen, sie ist das Hauptorgan.[258] Grundsatzentscheidungen sind vom Hauptorgan zu treffen.[259] Die Landesmedienanstalten als Verwaltungseinheiten, die von den gewählten Direktoren oder Präsidenten vertreten werden, spielen im Kontext des Aushandelns der Rundfunkänderungsstaatsverträge, wie bereits dargestellt, eine eher untergeordnete Rolle.

---

258 Albrecht Hesse, Rundfunkrecht, 3. Aufl., München 2003, S. 226.
259 Albrecht Hesse, Rundfunkrecht, 3. Aufl., München 2003, S. 226.

Zu den Anhörungen der Rundfunkänderungsstaatsverträge werden sie zwar eingeladen, sie gehören aber nicht zu denjenigen, die ständig partizipieren.[260]

Je nachdem, wie die persönlichen Kontakte zu den Staatskanzleien ausgeprägt sind, können über diesen Weg Gespräche geführt werden und unmittelbar Anregungen ins Verfahren eingebracht werden. Ferner dienen Stellungnahmen der DLM und Pressemitteilungen dazu, Einfluss auf die Ausgestaltung von Rundfunkänderungsstaatsverträgen zu nehmen.

Die Aufsichtsgremien des privaten Rundfunks setzen sich in der Regel wie die Gremien des öffentlich-rechtlichen Rundfunks aus Vertretern unterschiedlicher gesellschaftlicher Gruppen zusammen, hierzu zählen Kirchen, Sozialverbände, Arbeitnehmer- sowie Arbeitgeberverbände, aber auch Vertreter von politischen Parteien. Es handelt sich zwar nicht um ein binnenplurales Konzept wie beim öffentlich-rechtlichen Rundfunk – die Funktionalität eines solchen Aufsichtssystems wurde gleichwohl vorausgesetzt, sowohl was die Sicherung der Meinungsvielfalt, beispielsweise bei der Kabelbelegung, angeht, als auch im Hinblick auf die Konkretisierung der programmlichen Vielfaltsanforderungen.

Wie sich diese Kerngedanken im Lichte der Strukturveränderungen durch den 10. Rundfunkänderungsstaatsvertrag für bundesweite Angelegenheiten weiterentwickeln werden, ist gegenwärtig noch offen.

---

260 Vergleiche die Übersicht unter 8.2.6.2.

176 Mit der Reform der Landesmedienanstalten wird das unstreitige Ziel verfolgt, die bundesweiten Angelegenheiten des privaten Rundfunks verwaltungstechnisch zu vereinfachen und zu vereinheitlichen. Dabei ist unter den Ländern nach wie vor streitig, ob am Ende dieser Reform als zentrale Einrichtung eine Medienanstalt der Länder entstehen soll oder nicht. Ferner ist offen, für welche Bereiche eine solche Institution letztlich zuständig sein und welche Struktur sie haben sollte. Die Verpflichtung zur Einrichtung einer gemeinsamen Geschäftsstelle bis zum Jahr 2013 wird als erster Schritt in Richtung einer Zentralisierung der Aufgaben gesehen.[261]

Im 10. Rundfunkänderungsstaatsvertrag wurde die „Kommission für Zulassung und Aufsicht" (ZAK) eingerichtet, die nach § 35 Abs. 2 Nr. 1 nunmehr für bundesweite Rundfunkangebote und Plattformanbieter zuständig ist. Sie setzt sich aus den Direktoren der Landesmedienanstalten zusammen. Ferner wurde die Gremienvorsitzendenkonferenz (GVK) im Rundfunkstaatsvertrag verankert, die sich aus den Vorsitzenden der Gremien der Landesmedienanstalten zusammensetzt. Die GVK hat nach § 36 Abs. 3 des Rundfunkstaatsvertrages nur ganz spezifische Zuständigkeiten bei der Zuordnung von Übertragungskapazitäten an Rundfunkveranstalter und Plattformbetreiber. Die gesamte Aufsicht, einschließlich der laufenden Programmkontrolle, wird durch die ZAK durchgeführt. Die ZAK muss die GVK gemäß § 36 Abs. 3 des Rundfunkstaatsvertrages fortlaufend über ihre Tätigkeit unterrichten und sie

---

261   Siehe hierzu 6.3.

bei grundsätzlichen Angelegenheiten, insbesondere bei der Erstellung von Satzungen und Richtlinienentwürfen, einbeziehen. Der Gesetzgeber hat es offengelassen, was konkret unter „einbeziehen" zu verstehen ist und welche Qualität die Verschränkung der ZAK mit der GVK haben soll.

Diese Struktur widerspricht dem Grundgedanken, dass die beschriebene Aufgabe durch plural besetzte Gremien, den „medienrechtlichen Souverän", wahrgenommen wird.[262] Folgt man dem Grundgedanken des Systems der Aufsicht über den privaten Rundfunk, so müsste das binnenplurale Konzept konsequenterweise auf die neue, bundesweite Aufsichtsstruktur übertragen werden. Ob und wie die Länderanbindung in dieser Hinsicht ausgestaltet wird, ist zum einen eine rechtliche Fragestellung, die bislang nicht vertieft behandelt wurde. Zum anderen hängt die Ausgestaltung der Aufsichtsstrukturen, die die Anbindung der pluralen gesellschaftlichen Gruppen einbezieht, vom politischen Wollen der verantwortlichen Akteure auf Länderebene ab. Gegenwärtig sind die Interaktionsstrukturen, die der Zusammenarbeit zwischen den Direktoren und den Gremienvorsitzenden der Länder im Hinblick auf bundesweite Angelegenheiten dienen, wenig ausdifferenziert. Die Governance-Perspektive hat bei der Reflexion über die bestehenden Strukturen bislang keine Rolle gespielt.

---

262 Kristoff M. Ritlewski, Pluralismussicherung im 10. Rundfunkänderungsstaatsvertrag, Zeitschrift für Urheber- und Medienrecht (ZUM) 52 (2008) Nr. 5, S. 403, 407.

Auf der Ebene der Gremienvorsitzenden wird die Governance-Debatte gegenwärtig mit dem Ziel diskutiert, die Governance-Perspektive bei der Ausgestaltung der Interaktionsprozesse mit den Direktoren und den Gremien der Landesmedienanstalten zu verankern. Diese Debatte steht noch am Anfang, es bleibt abzuwarten, inwieweit die tradierten Strukturen und Interaktionsmuster, die zu Beginn des dualen Systems ausdifferenziert wurden, beeinflusst und verändert werden.

Zu nennen ist abschließend noch die Kommission zur Ermittlung der Konzentration im Medienbereich (KEK). Sie besteht nach § 35 Abs. 5 RStV aus sechs Sachverständigen des Rundfunk- und Wirtschaftsrechts, die von den Ministerpräsidenten berufen werden, sowie aus sechs nach Landesrecht bestimmten gesetzlichen Vertretern der Landesmedienanstalten, also den Direktoren. Die KEK ist zuständig für die Sicherung der Meinungsvielfalt und die Begrenzung von Meinungsmacht.

8.4.3. Partizipation der pluralen gesellschaftlichen Gruppen

Die pluralen gesellschaftlichen Gruppen des öffentlich-rechtlichen und privaten Rundfunks werden auf keiner Ebene unmittelbar in die Vorbereitungen von Rundfunkstaatsvertragsänderungen einbezogen. Gremienmitglieder oder ihre Vorsitzenden nehmen auch nicht an Anhörungen zum Vertragstext teil, selbst dann nicht, wenn ihre Aufgabenstellung und Struktur im Gesamtgefüge der Medienaufsicht Gegenstand des Verfahrens ist, so wie im 10. und 12. Rundfunkänderungsstaatsvertrag.

Sofern die Vertreter der Staatskanzleien an den Sitzungen der Gremien teilnehmen, können Informationen über den Sachstand des Verfahrens von den Mitgliedern der Aufsichtsgremien erfragt werden. Die Inhalte der Verhandlungen werden von den Vertretern der Staatskanzleien als interne Informationen behandelt, über die keine Auskunft erteilt wird. Die Aufsichtsgremien können über Resolutionen oder Beschlusstexte Stellung zu aktuellen medienpolitischen Entwicklungen nehmen und solche Stellungnahmen ins Internet stellen oder an die politischen Akteure adressieren.

Die Aufsichtsgremien verfügen also nur über einen mittelbaren Einfluss auf die Entscheidungsprozesse im Kontext der Rundfunkänderungsstaatsverträge, einen Einfluss, der im Idealfall von den Intendanten der Rundfunkanstalten oder den Direktoren der Landesmedienanstalten verstärkt werden kann.

8.5. Resümee

Die Medienpolitik der Länder, die insbesondere im Kontext der Rundfunkänderungsstaatsverträge angesiedelt ist, erfüllt die Komponenten von Multilevel Governance.

Die vorhandenen politischen Strukturen sind miteinander verflochten und interagieren sowohl auf unterschiedlichen territorialen als auch institutionellen Ebenen. Die Medienpolitik der Länder tritt in Gestalt des kooperativen Staates auf. Es gibt eine Vielzahl von netzwerkartigen

Strukturen, die sich aus staatlichen und nichtstaatlichen Akteuren zusammensetzen. Die horizontalen Kooperationsbeziehungen zwischen den Ländern werden in der Rundfunkkommission abgeglichen und gebündelt. Auf der Arbeitsebene kooperieren die Rundfunkreferenten der Länder in Verhandlungs- und Gesprächsrunden. Wenn es die Sachfragen erfordern oder wenn es um politische Themen geht, werden die europäische Ebene und die Bundesebene einbezogen.

Zur Überwindung von Interdependenzen agieren die staatlichen Akteure miteinander und mit etablierten privaten Akteuren der Medienpolitik. Die Interaktionen und das Zusammenwirken dienen vor allem auch dazu, die unterschiedlichen Interessen zu moderieren und die Interessen von öffentlich-rechtlichen und privaten Rundfunkveranstaltern sowie die der Zeitungsverlage auszutarieren. Dies gilt auch im Verhältnis zu der europäischen Ebene.

Die strukturellen Verflechtungen der unterschiedlichen Ebenen der Länder, des Bundes, der EU und der etablierten privaten Akteure gibt es seit Beginn des dualen Systems.

Von Beginn an war die Medienpolitik im Kontext der Rundfunkänderungsstaatsverträge von Governance-Mechanismen geprägt. Zwar gibt und gab es Elemente hierarchischer Steuerung, da die formelle Entscheidungsbefugnis bei den Ministerpräsidenten liegt. Faktisch ist aber der gesamte Interaktionsprozess vom kooperativen Zusammenwirken der staatlichen Akteure untereinander sowie mit etablierten Akteuren der Medienpolitik geprägt. Vorrangig werden ökonomische Akteure und

Vertreter der politischen Eliten beteiligt. Der Beschluss der Länderparlamente ist zwar Voraussetzung dafür, dass ein Rundfunkstaatsvertrag ratifiziert wird, gleichwohl ist die Kooperation mit den Landtagen nur gering ausgeprägt. Vertreter zivilgesellschaftlicher Akteure partizipieren an den politischen Entscheidungsprozessen nicht. Dies gilt auch für die Vertreter der pluralen Aufsichtsgremien des öffentlich-rechtlichen wie des privaten Rundfunks.

8.6. Neue medienpolitische Akteure in Zeiten des Internets

Das Wort „Akteur" leitet sich aus dem Lateinischen „actor" ab. Der „actor" ist derjenige, der etwas besorgt. Im politischen Kontext kann ein Akteur ein handelndes Individuum oder ein handelndes Kollektiv sein. Im Kern geht es dem Akteur also um Interessenvertretung, Einflussnahme und Gestaltung. Das Rollenprofil für die klassischen politischen Akteure ist das eines Ministers, Staatssekretärs oder Fraktionsvorsitzenden. Handelnde Kollektive in der Politik sind Regierungen, Koalitionen oder Fraktionen, also handlungsfähige Einheiten, die über zentralisierte Handlungsressourcen verfügen und sich durch bestimmte Handlungsorientierungen auszeichnen.[263] Akteure lassen sich auch außerhalb des klassischen politischen Raums identifizieren.

Ein allgemeingültiges „Rollenprofil" für medienpolitische Akteure lässt sich nur schwer finden, da diese zum Teil wenig konturiert sind und sich

---

263 Manfred G. Schmidt, Wörterbuch zur Politik, 2. Aufl. Stuttgart 2004.

auch kaum idealtypische Muster erkennen lassen.[264] Im Internet gibt es keine „geborenen Akteure", wie es im Presse- und Rundfunkbereich der Fall ist. Das Internet konnte sich zunächst frei von den etablierten Akteuren entwickeln. Auch wenn im Netz publizistische Organisationen mitwirken, verfügen sie über keine maßgeblichen Verhandlungspositionen.[265] Es bestehen zahlreiche unterschiedliche ökonomische, publizistische und technisch induzierte Beziehungen zwischen Presse, Rundfunk und Onlineanbietern. Im Hinblick auf das Aushandeln von rechtlichen und ökonomischen Rahmenbedingungen haben die neuen Akteure gegenwärtig keine oder nur untergeordnete Beteiligungsmöglichkeiten. Eine Ursache hierfür könnte u.a. auch darin liegen, dass die neuen Akteure des Internets keine oder andere Formen der Institutionalisierung bevorzugen, wodurch ihr Organisationsgrad im Hinblick auf die Ausbildung von Verbandsstrukturen gering ist.

Durch das Internet sind neue Formen des bürgerschaftlichen Engagements entstanden, um öffentliche Debatten mit fachspezifischen Hintergründen anzureichern oder kollektiven Protest darzustellen. Die beteiligten Akteure suchen dabei keine dauerhafte Verbandsstruktur in Form von Bürgergruppen, Interessengemeinschaften oder gar Vereinen. „Die unter dem vagen Begriff des Web 2.0 gefassten interaktiven Tools fördern die

---

264 Ulrich Saxer, Medienpolitik in Theorie und Praxis, in: Otfried Jarren, Patrick Donges (Hrsg.), Ordnung durch Medienpolitik? Konstanz 2007, S. 25.
265 Otfried Jarren, Patrick Donges, Ordnung durch Medienpolitik? Eine (Zwischen-)Bilanz, in: Otfried Jarren, Patrick Donges (Hrsg.), Ordnung durch Medienpolitik? Konstanz 2007, S. 405.

Herausbildung und Verbreitung einer zentrumslosen und flexiblen Bildung transnationaler Protestnetzwerke, die sich den Kontrollmechanismen territorial gebundener nationalstaatlicher Steuerung entziehen."[266] Der Internetnutzer kann sich damit als Akteur Aufmerksamkeit und mit Kampagnen auch Einfluss verschaffen.[267] Bezogen auf den medienpolischen Kontext ist er aber durch die Individualisierung und Fragmentierung sehr viel schwerer zu adressieren als der passive Mediennutzer des analogen Zeitalters.

Neue Medien und ihre Akteure kommen vor allem dann ins Blickfeld der Medienpolitik, wenn sie in den Ordnungsrahmen der Rundfunkregulierung geraten oder wenn mit etablierten Akteuren neue Wettbewerbssituationen entstehen. Dies zeigt sich an der Zusammensetzung der Teilnehmer der Anhörungen des 13. und des 14. Rundfunkänderungsstaatsvertrages. Neben den etablierten Akteuren der analogen Medienpolitik sind Verbände wie BITKOM, ecu, die Dt. Telekom AG oder Microsoft unter den geladenen Teilnehmern der Anhörungen.[268]

---

266 Sigrid Baringhorst, Politischer Protest im Netz – Möglichkeiten und Grenzen der Mobilisierung transnationaler Öffentlichkeit im Zeichen digitaler Kommunikation, in: Politische Vierteljahresschrift, Sonderheft 2/2008, Barbara von Pfetsch, Frank Marcinkowski, S. 618.
267 Siehe hierzu: Sigrid Baringhorst, Konsumenten als Netizens, Das Internet als ambivalentes Medium für ein Empowerment von Verbrauchern, in: Politik mit dem Einkaufswagen. Unternehmen und Konsumenten als Bürger in der globalen Mediengesellschaft, Sigrid Baringhorst, Veronika Kneip, Annegret März, Johanna Niesyto (Hrsg.), Bielefeld 2007, S. 81 ff.
268 Vergleiche die Übersicht unter 8.2.6.2.

Im machtpolitischen Kontext standen bislang exponierte Verleger-, Journalisten- oder Intendantenpersönlichkeiten für die Identität einzelner Medienangebote und -unternehmen. Diese profilierten Einzelpersönlichkeiten werden zunehmend durch Erbengemeinschaften, Holdings, Manager oder Finanzinvestoren ersetzt.[269]

Wer sind also sind die neuen Akteure der Medienpolitik, und wie weit kann der Kreis derer sein, deren Belange anzuhören oder zu berücksichtigen sind?

8.6.1. Internetwirtschaft: Google, Apple, Telekom und Co.

Unter den neuen Akteuren haben die Betreiber von Suchmaschinen, Plattformen und Telekommunikationsunternehmen potentielle Medienmacht und faktische ökonomische Macht.[270]

Suchmaschinen dienen dem Auffinden bzw. Wiederauffinden von Informationen im Netz, sie dienen als Schnittstelle und als Gatekeeper.[271] Die Suchmaschine Google verfügte Ende Oktober 2007 über

---

269 Medien- und Kommunikationsbericht der Bundesregierung 2008, S. 11, http://www.bundesregierung.de/Content/DE/__Anlagen/BKM/2009-01-12-medienbericht-teil1-barrierefrei,property=publicationFile.pdf.
270 84 % aller Bundesbürger nutzen mindestens einmal wöchentlich Suchmaschinen. Siehe: ARD-ZDF-Onlinestudie 2008, in: Media Perspektiven 32. Woche (7) 2008, S. 336.
271 Jürgen Kühling, Nicolas Gauß, Suchmaschinen eine Gefahr für den Informationszugang und die Informationsvielfalt? ZUM 12/2007, S. 882.

einen Marktanteil von 90 %.[272] Google bietet nicht nur eine Suchmaschine an, sondern auch das Nachrichtenportal Google news. Außerdem gibt es Google E-Mail und Google Maps, Angebote, um private Texte und Tabellen zu erstellen und die private Kommunikation und Termine zu verwalten. Die Google-Suchfunktionen sind beispielsweise nach „Video[s]", „Bücher[n]", „Bilder[n]" etc. eingeteilt. Darüber hinaus digitalisiert Google Bücher, in den letzten Jahren weltweit rund 10 Millionen Exemplare. „Google Books" stellt die Inhalte der Bücher kostenfrei zur Verfügung, auch im so genannten ePub-Format, so dass die Buchinhalte auch über ein „Smartphone", wie das iPhone von Apple, gelesen werden können. Auf Betreiben der Bundesrepublik wurde auf EU-Ebene eine Arbeitsgruppe eingerichtet, die sich mit den Konsequenzen der Digitalisierung auseinandersetzt. Die EU begrüßt die Digitalisierung grundsätzlich und hat eine europäische Lösung für die Rechteinhaber angekündigt.[273] Die Sicherung der Autorenrechte und die Rechte der Verlage stehen dabei im Fokus der Diskussion. Der Schutz des geistigen Eigentums ist aufgrund der Digitalisierung und der Verbreitungsmöglichkeiten durch das Internet mit dem Instrument des Urheberrechts kaum noch abzusichern. Auch die klassischen Erlösmodelle greifen nicht mehr.

---

272 Die zweitplatzierte Suchmaschine ist Yahoo mit einem Marktanteil von 3,2 %. Jürgen Kühling, Nicolas Gauß, Suchmaschinen – eine Gefahr für den Informationszugang und die Informationsvielfalt? ZUM 12/2007, S. 881.
273 dpa vom 07.09.2009, in: http://news.magnus.de/internet/artikel/update-nach-google-krach-eu-will-buch-digitalisierung-vorantreiben.html.

Die Internetwirtschaft, die den gesamten Digitalisierungsschub befördert, hat sich in potenten Interessenverbänden organisiert, die zunehmend an politischem Einfluss gewinnen.

Der wohl stärkste Interessenverband ist BITKOM e.V., der Bundesverband Informationswirtschaft, Telekommunikation und neue Medien, bei dem 90 % des deutschen ITK-Marktes sowie fast alle Global Player organisiert sind.[274] Der Verband versteht sich als Netzwerk der digitalen Welt. Zu den Leistungen für seine Mitglieder gehört für BITKOM die vertrauensvolle Zusammenarbeit mit der Politik, mit Ministerien, Parlamenten und Parteien mit dem Ziel, die ITK-Branche ins Bewusstsein der politischen Entscheidungsträger zu rücken. Hierzu zählen auch die Vertretung der Interessen in Anhörungen und täglichen Einzelgesprächen mit Entscheidungsträgern, die Netzwerkpflege, Service und Information sowie Public Relations.[275] Zu den Mitgliedern zählen zum Beispiel: Google Germany GmbH, Intel GmbH, Microsoft Deutschland GmbH, Apple Computer GmbH, Amazon.de GmbH, Kabel Deutschland, Deutsche Telekom AG, Siemens AG, aber auch das Fraunhofer Institut für Intelligente Analyse- und Informationssysteme.[276]

Ein weiterer wichtiger Interessenverband in diesem Zusammenhang ist der Verband der deutschen Internetwirtschaft e.V. (eco). Der Verband

---

274 Siehe: http://www.bitkom.org/de/wir_ueber_uns/99.aspx.
275 http://www.bitkom.org/de/wir_ueber_uns/38251.aspx.
276 http://www.bitkom.org/de/wir_ueber_uns/60350.aspx.

„eco" versteht sich als Interessenvertreter und Förderer aller Unternehmen, die mit dem Internet oder im Internet wirtschaftliche Wertschöpfung betreiben. Der Verband vertritt seine Unternehmen in der Politik und fördert die Kommunikation der Marktteilnehmer untereinander.[277] Zu seinen Mitgliedern zählen zum Beispiel AOL Deutschland, Arcor, Google GmbH Deutschland, Yahoo Europe Limited sowie eine Reihe von Telekommunikationsunternehmen aus unterschiedlichen europäischen Ländern.[278]

Schließlich ist noch der Bundesverband Digitale Wirtschaft BVDW e.V. zu nennen. Dieser Verband betreibt die Interessenvertretung für interaktives Marketing, digitale Inhalte und interaktive Wertschöpfung.[279] Der BVDW sieht sich interdisziplinär verankert und hat sich zur Aufgabe gemacht, die Effizienz und den Nutzen digitaler Medien transparent zu machen, um damit den Einsatz in der gesamten Wirtschaft, aber auch in der Gesellschaft sowie der Administration zu fördern. Als Instrument dient auch hier der Dialog mit der Politik, der Öffentlichkeit und anderen Interessengruppen.[280]

Die Interessenverbände der Internetwirtschaft werden von der Medienpolitik zunehmend wahrgenommen. Dies kommt beispielsweise in NRW dadurch zum Ausdruck, dass BITKOM und eco mit der Novelle

---

277 http://www.eco.de/verband/verbandsprofil.htm.
278 http://www.eco.de/verband/mitgliederliste.htm.
279 http://www.bvdw.org/der-bvdw/profil.html.
280 http://www.bvdw.org/der-bvdw/profil.html.

des Landesmediengesetzes und der Novelle des WDR-Gesetzes aus dem Jahr 2009 einen Sitz im Rundfunkrat und in der Medienkommission der Landesanstalt für Medien erhalten haben. Allerdings müssen sie sich den Sitz teilen.[281] Ferner partizipieren sie, wie bereits dargestellt, an den Anhörungen zu den Rundfunkänderungsstaatsverträgen.[282]

8.6.2. Nutzerinteressen und Netzkommunikation

Zu den tiefgreifenden Veränderungen, die durch das Internet vorangetrieben werden, gehört, dass die Mediennutzer nicht mehr nur passive Rezipienten sind, sondern sich aktiv in Kommunikationsprozesse einschalten können und die Möglichkeit haben, sich und andere autonom, preisgünstig und schnell im Internet zu informieren.[283] Der Internetnutzer kann mit Hilfe des Netzes transnationale Öffentlichkeit herstellen und politischen Protest initiieren oder durch öffentlich

---

281 Gemäß § 93 Ziffer 20 LMG teilen sich BITKOM und eco einen Platz in der Medienkommission der Landesanstalt für Medien NRW, d.h., sie müssen sich auf einen Vertreter verständigen. Nach § 15 Ziffer 19 WDR Gesetz teilen sich BITKOM und eco einen Platz im WDR-Rundfunkrat, auch hier müssen sich die Verbände über die Entsendung eines Vertreters einigen.
282 Vergleiche hierzu die Übersicht unter 8.2.6.2.
283 Jürgen Wilke, Zukunft Multimedia, in: Jürgen Wilke (Hrsg.), Mediengeschichte der Bundesrepublik Deutschland, Köln 1999, S. 770.

wirksame Skandalisierung auf Verbraucherinteressen sowie soziale Missstände hinweisen.[284]

Fraglich ist, ob sich damit relevante Akteurkonstellationen ausdifferenzieren, die die Interessen der Internetnutzer repräsentieren.

Das Internet schafft die Grundlage für Netzwerkkommunikation. So vernetzen sich beispielsweise 28 % der Internetnutzer täglich in privaten Communitys und sozialen Netzwerken (wie z.B. wie StudiVZ, MySpace, Facebook oder auch Xing).[285] Die Meinungsbildung findet verstärkt im Netz statt, wo Menschen miteinander kommunizieren; das Netz wird gleichsam zum „Durchlauferhitzer" für öffentliche Meinungen.[286]

Mit den Onlineauftritten von Zeitungen und Rundfunkveranstaltern werden gleichzeitig Kommunikationsplattformen angeboten, die die unmittelbare Kommentierung der Berichte und Artikel durch den Leser und die Zuschauer ermöglichen.

---

284 Sigrid Baringhorst, Politischer Protest im Netz – Möglichkeiten und Grenzen der Mobilisierung transnationaler Öffentlichkeit im Zeichen digitaler Kommunikation, in: Politische Vierteljahresschrift, Sonderheft 2/2008, Barbara von Pfetsch, Frank Marcinkowski, S. 609.
285 ARD-ZDF-Onlinestudie 2008, in: Media-Perspektiven, 32. Woche (7) 2008, S. 362, 363.
286 Henrik Schmitz, Der Teamplayer, Jochen Wegner Chefredakteur von „Focus Online" , epd medien Nr. 11, 11.02.2009, S. 6

Beachtenswert ist ferner die Entwicklung von Onlinevideos. Auf Portalen wie YouTube können professionell produzierte Inhalte und nutzergenerierte Videos online gestellt und abgerufen werden. Dabei spielten professionell hergestellte Inhalte bis 2007 eine untergeordnete Rolle. Durch Vertriebspartnerschaften mit TV-Anbietern hat sich dies geändert. Die professionellen Anbieter entdecken die Vorzüge, bereits vorliegende Inhalte in Form kurzer Bewegtbildausschnitte zugänglich zu machen.[287]

Darüber hinaus versuchen Angebote wie Ehrensenf[288], Bildblog[289] oder Ruhrbarone[290], eine journalistische Gegenöffentlichkeit zu den etablierten Medien zu schaffen.

Auch wenn sich die Grenze zwischen Sender und Empfänger auflöst, ist es fraglich, ob der Nutzer damit gleich zum medienpolitischen Akteur wird. Die „Zivilgesellschaft" als medienpolitischer Akteur ist kaum fassbar. Der Kreis derjenigen, die an den medienpolitischen Aushandlungsprozessen beteiligt sind, ist, wie bereits dargestellt, relativ konstant und geschlossen. So hat sich in Deutschland eine spezifische Form der Medienpolitik herausgebildet: „Wenige politische Akteure aus der staatlich-parteipolitischen sowie gesellschaftlichen Elite interagieren mit Medienmarktakteuren zur Bearbeitung von medienpolitischen Problemen.

---

287 Christian Zabel, Jan Lingemann, The show must go online, Funkkorrespondenz, 17. 2009, S. 6.
288 http://www.ehrensenf.de/.
289 http://www.bildblog.de/.
290 http://www.ruhrbarone.de/.

Andere gesellschaftlichen Akteure haben zu diesen Aushandlungsarenen und Entscheidungsprozessen in der Regel keinen – zumindest keinen institutionellen und dauerhaften – Zugang."[291]

Medienpolitische Anliegen aus zivilgesellschaftlicher Perspektive in die Verhandlungsprozesse einzubringen, ist relativ schwer. Einzelpersonen, Interessengruppen oder Bürgerinitiativen können ihre Anliegen unmittelbar formulieren, diese werden teilweise von anderen Akteuren aufgegriffen und multipliziert. Durch das Herstellen von Öffentlichkeit kann partiell und ad hoc Einfluss genommen werden. Unkonventionelle Formen der politischen Teilhabe wie Petitionen, Boykotte, Demonstrationen oder Blockieren haben sich seit den 1960er Jahren entwickelt und sind zu einem Bestandteil repräsentativer Demokratien westlicher Prägung geworden.[292] Bei der Medienarbeit der Akteure der neuen sozialen Bewegungen ging es gerade in der Anfangszeit darum, alternative

---

291 Otfried Jarren, Ordnung durch Verantwortungskultur? In: Otfried Jarren, Patrick Donges (Hrsg.), Ordnung durch Medienpolitik? Konstanz 2007, S. 285.
292 Sigrid Baringhorst, Politischer Protest im Netz – Möglichkeiten und Grenzen der Mobilisierung transnationaler Öffentlichkeit im Zeichen digitaler Kommunikation, in: Politische Vierteljahresschrift, Sonderheft 2/2008, Barbara von Pfetsch, Frank Marcinkowski, S. 609.

Öffentlichkeiten zu erzeugen, die unabhängig von den als vermachtet und manipuliert kritisierten Massenmedien sind.[293]

Das Internet bietet Protestakteuren einen erheblichen Zuwachs von Möglichkeiten, sich sehr schnell kommunikativ zu vernetzen, z.B. via E-Mail, Twitter oder Multimedia Messaging Service (MMS). Mit MMS ist es kostengünstig, beliebige multimediale Inhalte wie Bilder oder Videosequenzen an eine oder mehrere Empfänger zu versenden. Über Websites oder alternative Nachrichtenformate können ohne großen Aufwand eigene Darstellungen verbreitet werden.

Ein aktuelles Beispiel aus dem medienpolitischen Kontext ist der Protest von Netzaktivisten und Datenschützern im Zusammenhang mit der Frage der Sperrung von Internetseiten mit kinderpornografischen Inhalten. Mit dieser geplanten gesetzgeberischen Maßnahme verbindet sich die grundsätzliche Fragestellung, inwieweit der Staat in die Freiheit des Internets eingreifen und Internetseiten sperren darf. Das Kabinett der großen Koalition von CDU und SPD hat am 22. April 2009 ein sogenanntes Zugangserschwerungsgesetz, das die Familienministerin von der Leyen auf den Weg gebracht hat, beschlossen. Danach sollen alle deutschen Internetanbieter verpflichtet werden, kinderpornografische Seiten

---

293 Sigrid Baringhorst, Politischer Protest im Netz – Möglichkeiten und Grenzen der Mobilisierung transnationaler Öffentlichkeit im Zeichen digitaler Kommunikation, in: Politische Vierteljahresschrift, Sonderheft 2/2008, Barbara von Pfetsch, Frank Marcinkowski, S. 610.

im Internet zu sperren. Grundlage für die Sperrung ist nach dem Entwurf eine vom Bundeskriminalamt erstellte Liste, die die entsprechenden Websites aufführt. Die Internetanbieter sollen verpflichtet werden, diese Seiten zu sperren.[294] Gegen den Gesetzentwurf hat Franziska Heine eine öffentliche E-Petition beim Bundestag eingereicht.[295] Innerhalb von vier Tagen hatte die öffentliche Petition, der man sich auf der Seite des Bundestages unproblematisch anschließen konnte, über 50.000 Unterstützer.[296] Die Mitzeichnungsfrist für eine öffentliche Petition beträgt sechs Wochen. Bis zum Ablauf dieser Frist wurde die Petition von 134.015 Mitzeichnern unterstützt.[297] Die Unterstützer sind der Auffassung, dass der geplante Gesetzentwurf gegen das Grundrecht auf Informationsfreiheit

---

294 Siehe hierzu: http://www.zeit.de/online/2009/19/internetsperre-datenschutz-gesetz; http://www.zeit.de/online/2009/20/netzsperren-protest.
295 https://epetitionen.bundestag.de/index.php?action=petition;sa=details;petition=3860.
296 http://www.morgenpost.de/berlin/article1088836/Berlinerin_sagt_Ursula_von_der_Leyen_die_Meinung.html
297 https://epetitionen.bundestag.de/index.php?action=petition;sa=details;petition=3860.

verstoße.[298] Die Information über die Petition von Franziska Heine verbreitete sich im Netz via Blogs und Twitter in kürzester Zeit. Unterstützer gelangten über den entsprechenden Link zur E-Petition und konnten mitzeichnen oder die Petition kommentieren[299]. Das Petitionsverfahren ist auch ein Jahr nach dem Ablauf der Mitzeichnungsfrist nicht abgeschlossen und noch in der parlamentarischen Prüfung. Der Bundestag hat das Zugangserschwerungsgesetz am 18. Juni 2009 verabschiedet[300]. Gleichwohl scheint der Protest gegen die Internetsperren und die öffentliche Petition Wirkung entfaltet zu haben. Im Koalitionsvertrag vom 24. Oktober 2009 hat die Regierung von CDU und FDP Abstand von

---

298 **Text der Petition:** „Wir fordern, daß der Deutsche Bundestag die Änderung des Telemediengesetzes nach dem Gesetzentwurf des Bundeskabinetts vom 22.4.09 ablehnt. Wir halten das geplante Vorgehen, Internetseiten vom BKA indizieren & von den Providern sperren zu lassen, für undurchsichtig & unkontrollierbar, da die „Sperrlisten" weder einsehbar sind noch genau festgelegt ist, nach welchen Kriterien Webseiten auf die Liste gesetzt werden. Wir sehen darin eine Gefährdung des Grundrechtes auf Informationsfreiheit. **Begründung:** Das vornehmliche Ziel – Kinder zu schützen und sowohl ihren Mißbrauch, als auch die Verbreitung von Kinderpornografie zu verhindern, stellen wir dabei absolut nicht in Frage – im Gegenteil, es ist in unser aller Interesse. Dass die im Vorhaben vorgesehenen Maßnahmen dafür denkbar ungeeignet sind, wurde an vielen Stellen offengelegt und von Experten aus den unterschiedlichsten Bereichen mehrfach bestätigt. Eine Sperrung von Internetseiten hat so gut wie keinen nachweisbaren Einfluß auf die körperliche und seelische Unversehrtheit mißbrauchter Kinder."
https://epetitionen.bundestag.de/index.php?action=petition;sa=details;petition=3860.
299 http://www.morgenpost.de/berlin/article1088836/Berlinerin_sagt_Ursula_von_der_Leyen_die_Meinung.html.
300 http://www.zugerschwg.com/.

dem Vorhaben von Netzsperren genommen und verabredet, das Zugangserschwerungsgesetz im Hinblick auf die Sperrung von kinderpornografischen Inhalten zunächst ein Jahr nicht anzuwenden[301]. Allerdings hat der damalige Bundespräsident Köhler, nachdem er die Ausführung des Gesetzentwurfes im November 2009 zunächst aufgeschoben und ergänzende Informationen erbeten hatte, das Zugangserschwerungsgesetz am 17. Februar 2010 unterzeichnet und ausgefertigt.[302] Trotz der Ausfertigung des Gesetzes soll es nach den Ausführungen der Bundesjustizministerin und der Vereinbarung im Koalitionsvertrag nicht zur Anwendung kommen.[303]

Dieses nationale Beispiel zeigt, dass Protestakteure durch das Internet schnell und effektiv Meinungen mobilisieren können und durchaus Einfluss auf politische Entscheidungen nehmen können. Die Politik muss also mit dieser Form des Protests rechnen.

Ohne auf die unterschiedlichen Protestkulturen im Internet an dieser Stelle eingehen zu können, kann man im Hinblick auf ihren Organisationsgrad sagen, dass ihre Gemeinschaftsbildung fallbezogen ist und auf lockeren Bindungen basiert. Die Fokussierung auf konkrete Ereignisse oder Fragestellungen reicht für eine Protestaktion aus. Auch müssen sich die Unterstützer von Protestnetzwerken weder treffen noch Bindungen

---

301 http://www.cdu.de/doc/pdfc/091026-koalitionsvertrag-cducsu-fdp.pdf, S. 106.
302 http://www.focus.de/politik/deutschland/internetsperren-koehler-unterzeichnet-veraltetes-gesetz_aid_481232.html.
303 http://www.focus.de/politik/deutschland/internetsperren-koehler-unterzeichnet-veraltetes-gesetz_aid_481232.html.

oder Gemeinschaftsgefühle entwickeln.[304] Im Geleitzug der Entwicklung des Computers und des Internets haben sich aber auch Organisationen gegründet und sind Kommunikationsplattformen im Netz entstanden, die die Interessen der Internet-Nutzer vertreten wollen und für die Freiheit des Netzes eintreten.

Zu den ältesten und heute in Deutschland wohl bekanntesten Organisationen gehört der seit über 25 Jahren aktive „Chaos Computer Club e.V." (CCC). Es existieren dezentrale Gruppen und lokale Vereine des CCC. Sein Ziel ist die Begleitung der Entwicklung der Informationsgesellschaft. Der Verein spricht sich für ein Menschenrecht auf weltweite und ungehinderte Kommunikation sowie für die grenzüberschreitende Informationsfreiheit aus. Darüber hinaus beschäftigt sich der CCC mit den Auswirkungen der Technik auf die Gesellschaft und fördert das Wissen um diese Entwicklung. Als Mittel zur Zielerreichung werden z.B. Veranstaltungen, der Austausch untereinander oder der schöpferische Umgang mit der Technik genannt. Auf der Internetseite finden sich Pressemitteilungen zu aktuellen politischen Themen. Das Einwirken auf die Politik ist nicht explizit als Mittel zur Zielerreichung in der Satzung formuliert.[305]

---

304 Sigrid Baringhorst, Konsumenten als Netizens, Das Internet als ambivalentes Medium für ein Empowerment von Verbrauchern, in: Politik mit dem Einkaufswagen. Unternehmen und Konsumenten als Bürger in der globalen Mediengesellschaft, Sigrid Baringhorst, Veronika Kneip, Annegret März, Johanna Niesyto (Hrsg.), Bielefeld 2007, S. 87, 88.
305 http://www.ccc.de/club/statutes?language=de.

Eine ausschließlich auf die Internetkommunikation ausgerichtete nationale Plattform ist „netzpolitik.org". Es handelt sich dabei um einen Blog, der seit 2002 online ist und sich als politische Plattform für Freiheit und Offenheit im digitalen Zeitalter versteht.[306]

Eine europäisch agierende Internetnutzerorganisation ist „euralo". Euralo geht es um die Mitbestimmung aller Nutzer bei der Verwaltung des Internets. Individuen haben kein Stimmrecht, es handelt sich insofern in erster Linie um einen Zusammenschluss von Organisationen. Euralo hat eine sehr komplexe Struktur, die sich weltweit auffächert.[307]

Ganz anders agiert das Internet-Governance-Forum. Hier steht die Partizipation der Internetnutzer im Mittelpunkt. Auch hier spielt die Beteiligung an der Verwaltung des Internets, inklusive der Aufsicht, eine zentrale Rolle. Dabei stehen akteurübergreifende Interaktionen und Formen der Selbstregulierung im Mittelpunkt der Diskussionen.[308]

Ferner hat der Europarat gemeinsam mit der Provider-Vereinigung EuroISPA „Human Rights Guidelines for Internet Providers" (ISP) entwickelt. Diese Vereinigung verfolgt das Ziel der Sicherung des freien Internetzugangs und setzt sich für die demokratische Teilhabe sowie die Wahrnehmung der Rechte und die Sicherheit der Kunden ein.[309]

---

306 http://www.netzpolitik.org/about-this-blog/.
307 https://st.icann.org/euralo/index.cgi.
308 http://www.intgovforum.org/cms/.
309 http://www.coe.int/t/dghl/standardsetting/media/Doc/H-Inf(2008)009_en.pdf.

Das Interesse dieser Organisationen und Kommunikationsplattformen am klassischen Rundfunk ist sehr gering. Ihre Kommunikation und Nutzungsgewohnheiten verlaufen an den Linien und Schnittstellen des Internets. Sie befassen sich allerdings mit Themen wie der Verwaltung und Aufsicht des Internets, die durch die Konvergenz der Medien in den klassischen Bereich der Medienpolitik reichen. Insofern kann man sagen, dass ihr Wissen und ihr Erfahrungshorizont für die medienpolitische Debatte mehr als aufschlussreich sein dürften.

Daneben agieren „online communities" als Sonderformen von lockeren Gemeinschaften, die sich via Internet begegnen und austauschen. Sie haben keine feste Struktur. Diese Gemeinschaften werden dann sichtbar, wenn sie Themen öffentlichkeitswirksam setzen, wobei es keine Interessenvertretung für alle gibt. Dies widerspräche wohl auch ihrem Grundverständnis, dass sich jeder Nutzer offen einbringen können müsse. Eine strategische Interessenbündelung scheidet so weitgehend aus. Diese Kommunikation findet in Netzwerken via E-Mail, Chat, Instant Messenger (sofortige Nachrichtenübermittlung), Foren oder über Onlinejournalismus statt. Es bleibt abzuwarten, ob die Netzakteure die klassischen Medien in Zukunft verstärkt in ihr Blickfeld nehmen.
Bislang steht die Freiheit der Netzkommunikation im Zentrum dieser zivilgesellschaftlichen Akteure.

Die begrenzten Mitwirkungsmöglichkeiten und die Intransparenz der Medienpolitik der Länder stimulieren den Austausch mit Nutzern kaum, weder mit den „klassischen" noch mit den „neuen". Bei dieser Diagnose ist allerdings zu bedenken, dass das Publikum an sich eine kaum greifbare Menge ist und insofern auch nicht strategisch in der medienpolitischen Arena agieren kann.[310]

Ferner ist der Selbstorganisationsgrad der Rundfunknutzer in der Bundesrepublik gering. Anders ist es beispielsweise in Großbritannien. Dort wurde 1983 die einflussreiche Vertretung von Nutzerinteressen „Voice of the Listener and Viewer" (VLV)[311] gegründet. Die Organisation verfolgt zwei Hauptziele. Zum einen werden Informationen über aktuelle Medienentwicklungen sowie über die Medienpolitik an die Zuschauer und Hörer vermittelt: zum anderen werden die Zuschauerinteressen gegenüber den Sendern und der Politik organisiert und öffentlich kommuniziert. Instrumente der VLV sind Seminare, Konferenzen, Besuche bei den Sendern und die Vergabe von Preisen für qualitätvolle Programme. VLV nimmt die Mittlertätigkeit zwischen Publikum, Staat und Sendern ein. Die Organisation ist auch auf europäischer Ebene aktiv, sie hat maßgeblich dazu beigetragen, dass die „European Alliance of Listener and Viewer Associations" (EURALVA) gegründet wurde, ein Zusammenschluss aus mehreren Zuschauerorganisationen. Auch in Dänemark, Norwegen oder

---

310 Ulrich Saxer, Medienpolitik in Theorie und Praxis, in: Otfried Jarren, Patrick Donges (Hrsg.), Ordnung durch Medienpolitik? Konstanz 2007, S. 25.
311 http://www.vlv.org.uk/.

Spanien gibt es einflussreiche Zuschauerorganisationen, die zum Teil thematisch ausdifferenziert sind.[312]

In Deutschland spielen Zuschauerorganisationen keine Rolle. Die Analyse von Otfried Jarren, dass die ausdifferenzierte Medienaufsicht der Bundesrepublik das Selbstorganisationspotential ziviler Akteure offenbar absorbiert hat, ist nachvollziehbar.[313] Denn die pluralen gesellschaftlichen Gruppen in den Rundfunkräten und Medienkommissionen der Landesmedienanstalten verwalten das Interesse der Zivilgesellschaft gleichsam „treuhänderisch".[314] Private und öffentlich-rechtliche Rundfunkveranstalter beziehen die Publikumsinteressen nicht unmittelbar ein. Die Mitglieder der Gremien sind der Allgemeinheit verpflichtet, sie haben aber nicht die explizite Aufgabe der Interessenvertretung der Nutzerinnen und Nutzer. Der Blick der Gremien ist insofern eher systemimmanent geprägt und orientiert sich an der Zielvorgabe der Aufsicht und Kontrolle. Dies entspricht auch den gesetzlichen Aufgaben und der Aufsichtsstruktur. Außerdem haben die Gremien der öffentlich-rechtlichen und der privaten Aufsicht nur geringe formelle Partizipationsmöglichkeiten bei medienpolitischen Entscheidungsprozessen.

---

312 Uwe Hasenbrink, Mediennutzer als Akteure der Medienpolitik, in: Otfried Jarren, Patrick Donges (Hrsg.), Ordnung durch Medienpolitik? Konstanz 2007, S. 319, 320.
313 Otfried Jarren, Ordnung durch Verantwortungskultur? In: Otfried Jarren, Patrick Donges (Hrsg.), Ordnung durch Medienpolitik? Konstanz 2007, S. 285.
314 Otfried Jarren, Ordnung durch Verantwortungskultur? In: Otfried Jarren, Patrick Donges (Hrsg.), Ordnung durch Medienpolitik? Konstanz 2007, S. 285.

Grundsätzlich könnten die Aufsichtsgremien die Perspektive der Mediennutzer stärker in ihre Arbeit einbeziehen. Im Zuge der neuen Organisation der Gremienvorsitzenden der Landesmedienanstalten auf Bundesebene (GVK) wäre eine solche Ausrichtung denkbar. Im Rahmen des gesetzlichen Auftrages, der in dieser Hinsicht durchaus Spielraum lässt, könnte das Gremium seine Zielsetzungen und Leitlinien konkretisieren.[315] Eine Möglichkeit wäre z.B., die Nutzerinteressen „abzufragen" und zu bündeln. Mögliche Themen solcher Befragungen könnten die bundesweiten Programme und das Internet sein, über die die Landesmedienanstalten die Aufsicht führten. Als Multiplikatoren, aber auch zur inhaltlichen Unterstützung könnten die Gremien der Länder sowie die Mitglieder der entsendenden Organisationen dienen. Die Befragungen und Diskurse könnten mittels virtueller Medienversammlungen durchgeführt werden. Durch eine solche Netzwerkkommunikation könnten vor allem auch die Internetnutzer angesprochen werden.[316]

Offen ist, ob solche Wege eine Rezipientenorganisation wirklich ersetzen können. Eine wesentliche Voraussetzung dafür wäre, dass sich die Perspektive in den Gremien selbst wandeln würde. Die akzentuierte Einbeziehung der Nutzerperspektive wäre ein möglicher erster Schritt in

---

315 Siehe auch die Geschäftsordnung des Gremiums vom 11.11.08, http://www.alm.de/fileadmin/Download/Gesetze/GVK-Geschaeftsordnung.pdf.
316 Die praktischen Erfahrungen aus Nordrhein-Westfalen, wo die Medienversammlung als Instrument zur Einbindung von Nutzerinteressen zur Verfügung steht, wenn auch nicht mehr als gesetzliche Pflicht, zeigen, dass es nicht einfach ist, diesen Kommunikationsprozess zu stimulieren.

Richtung eines solchen Perspektivenwechsels. Denn auch für die Gremien besteht das Erfordernis, sich zu wandeln und neue Leitbilder zu entwickeln. Hierzu bedarf es keiner gesetzgeberischen Aktivitäten, sondern des Diskurses über die Medienaufsicht in Zeiten des Internets.

Ferner könnten sich die Gremien des öffentlich-rechtlichen und des privaten Rundfunks bei dem Staatsvertraggesetzgeber deutlicher zu Wort melden, ohne darauf zu warten, dass das Verfahren geändert wird. Dies wäre eine Möglichkeit, die Haltung und Interessen der Zivilgesellschaft, vermittelt durch die relevanten gesellschaftlichen Gruppen, stärker in den Gesetzgebungsprozess einzubringen.

8.6.3. Daten- und Verbraucherschutz

Der Schutz der Privatsphäre wird durch die digitale Verbreitungstechnik vor ganz neue Herausforderungen gestellt. Das Bundesverfassungsgericht hat diese Entwicklung in seiner Entscheidung zu „Online-Durchsuchungen" berücksichtigt und aus Art. 1 Abs. 1 GG in Verbindung mit Art. 2 Abs. 2 GG das Grundrecht auf die „Gewährleistung der Vertraulichkeit und Integrität informationstechnischer Systeme" abgeleitet.[317] So wächst dem Datenschutz und somit den Datenschutzbeauftragten des Bundes und der Länder eine größere medienpolitische Bedeutung zu.

---

317   BVerfGE 1 BvR 370/07 vom 27. Februar 2008, Leitsatz 1, http://www.bundesverfassungsgericht.de/entscheidungen/rs20080227_1bvr037007.html. Siehe hiezu die Besprechung von Thomas Böckenförde: Auf dem Weg zur elektronischen Privatsphäre, JZ 19/2008, S. 925 - 939.

Die Belange des Verbraucherschutzes gewinnen ebenfalls an Bedeutung. Dies gilt zunehmend bei der Einführung neuer Techniken. Als „Anwalt" der Verbraucher fungiert der Verbraucherschutz als Ansprechpartner, der unabhängige Orientierungs- und Informationsleistungen sowie eine Unterstützung in Rechtsfragen anbieten kann. Ferner können die Verbraucherzentralen Nutzerinteressen orten, bündeln und sie dann in den politischen Prozess einzubringen.

Im untersuchten Zeitraum der Anhörungen der Rundfunkstaatsverträge neun bis vierzehn waren Datenschützer nach den vorliegenden Angaben nicht vertreten.[318] Der Bundesverband der Verbraucherzentralen hat nur an der Anhörung zum 13. Rundfunkänderungsstaatsvertrag teilgenommen. Die zunehmende Bedeutung des Daten- und Verbraucherschutzes spiegelt sich damit nicht im Gesetzgebungsprozess wider.

8.6.4. Aufsicht über das Internet: Rechtsfreier Raum?

Schließlich sind die Akteure der regulierten Selbstregulierung zu erwähnen.

Auch das Internet unterliegt der Aufsicht. Für die Aufsicht über die Einhaltung des Jugendmedienschutzes und den Schutz der Menschenwürde in allen elektronischen Medien, also im Internet, sind die Landesmedienanstalten zuständig. Die rechtliche Grundlage ist der Jugendmedienschutzstaatsvertrag (JMStV), der 2003 in Kraft getreten ist.

---

318   Vergleiche die Übersicht unter 8.2.6.2.

Er folgt dem Konzept der „regulierten Selbstregulierung". Dieses Konzept verfolgt das Ziel, die verschiedenen Vorteile von Selbstregulierung und Selbstverpflichtungen sowie staatlicher Regulierung zu kombinieren, um Nachteile möglichst wechselseitig auszugleichen.[319] Die Kommission für Jugendmedienschutz der Landesmedienanstalten (KJM) ist bundesweit die zentrale Aufsichtsstelle.

Als Selbstkontrollorganisation wurde die „Freiwillige Selbstkontrolle Multimedia" (FSM) gegründet. Die FSM ist ein eingetragener Verein, der von Medienverbänden und der Onlinewirtschaft ins Leben gerufen wurde. Es handelt sich um eine nach dem Jugendmedienschutzstaatsvertrag anerkannte Einrichtung der freiwilligen Selbstkontrolle. Bei der FSM können sich Nutzer über Verletzungen des Jugendmedienschutzes beschweren. Der europäische Dachverband heißt INHOPE und verfolgt das Ziel, ein internationales Netz von Beschwerdestellen im Internet aufzubauen.

Auch die Internetwirtschaft wird auf dem Gebiet der Selbstregulierung aktiv. In Gründung befindet sich gegenwärtig der Deutsche Internet-Rat (DIR). Die Initiative geht vom Bundesverband Digitale Wirtschaft (BVDW) aus und verfolgt das Ziel der Harmonisierung von Verbraucher- und Wirtschaftsinteressen im Internet. Der DIR soll einen Anwendungskodex zur freiwilligen Selbstkontrolle des Daten- und

---

319 Wolfgang Schulz, Thorsten Held, § 1 JMStV Rn. 22, in: Beck'scher Kommentar zum Rundfunkrecht, Werner Hahn, Thomas Vesting (Hrsg.), 2. Aufl., München 2008.

Verbraucherschutzes im Netz etablieren sowie ein Datenschutzgütesiegel entwickeln. Ferner soll eine Beschwerdestelle eingerichtet werden, die Verstöße sanktioniert.[320]

Der Interessenverband „eco" betreibt ferner eine Spam-Beschwerdestelle. Der Verband kooperiert dabei mit dem Bundesverband der Verbraucherzentralen und der Zentrale zur Bekämpfung unlauteren Wettbewerbs (WBZ).[321]

Im Bereich der Suchmaschinen existiert ein Verhaltenskodex der Suchmaschinenbetreiber, den diese unter dem Dach der FSM vereinbart haben. Ziele dieser Einrichtung sind die Aufklärung der Nutzer, der Datenschutz sowie der Kinder- und Jugendschutz.[322]

Die wohl wichtigste und einflussreichste global agierende Selbstregulierungsorganisation ist ICANN. Die international tätige Non-Profit-Organisation „Internet Corporation for Assigned Names and Numbers" (ICANN) mit Sitz in den USA als Weltregierung des Internets zu bezeichnen, ist dabei sicherlich zu weitreichend. Allerdings hat ICANN wesentlichen Einfluss auf die Koordinierung der Internetkommunikation.[323] ICANN ist für die weltweite Koordinierung des Internet-Namensystems zuständig und sorgt damit dafür, dass die Adressierung von IP-Adressen

---

320 http://www.presseportal.de/pm/6862/1452608/bvdw_bundesverband_digitale_wirtschaft.
321 http://www.internet-beschwerdestelle.de/beschwerde/einreichen/spam/index.htm.
322 http://www.fsm.de/de/Selbstkontrolle_Suchmaschinen.
323 http://www.icann.org/.

und Top-Level-Domains international kompatibel ist. Die Top-Level-Domains sind wesentlich für die Adressierung von Internet- und E-Mail-Adressen, hierzu gehören Länderkürzel wie „.de" für Deutschland oder „.com" (= commercial, diese Domain wurde ursprünglich nur für Unternehmen vergeben und ist heute frei zugänglich) oder „.net" (ursprünglich für Netzverwaltungsanbieter gedacht, ist diese Domain heute für jeden zugänglich). ICANN setzt sich aus einer Reihe unterschiedlicher Akteure zusammen, die verschiedene Interessen aus dem Bereich des Internets vertreten. Vertreter aus Deutschland waren zum Beispiel Helmut Schink (Siemens AG) und Andy Müller Maguhn (stellvertretender Vorsitzender des CCC Berlin e.V.). Die Entscheidungen werden vom Board of Directors getroffen, das aus bis zu 21 Mitgliedern besteht, von denen 15 ein Stimmrecht haben. Die gemeinnützige Organisation hat sich selbst Rechenschaftspflichten auferlegt und untersteht dem Recht des Bundesstaates Kaliforniens.[324] Am 30. September 2009 hat sich ICANN mit der US-Regierung nach Ablauf der Vereinbarung über die Zusammenarbeit aus dem Jahre 1998 auf eine gemeinsame Erklärung mit dem zuständigen US-Handelsministerium geeinigt. Die „Affirmation of Commitments"[325] verpflichtet ICANN, eine private Non-Profit-Organisation zu bleiben und auch zukünftig zum Vorteil der Internetnutzer zu arbeiten. Ferner ist ICANN zur Rechenschaftslegung sowie zur Transparenz verpflichtet.

---

324 http://www.icann.org/de/participate/what-icann-do-de.htm.
325 http://www.icann.org/de/announcements/announcement-30sep09-de.htm.

8.6.5. Resümee

Die Darstellung der Akteure im Internet kann nicht abschließend sein. Die ausgewählten Beispiele sollen die Unübersichtlichkeit exemplarisch aufzeigen und mögliche Tendenzen, die durch wirtschaftliche Macht und Netzwerkkommunikation sichtbar werden, skizzieren.
Die zivilen Akteure des Internets und ihre Organisationen haben kaum Zugang zu den medienpolitischen Akteuren der Länder und partizipieren nicht an den Verhandlungen über Rundfunkänderungsstaatsverträge. Die Kommunikationsplattformen wie Blogs und soziale Netzwerke werden medienpolitisch kaum wahrgenommen. Die Internetwirtschaft und ihre einflussreichen Interessenverbände geraten zunehmend in das Blickfeld der Medienpolitik. Diese Tendenz zeigt sich u.a. durch die Teilnahme an den Anhörungen zu Rundfunkänderungsstaatsverträgen sowie durch die Möglichkeit, Interessenvertreter in Aufsichtsgremien des privaten und öffentlich-rechtlichen Rundfunks zu entsenden.

Kooperationen mit politischen Akteuren und Institutionen gibt es vor allen Dingen im Bereich der freiwilligen Selbstkontrolle und der regulierten Selbstregulierung.

Mit den fortschreitenden Konvergenzprozessen und der Digitalisierung der Verbreitungswege sowie der Inhalte liegt der Fokus nicht mehr allein auf der Entwicklung des Rundfunks und dem Austarieren der Machtverhältnisse zwischen öffentlich-rechtlichen Rundfunkveranstaltern, privaten Rundfunkveranstaltern und Verlagen. Vielmehr besteht die grundsätzliche Herausforderung darin, die Fragen einer globalisierten

Mediengesellschaft zu erfassen, die nicht mehr allein auf den Rundfunk als meinungsbildendes und unterhaltendes Medium ausgerichtet ist. „Die Einbindung von Kommunikation in internationale und transnationale Zusammenhänge, wie sie insbesondere das Internet prägt, zwingt nicht nur dazu, die bisherige Blickverengung auf lokale und nationale Entscheidungsbildung aufzugeben, sondern auch die vergrößerte Vielfalt aktueller und potentieller Akteure zu berücksichtigen."[326]

8.7. Anforderungen an die Medienpolitik in Zeiten des Internets

Die Anforderungen an die Medienpolitik gehen also weit über die klassische Rundfunkpolitik hinaus. Dabei gehört das Ausbalancieren der Kräfteverhältnisse zwischen den etablieren Akteuren des Rundfunks und der Verlage zunächst weiterhin zu den Aufgaben, die in diesem Politikfeld zu bewältigen sind. Dies zeigen nicht zuletzt die bereits dargestellten Auseinandersetzungen zwischen den öffentlich-rechtlichen Rundfunkveranstaltern und den Verlegern in der Debatte um den 12. Rundfunkänderungsstaatsvertrag.[327]

---

326 Wolfgang Hoffmann-Riem, Mediendemokratie als rechtliche Herausforderung, Der Staat. 42 (2003) Nr. 2, S. 202.
327 Siehe unter 8.2.5. Die Auseinandersetzungen werden vor allem über den Funktionsauftrag des öffentlich-rechtlichen Rundfunks und die Grenzen seiner Verbreitung im Internet geführt. Hierzu z.B. auch: Klaus, Koch, Die neue Medienordnung lässt weiter auf sich warten, KORR-Inland/Jahreswechsel/ Medien/ dpa, 17.12.2008.

Allerdings haben sich die Ausgangsbedingungen grundlegend geändert.
Durch die Digitalisierung der Verbreitungswege und das Internet ist die
Knappheit der Übertragungsmöglichkeiten in weiten Teilen überwunden.[328] Damit können medienpolitische Ziele auch nicht mehr über die
Verteilung (ehemals) knapper Verbreitungswege gesteuert werden. Die
Anforderung der Medienpolitik der Länder differenziert sich mit den
neuen Informations- und Kommunikationstechnologien neu aus.

8.7.1. Wechsel der medienpolitischen Perspektiven

Bislang hat sich das für die Medien- und Rundfunkregulierung maßgebliche Verständnis an der Beobachtung der klassischen Massenmedien
orientiert.[329] Das Internet schafft die Voraussetzungen für das Entstehen
neuer Machtgefüge jenseits der Rundfunkveranstalter und Verlage, die
ebenfalls wirtschaftlich einflussreich sind und einen massenkommunikativen Charakter entwickeln können. Die Herausforderung besteht also
darin, die Entwicklungen des Internets nachzuvollziehen und die gesellschaftlichen Ordnungsvorstellungen ins digitale Zeitalter zu transformieren. Dabei sind die Fragestellungen und Probleme im Internetzeitalter so
vielfältig und unübersichtlich geworden, dass die rechtlich verfügbaren

---

328 Wolfgang Hoffmann-Riem, Medienregulierung als objektiv-rechtlicher Grundrechtsauftrag, Medien & Kommunikationswissenschaft, 50 (2002) Nr. 2, S. 184.
329 Helge Rossen-Stadtfeld, Medienaufsicht unter Konvergenzbedingungen, ZUM 44 (2000) Nr. 1, S. 38.

Maßnahmen sie nicht mehr werden bewältigen können.[330] Hierzu gehört vor allem der Umstand, dass das Internet keine nationalen Grenzen kennt und auch die Trennlinien von Individual- und Massenkommunikation verschwimmen lässt. Es bedarf also einer Erweiterung der Steuerungsperspektiven.

Der Ausgangpunkt der Bewertung massenkommunikativer Vorgänge verändert sich grundlegend dadurch, dass im Internet ein Überfluss an Informationsangeboten und eine Unübersichtlichkeit bezüglich der Kommunikations- und Informationsverbreitung vorherrschen.

Die Medienvielfalt kann unter den Bedingungen des Internets nicht mehr nur als Sicherung eines vielfältigen Angebotes im rundfunkrechtlichen Sinn verstanden werden. Es geht vielmehr auch um die Auswahl und den Zugriff auf Angebote und um Fragen von Manipulationsfreiheit[331] oder zumindest um die Abwehr von Manipulationen von Informationsangeboten.[332]

---

330 Wolfgang Hoffmann-Riem, Marksteine der Medienrechtsentwicklung, in: Unsere Aufgaben im 21. Jahrhundert, Baden-Baden 2002, S. 74.
331 Ein Überblick über die Manipulationsmöglichkeiten durch Suchmaschinenbetreiber findet sich bei: Jürgen Kühling, Nicolas Gauß, Suchmaschinen eine Gefahr für den Informationszugang und die Informationsvielfalt? ZUM 12/2007, S. 883 ff.
332 Wolfgang Hoffmann-Riem, Mediendemokratie als rechtliche Herausforderung, Der Staat. 42 (2003) Nr. 2 S. 216.

Die Frage des Perspektivenwechsels stellt sich ferner auch im Hinblick auf die Steuerungsinstrumente der Medienpolitik. Dort dominieren die rechtlichen Modelle und die tradierten hierarchischen Strukturen der Aufsicht, die sich am Leitbild der Intendanten- und Direktorenverfassung ausrichten. Die Rundfunkaufsicht orientiert sich an der Vorstellung der Steuerung durch Recht und durch Verwaltungshandeln mittels Aufsicht im herkömmlichen Sinne. Dies prägt das Verständnis der handelnden politischen Akteure wie auch der Aufsichtsgremien.[333] Die systemtheoretischen Analysen der Grenzen der Steuerung durch Recht werden in die politischen Gestaltungsprozesse nur selten integriert.[334]

Darüber hinaus setzt ein Wechsel der medienpolitischen Perspektive bei der Analyse der Organisationsstrukturen an; dies gilt für die Medienpolitik, aber auch für die ausdifferenzierte Rundfunkaufsicht. Die Auseinandersetzung mit der Forschung über das Funktionieren von sozialen Systemen und ihren ausdifferenzierten Organisationen kann Hinweise auf Steuerungsinstrumente liefern, die neben der Steuerung durch Recht entstehen, wie zum Beispiel indirekte Maßnahmen, welche Aktivitäten in Organisationen anregen. In der neuen Stufe der Moderne, die durch

---

333 Die Aufsichtsgremien des privaten Rundfunks fühlen sich häufig machtlos angesichts der in der praktischen Arbeit erlebten Grenzen des Rechts. Da die Verwaltungsentscheidung in den Gremien zunehmend unbedeutender wird und das hierarchische Prinzip der Medienaufsicht erodiert, gibt es Raum für neue Leitideen der pluralen Medienaufsicht.
334 Otfried Jarren, Medienregulierung in der Informationsgesellschaft. Über die Möglichkeiten zur Ausgestaltung der zukünftigen Medienordnung, Publizistik, Heft 2, Juni 1999, 44. Jahrgang, S. 154.

Fragmentierung und Vernetzung gekennzeichnet ist, haben Wissensfaktoren einen herausgehobenen Stellenwert. Dies bedeutet gleichzeitig, dass die gesellschaftlichen Systeme mit neuen Herausforderungen konfrontiert werden.[335]

8.7.2. Harmonisierung der Medienordnung

Wie die künftige Medienordnung gestaltet werden soll, ist wohl die zentrale Frage der aktuellen Medienpolitik. Ob man im Hinblick auf die Konvergenz an den bestehenden unterschiedlichen Regulierungsmodellen festhalten kann, ist fraglich. Bislang fließen auf den unterschiedlichen medienpolitischen Feldern unterschiedliche Konzepte ein. Von dem in Europa favorisierten Modell der abgestuften Regulierung von Rundfunk, Telemedien bzw. audiovisuellen Mediendiensten über die regulierte Selbstregulierung im Jugendmedienschutz bis zu der „echten" Selbstregulierung, wie im Presserecht[336], werden verschiedene Modelle diskutiert. Diese Beispiele beziehen sich allerdings auf spezifische Fragestellungen und bieten keinen integrierten Ansatz.

„Die zunehmende Konvergenz von technischen Kommunikationsinfrastrukturen, Medieninhalten, Endgeräten und medienrelevanten Branchen verlangt von der Medienpolitik ein integriertes und damit

---

335 Renate Martinsen, Partizipative Politikberatung – der Bürger als Experte, in: Handbuch für Politikberatung, Wiesbaden 2006, S. 139.
336 Bernd Holznagel, Dieter Dörr, Doris Hildebrand (Hrsg.), Elektronische Medien. Entwicklung und Regulierungsbedarf, München 2008, S. 467.

sektorenübergreifendes Handeln. Die klassische sektorale Trennung von Presse-, Rundfunk- und Filmpolitik ist damit weitgehend obsolet. Hinzu kommt, dass medien-, kultur-, bildungs-, technologie- und wirtschaftspolitische Fragen zunehmend verzahnt werden müssen, damit die Politik, wo es erforderlich ist, die Medien- und Kommunikationsentwicklung wirksam beeinflussen kann."[337] Um diesen Anforderungen zu begegnen, wird über eine integrierte Medienpolitik diskutiert. Diese solle den gesamten Kommunikationssektor bei der Strategieentwicklung im Blick haben, den Rundfunk, die Telekommunikation und das Internet, aber auch die nichtelektronischen Medien.[338]

Es ist allerdings sehr fraglich, ob ein zukünftiges Ordnungsmodell die duale Rundfunkordnung einfach fortschreiben kann.

---

337 Medien- und Kommunikationsbericht der Bundesregierung 2008, S. 13, http://www.bundesregierung.de/Content/DE/__Anlagen/BKM/2009-01-12-medienbericht-teil1-barrierefrei,property=publicationFile.pdf.
338 Michael Latzer, Unordnung durch Konvergenz – Ordnung durch Medienpolitik, in: Otfried Jarren, Patrick Donges (Hrsg.), Ordnung durch Medienpolitik? Konstanz 2007, S. 157, 159.

Die Ausgangsannahmen der Rundfunkregulierung:

> » mit ihrer gedanklichen Abhängigkeit von Übetragungswegen, die einmal knapp waren,
> » mit der rundfunkzentrierten Vorstellung über pluralistische Meinungsbildungsprozesse,
> » mit einem Verständnis vom Zuschauer als passivem Konsumenten

taugen für die Erfassung der Problemlagen der kommunikativen Vorgänge und (potentiellen) Meinungsmachtstrukturen im Internet kaum.

Die dargestellten Anforderungen werden bereits seit einigen Jahren auf Medienforen und in Artikeln der Medienfachpresse diskutiert und sind den Akteuren der Medienpolitik bekannt.

Wie eine konvergente Medienordnung aussehen soll, ist indes offen, genau wie die Frage, welcher Steuerungsinstrumente es bedarf, um eine solche Harmonisierung zu erreichen.

8.7.3. Leistungs- und anschlussfähige Koordinierungsstrukturen

Die Harmonisierung der Medienordnung setzt leistungsfähige Strukturen voraus, die eine geeignete Plattform liefern, um die notwendigen Verschränkungen zu koordinieren und verabreden zu können. Der Bund hat im Medienbereich nur begrenzte Handlungsspielräume und kann auf diesem Feld nur in Kooperation mit den Ländern sachgerecht agieren, was eine konsequente und konsistente Zusammenarbeit erfordert.[339]

„Die erhöhten Anforderungen an die Gesetzgebung erfordern sachgerechte Organisationsstrukturen bei der die Gesetzgebung vorbereitenden Verwaltung und den Parlamenten selbst. Föderalismus kann hier zu einem Wettbewerb um die besten Regeln führen, stellt aber auch höchste Anforderungen an die interföderale Koordination. Regulatorische Konzepte wie Modellversuche, Pilotprojekte und experimentelle Gesetzgebung können in diesem Bereich von Vorteil sein."[340]

Gegenwärtig steht das dargestellte Interaktionsgefüge[341] der Rundfunkänderungsstaatsverträge bereit, um diese Anforderungen zu erfüllen. Es ist allerdings fraglich, ob dieses Steuerungsinstrument in seiner jetzigen Ausprägung eine Struktur liefert, die die Koordinations- und Harmonisierungsanforderungen erfüllen kann. Die bestehenden Interaktionsmuster und Verfahrensabläufe sind auf die klassische Rundfunkregulierung

---

339 Medien- und Kommunikationsbericht der Bundesregierung 2008, S. 3, http://www.bundesregierung.de/Content/DE/__Anlagen/BKM/2009-01-12-medienbericht-teil1-barrierefrei,property=publicationFile.pdf.
340 Zur Entwicklung der Medien in Deutschland zwischen 1998 und 2007, Wissenschaftliches Gutachten zum Kommunikationsbericht der Bundesregierung, Hamburg 2008, S. 378,
http://www.bundesregierung.de/Content/DE/__Anlagen/BKM/2009-01-12-medienbericht-teil2-barrierefrei,property=publicationFile.pdf.
341 Siehe unter 8.2.4., 8.2.5., 8.2.6. und 8.3.

ausgerichtet und insofern im Hinblick auf ihre Leistungsfähigkeit begrenzt. Die Steigerung der Komplexität durch die Verschränkung der Rechtsmaterien, die Mehrebenenproblematik, den zunehmenden Einfluss der EU-Ebene sowie die Ausweitung der von der Staatsvertragsgesetzgebung Betroffenen verschärft die Steuerungsproblematik. Eine Möglichkeit wäre, die Komplexität ins Verfahren aufzunehmen und das Verfahren sowie die Organisationsstrukturen den geänderten Bedingungen anzupassen.

Darüber hinaus ist die Aufsicht über den privaten Rundfunk gefordert, unübersichtliche Strukturen übersichtlicher zu gestalten, Schwerfälligkeiten zu überwinden und Verfahrensdoppelungen zu vermeiden. Auch gilt es, die „Geburtsfehler" der föderalen Aufsichtsstruktur zu überwinden. Es wird sich in den nächsten Jahren zeigen, ob das Aufsichtssystem den Transformationsprozess, der durch den 10. Rundfunkänderungsstaatsvertrag in Gang gesetzt wurde, bewältigen wird.

Weiter reichende Reformen sind in absehbarer Zeit allerdings nicht zu erwarten, etwa dergestalt, dass sich die Aufsicht über den privaten, den öffentlich-rechtlichen Rundfunk und die Telekommunikation nach dem Vorbild der britischen Medienaufsichtsbehörde „Office of Communications" (Ofcom) verschränken würde.[342] Das „Ofcom" wurde 2002 gegründet, um der stärkeren Überlappung der Massenmedien gerecht zu werden. Am 29. Dezember wurden dem Ofcom Aufgaben übertragen, die

---

342 http://www.ofcom.org.uk/.

vorher in der Zuständigkeit von fünf Aufsichtsbehörden lagen. Das Ofcom reguliert technikneutral und vertraut stärker auf Selbstkontrolle und Selbstregulierungsmechanismen des Marktes und hat damit einen anderen Ansatz als die bundesdeutsche Aufsicht. Die Behörde ist auch Beschwerdeinstanz für Mediennutzer, Bürger und Verbraucher. Verstöße gegen den „Broadcasting Code" können mit Geldstrafen belegt werden. Eine Sonderrolle nimmt die BBC ein. Das Ofcom überwacht hier lediglich die Anforderungen zum Schutze der Verbraucher und die Quoten zur Sicherung kreativer Vielfalt. [343]

Auch wenn der Gedanke der Verschränkung der Medienaufsicht von Telekommunikation, öffentlich-rechtlichem und privatem Rundfunk in Abständen immer wieder im medienpolitischen Raum diskutiert wird, ist eine solche grundsätzliche Reform in näherer Zukunft nicht zu erwarten. Die jetzige Aufsichtsstruktur, vor allem die des öffentlich-rechtlichen Rundfunks, ist tief in der Gesellschaft und Politik verankert, obwohl die Aufsichtsgremien bei den Mediennutzern kaum bekannt sind und in der Medienfachpresse eher einen schlechten Ruf genießen. Eine grundlegende Reform in Gestalt einer Verschränkung der Medienaufsicht wäre ein medienpolitischer Kraftakt und stieße auf erheblichen Widerstand. Wie bereits im Zusammenhang mit der Fragestellung der politischen Steuerungsmöglichkeiten von ausdifferenzierten sozialen (Teil-)Systemen und ihren Organisationen skizziert wurde, sind Veränderungsprozesse

---

343 http://www.bundestag.de/dasparlament/2009/09/Themenausgabe/23656510.html.

unter hochkomplexen Bedingungen, zu denen in der Bundesrepublik noch der Föderalismus gehört, nur schwer durch unmittelbare Maßnahmen zu erreichen. Insofern treten mittelbare Maßnahmen und Impulse in den Fokus der Erweiterung politischer Steuerungsmöglichkeiten.[344] Es ist also nicht verwunderlich, dass eine Reform mit dem Ziel, ein deutsches Ofcom zu installieren, zurzeit medienpolitisch nicht ernsthaft verfolgt wird. Die dargestellten Problemlagen verdeutlichen allerdings, dass der Gedanke der pluralen gesellschaftlichen Medienaufsicht einer Transformation ins Zeitalter des Internets bedarf. Letztlich sind auch die Akteure des öffentlich-rechtlichen Rundfunks und ihre Aufsichtsgremien sowie Landesmedienanstalten und ihre Gremien gefordert, sich den Herausforderungen einer pluralen gesellschaftlichen Medienaufsicht im „Internetzeitalter" zu stellen und eigene Vorstellungen für den Transformationsprozess zu entwickeln und in den medienpolitischen Raum einzubringen.

In diesen Zusammenhang gehören Fragen:

» nach der Harmonisierung des Rechtsrahmens für das duale Rundfunksystem und das Internet,
» nach der „Abmilderung" der Mehrebenenproblematik,
» nach der (kommunikativen) Anschlussfähigkeit der öffentlich-rechtlichen Rundfunkaufsicht und der privaten Rundfunkaufsicht,

---

344 Vergleiche die Ausführungen unter 6.2., 6.3. und 6.4.

» nach der Berücksichtigung von Nutzerinteressen,
» nach notwendigen Transformationsprozessen der Aufsichtsgremien unter den Bedingungen des Internets.

8.7.4. Konvergenter Rundfunkbegriff

Eine weitere wesentliche Anforderung besteht, wie bereits dargestellt, darin, dem Rundfunkbegriff auch zukünftig Konturen zu geben und gleichzeitig einer uferlosen Ausweitung der Rundfunkregulierung entgegenzuwirken.[345] „Das Zusammenspiel von hoch entwickelter Technologie, von global orientierter Ökonomie, von immer weiter ausdifferenzierten Kommunikationsangeboten und komplizierter werdenden Finanzierungsmodellen bewirkt eine neue Komplexität möglicher Gefährdungen und erfordert daher eine darauf angemessen reagierende Rundfunkregulierung."[346] Die bisherige Konzeption, die sich entlang dem Rundfunkbegriff entwickelt und sich dabei in der Regel an der kurzfristigen Lösung von aktuellen Problemen orientiert hat, kann der Logik der Vernetzung nicht gerecht werden. Eine abstrakte Theoriebildung wäre wünschenswert, um den Grundgedanken der Rundfunkregulierung in das „Internetzeitalter" zu übertragen. Ein gänzliches Abrücken von der

---

345 Thomas Vesting, Das Rundfunkrecht vor den Herausforderungen der Logik der Vernetzung. Überlegungen zu einer horizontalen Rundfunkordnung für die Ökonomie der Aufmerksamkeit, in: Medien und Kommunikationswissenschaft, 49 (2001) Nr. 3, S. 289.
346 Wolfgang Hoffman-Riem, Der Rundfunkbegriff in der Differenzierung kommunikativer Dienste, AfP (1996) Nr. 1, S. 10.

Konzeption der Rundfunkregulierung ist aufgrund der Rechtsprechung des Bundesverfassungsgerichts verfassungsrechtlich nicht haltbar. So hat das Bundesverfassungsgericht in seiner Entscheidung vom 11. September 2007 erneut die herausgehobene Bedeutung des Rundfunks wegen seiner Breitenwirkung, Aktualität und Suggestivkraft, auch im digitalen Zeitalter, betont. Nach Ansicht des Gerichts werde diese Bedeutung durch die Digitalisierung und die damit verbundene Vergrößerung und Ausdifferenzierung des Angebotes sowie durch neuartige Dienste noch verstärkt.[347] Die Rechtsprechung ist gegenwärtig also noch rundfunkzentriert und gibt keine Hinweise im Hinblick auf die Transformationsinstrumente in Zeiten des Internets. Der Staat muss insbesondere Maßnahmen gegen Informationsmonopole treffen[348], dabei kann er sich wohl kaum auf die Beobachtung der Entwicklung des klassischen Rundfunks beschränken.

8.7.5. Demokratie und Gesellschaft in Zeiten des Internets

Der Meinungsfreiheit, die sowohl die Verbreitung der Meinung als auch den freien Zugang zu zugänglichen Informationsquellen umfasst, kommt im demokratischen Rechtsstaat eine konstitutive Funktion zu. Bei der Ausgestaltung einer Medienordnung hat sich der Gesetzgeber an den Zielen einer freien und demokratischen Meinungsbildung zu orientieren.

---

347 BVerfGE vom 11.09.2007, Rn. 115 http://www.bundesverfassungsgericht.de/entscheidungen/rs20070911_1bvr227005.html.
348 BVerfGE, 97, 925, 326.

Er hat sicherzustellen, dass sich die klassischen Medien wie Rundfunk, Presse und Film entfalten können. Dies gilt auch für die Transformation der „klassischen" Medien ins Internet, aber auch für neue Angebote im Netz.

Durch die neuen Kommunikationsformen verwischen allerdings die Grenzen zwischen Individual- und Massenkommunikation. Die technische Konvergenz lässt Individual- und Massenkommunikation zusammenwachsen, Bereiche, die zuvor getrennt waren. „Jedermann kann mit einfachen technischen Mitteln (ebenfalls) Inhalte erzeugen und jedem beliebigen Adressaten oder Adressatenkreis nicht nur individuell, sondern auch massenkommunikativ übermitteln. Dies ist ein Paradigmenwechsel hin zu einer neuen Evolutionsstufe kommunikativer Freiheit und Partizipation."[349] Die „Marktzutrittsbarrieren" sind im Bereich der Netzkommunikation niedrig. Dadurch sind unabhängige Kommunikationsplattformen entstanden, die, je nach Angebot, durchaus als journalistisch hochwertig bewertet werden können. Ob diese Angebote auch publizistische Vielfalt herstellen können, bedarf, vor allem auf der lokalen Ebene, der genaueren Untersuchung.

Der Paradigmenwechsel setzt die manipulationsfreie Offenheit des Zugangs zu Kommunikationsangeboten, zu Inhalten und zu den Verbreitungsnetzen voraus. Staatliches Handeln ist insofern gefragt, als es die

---

349 Medien- und Kommunikationsbericht der Bundesregierung 2008, S. 6, http://www.bundesregierung.de/Content/DE/__Anlagen/BKM/2009-01-12-medienbericht-teil1-barrierefrei,property=publicationFile.pdf.

Marktoffenheit und den Wettbewerb zu sichern gilt.[350] Es gibt nach wie vor die Vision vom Netz als einem (rechts-)freien Raum, der sich jeder Regulierung und Kontrolle widersetze. Diese These ist grundsätzlich fragwürdig, da Kontrolle und Regulierung jederzeit möglich sind. Die Unübersichtlichkeit des Netzes und die technischen Möglichkeiten erschweren allerdings den Vollzug von Normen. Gleichzeitig bietet das Netz zuvor nicht gekannte Möglichkeiten der Kontrolle und Überwachung. Die gespeicherten persönlichen Daten und Bewegungsprofile der Internetnutzer sowie die unbegrenzte Verknüpfung von Daten sind unüberschaubar. Derjenige, der diese Daten speichert und verknüpft, hat eine potentielle Informationsmacht über die Menschen, wie sie vor dem Internet nicht einmal totalitäre Staaten hatten. Ferner sind Daten und ihr Verkauf ein Wirtschaftsfaktor, der erheblich an Bedeutung gewonnen hat.

Dem öffentlich-rechtlichen Rundfunk kommt bei dem demokratischen Meinungsbildungsprozess nach wie vor eine wesentliche Aufgabe zu. Wie sich der Funktionsauftrag des öffentlich-rechtlichen Rundfunks im Internet weiterentwickeln soll, ist jenseits des Rundfunkbegriffs zu diskutieren. Neben der Qualitätsdebatte und der demokratiestabilisierenden Funktion des öffentlich-rechtlichen Rundfunks sind Stichworte wie die Authentizität von Film- und Bildmaterial, die Manipulationsfreiheit und journalistische Standards im Internet zu nennen.

---

350 Otfried Jarren, Medienregulierung in der Informationsgesellschaft. Über die Möglichkeiten zur Ausgestaltung der zukünftigen Medienordnung. Publizistik, Heft 2, Juni 1999, 44. Jahrgang, S. 151.

Auch der Presse kommt bei dem demokratischen Meinungsbildungsprozess eine tragende Funktion zu. Die Medienpolitik der Länder ist auch hier gefordert, Rahmenbedingungen so zu gestalten, dass diese Funktion gewährleistet werden kann. Die Zukunft der Zeitung wird als ungewiss eingeschätzt. Die Auflagen gehen stark zurück, die Werbeeinnahmen der Presseunternehmen brechen ein. Diese Entwicklung wird als dramatisch eingestuft. Kostenfreie Informationen werden zunehmend im Internet abgerufen. Fraglich ist, ob die Jugendlichen von heute in Zukunft überhaupt auf Papier gedruckte Zeitungen kaufen werden oder ihren Informationsbedarf allein im Netz befriedigen werden.

Zur Unterstützung der Presseunternehmen werden aktuell Erleichterungen für Pressefusionen und Lockerungen des Medienkonzentrationsrechts debattiert. Diese Wege sind vor allem für die großen Presseunternehmen von großem Interesse. Ferner werden Modelle der öffentlichen und staatsfernen Teilfinanzierung von Presseerzeugnissen[351] diskutiert. Die Rede ist von einer „Art Marschallplan" zur Rettung der Zeitungsbranche.[352] Im 12. Rundfunkänderungsstaatsvertrag wurden, auch vor diesem Hintergrund, die Internetaktivitäten des öffentlich-rechtlichen Rundfunks beschränkt.

---

351 Jürgen Habermas, Keine Demokratie kann sich das leisten, Süddeutsche Zeitung vom 16.05.2007, URL:/kultur/artikel/455/114341/artikle.html.
352 Stephan Weichert, Leif Kramp, Eine Art Marschallplan. Fünf Modelle, wie die Zeitungsbranche gerettet werden kann, Die Zeit vom 09. Juli 2009, S. 50.

Die wissenschaftliche Forschung darüber, wie sich die neuen Kommunikationsformen und die technischen Entwicklungen im Internet auf den demokratischen Meinungsbildungsprozess sowie die medienkulturelle Entwicklung der Gesellschaft auswirken, steckt noch in den Anfängen. Es stellt sich aber auch die ganz grundsätzliche Frage, welche Folgen diese Entwicklungen für die demokratischen Grundstrukturen der Gesellschaft haben. In der Politikwissenschaft wird die „Gefährdetheit" der Demokratie im Zuge der „dritten demokratischen Transformation" diskutiert.[353] Der Schwerpunkt der medienpolitischen Perspektive liegt allerdings noch immer auf den Rechtswissenschaften. Für die Gestaltung einer Medienordnung ist diese Perspektive unzureichend. Erforderlich wäre wohl vielmehr eine interdisziplinäre „Innovationsforschung"[354], welche die Technik, die Politikwissenschaft, die Medienwissenschaften sowie die Rechtswissenschaften miteinander verknüpfen würde.

Die Länder vernachlässigen die Fragestellung der demokratischen und gesellschaftlichen Folgen des Internets. Der Bundestag hat sich des Themas mit der Einsetzung der Enquetekommission „Internet und digitale Gesellschaft" angenommen. Am 4. März 2010 wurde der Antrag für die Einrichtung der Enquetekommission von CDU/CSU, SPD, FDP und der GRÜNEN-Fraktion einstimmig beschlossen.[355]

---

353 Renate Martinsen, Das Demokratieprojekt als Perpetuum Mobile? Gefährdungen und Potentiale von Demokratie im Zeitalter sich wandelnder Staatlichkeit, Diskurs 2/ 2008, S. 2.
354 Wolfgang Hoffmann-Riem, Mediendemokratie als rechtliche Herausforderung, Der Staat. 42 (2003) Nr. 2 S. 196.
355 Bundestags-Drucksache 17/950.

Der Einsetzungsauftrag umfasst unter anderen folgende Themenbereiche:

Kultur und Medien

» Erhaltung und Sicherung von Medien- und Meinungsfreiheit und -vielfalt und der Informations-, Presse- und Rundfunkfreiheit
» Stärkung der Medienverantwortung und Medienkompetenz bei Anbietern und Nutzern
» Folgen der Digitalisierung für den Rundfunk und die Printmedien und die Herausforderungen für die Medien- und Kommunikationsordnung
» Veränderung der Produktion, Distribution und Nutzung von künstlerischen Werken und kreativen Inhalten

Bildung und Forschung

» Verbesserung der Medienkompetenz und Medienerziehung in Schule, Hochschule sowie Aus- und Weiterbildung im Sinne eines lebenslangen Lernens
» Strategien zur Vermeidung der digitalen Spaltung
» Open-Access-Initiativen zum freien Zugang zu den Ergebnissen staatlich finanzierter Forschung

Recht und Innen

» Jugendschutz in den neuen Medien
» Bedeutung der Netzneutralität für eine neutrale Datenübermittlung und den freien und ungehinderten Zugang zum Internet

Gesellschaft und Demokratie

» Open-Data-Strategien für einen freien Zugang zu staatlichen Informationen
» Soziologische Auswirkungen der Digitalisierung des Einzelnen und der Gesellschaft
» Möglichkeiten für neue Formen der Teilhabe, der Bürgerbeteiligung und Nutzung neuer Partizipationsformen.[356]

Die Enquetekommission besteht aus 17 Mitgliedern des Bundestages sowie 17 Sachverständigen und soll bis zum Ende der Sommerpause 2012 ihren Bericht vorlegen. Mit der konstituierenden Sitzung am 5. Mai 2010 nahm die Enquetekommission ihre Arbeit auf. Zu den Sachverständigen sind, bis auf zwei, keine Experten aus dem Gebiet des Rundfunks mit seinen föderalen Implikationen vertreten. Bei der Benennung und Auswahl der Sachverständigen wurde der Schwerpunkt auf Netzexperten und auf Vertreter der Internetwirtschaft gelegt.

---

356 Bundestags-Drucksache 17/950, S. 2 und 3.

Dies ist angesichts des Arbeitsauftrages, der in vielen Bereichen in die Kompetenz der Länder fällt, wie die Sicherung der Medien- und Meinungsfreiheit und -vielfalt sowie der Informations-, Presse- und Rundfunkfreiheit oder die Frage der Medienkompetenzbildung an Schulen, bemerkenswert. Es bleibt abzuwarten, ob und, wenn ja, wie die Enquetekommission die Problemstellungen der Medienpolitik der Länder bei der Bearbeitung des Einsetzungsauftrages aufgreifen wird.

8.7.6. Internationale Standards

Im Hinblick auf global und multimedial vernetzte Medienunternehmen sind die Steuerungsmöglichkeiten des Nationalstaates gering und die transnationalen Regeln wenig ausgeprägt.[357] Im Fokus stehen gegenwärtig „Orientierungshelfer" im Internet. Im Netz wird nur der wahrgenommen, der auf sich aufmerksam machen kann, wer prominent erscheint. „Inhalte im Internet gewinnen ihre Bedeutung dadurch, dass sie auf Plattformen organisiert und durch Suchmaschinen und andere elektronische Navigationsmittel gefunden werden. Auch wenn sie keine eigenen Inhalte anbieten, haben Plattformen und Suchmaschinen potentielle Medienmacht."[358] Je unübersichtlicher die Kommunikationsvorgänge, desto wichtiger wird die Navigation im Netz. Die Nutzung von Suchmaschinen gehört zu den häufigsten Anwendungen der

---

357 Wolfgang Hoffmann-Riem, Mediendemokratie als rechtliche Herausforderung, Der Staat. 42 (2003) Nr. 2 S. 220.
358 Hans Hege, Uferlos. Plädoyer für einen lizenzfreien Rundfunk im Internet, epd Medien Nr. 69, 30.08.2008, S. 5 und 6.

Bundesbürger im Internet.[359] „Nunmehr scheint sich eine neue Art publizistischer Macht bei den Orientierungshelfern zu konzentrieren, und die Sicherung der Meinungsbildungsfreiheit richtet sich in der Folge auf die Machtausübung, etwa die Art der Aufmerksamkeitslenkung"[360] durch die Suchmaschinen. Da hier internationale Unternehmen agieren, sind in diesem Kontext internationale Standards aussichtsreiche Steuerungsinstrumente.

Die Vereinbarung internationaler Standards wird auch zur Bekämpfung von pornografischen, gewaltverherrlichenden und rechtsradikalen Inhalten debattiert. Die Länder sind innerhalb ihrer Zuständigkeiten gefordert, sich nicht nur europäisch, sondern, im Hinblick auf die Beobachtung des Internets und seiner Entwicklungen, international aufzustellen. Das Aufspüren von Angeboten, die eine vergleichbare Wirkung entfalten wie der klassische Rundfunk (Aktualität, Suggestivkraft und Breitenwirkung), von Medienmacht und Trends sind weitere Herausforderungen für die Medienpolitik der Länder.

Weitere dringende Fragen sind das Urheberrecht, das auf der Bundesebene angesiedelt ist, und der freie Zugang zum Netz. Dahinter verbirgt sich die Auseinandersetzung um die Bedingungen des Datentransportes im

---

359 Nach der ARD-ZDF-Onlinestudie 2008 nutzten 84 % der Deutschen mindestens einmal wöchentlich Suchmaschinen. Media Perspektiven, 32. Woche (7) 2008, S. 336.
360 Wolfgang Hoffmann-Riem, Mediendemokratie als rechtliche Herausforderung, Der Staat. 42 (2003) Nr. 2 S. 21.

Internet. So fordert die amerikanische Telekomaufsicht (FCC), dass alle Daten zu gleichen Bedingungen im Netz transportiert werden und die Betreiber das Management der Netze transparent gestalten müssen. [361]

8.8. Spezifische Probleme von Multilevel Governance

Der Überblick über die strukturellen und sachlichen Bedingungen der Medienpolitik der Länder verdeutlicht die Schwierigkeiten, die von den staatlichen wie privaten Akteuren der Medienpolitik zu bewältigen sind. Die Forschung über die Bedingungen von Multilevel Governance weist auf weitere spezifische Problemkreise hin.

8.8.1. Pfadabhängigkeit

Politische Mehrebenensysteme zeichnen sich durch Aufgabenverflechtungen und Beteiligungsstrukturen aus, die relativ veränderungsresistent sind: Sie weisen eine so genannte Pfadabhängigkeit auf. Die Umschreibung verweist darauf, dass zu einem bestimmten historischen Zeitpunkt die Grundlagen für eine institutionelle Ordnung

---

361 Siehe hierzu: Tina Klopp, US-Aufsicht kämpft für offenes Web, 22.09.2009, in: http://www.zeit.de/digital/internet/2009-09/netzneutralilitaet-fcc-usa.

festgelegt wurden, durch die die gesamte weitere Entwicklung relativ kontinuierlich geprägt wird.³⁶²

Der Wirtschaftshistoriker Paul A. David und der Wirtschaftsmathematiker W. Brain Arthur haben den Begriff der Pfadabhängigkeit geprägt. Untersuchungsgegenstand war die Verbreitung von und das „Festhalten" an Technologien, wie zum Beispiel der QWERTY-Tastatur der Schreibmaschine, die in den 70er und 80er Jahren des 19. Jahrhunderts entstand. Aktuelle Beispiele sind der IMB-DOS-Standard für Personalcomputer oder das Betriebssystem Windows gegenüber Apple Mackintosh. Als spezifische kontinuitätssichernde Faktoren nennt Arthur „increasing returns" und damit verbundene „positive feedbacks". Positive Rückkoppelungen erhöhen den Nutzen einer Technologie und verhindern Abweichungen einer einmal eingeschlagenen Entwicklung. Dies bedeutet nicht, dass sich die effizienteste Technologie durchsetzt. Veränderungen bedürfen eines Veränderungsdrucks sowie externer Anstöße, „exogener Schocks" oder starker eigener Innovations- und Lernfähigkeit, wie die Entwicklung des iPhone von Apple beispielhaft zeigt.

Die Selbstverstärkungsmechanismen ökonomischer Systeme wurden auf soziale Systeme übertragen. Im Blickfeld der Untersuchungen stehen

---

362 Raymund Werle, Pfadabhängigkeit, in: Arthur Benz, Susanne Lütz, Uwe Schimank, Georg Simonis (Hrsg.), Handbuch Governance. Theoretische Grundlagen und empirische Anwendungsfelder, Wiesbaden 2007, S. 119.

dabei individuelle und institutionelle Handlungsroutinen sowie das bürokratische Beharrungsvermögen.

Die Feststellung, dass eingebürgerte Denkweisen und Entscheidungsroutinen in der Gegenwart weiterwirken, wäre eine mehr oder weniger inhaltsleere Allgemeinaussage[363], wenn man sich auf diese Betrachtung beschränken würde. Insofern sind Faktoren einzubeziehen, die das Verbleiben auf einem einmal eingeschlagenen Pfad durchaus positiv stützen. Ferner ist die strategische Handlungsfähigkeit von individuellen und kollektiven Akteuren, die gezielt auf alten Entwicklungspfaden verbleiben oder neue anlegen wollen, nicht zu unterschätzen. Denkbar ist auch, dass sich ein gemeinsamer koordinierter Übergang zu einem „neuen Standard" ausdifferenziert. Allerdings erfordert ein solcher Prozess einen hohen kommunikativen Aufwand, häufig auch Investitionen und setzt voraus, dass das Ergebnis, auch machtpolitisch, im Wesentlichen vorteilhaft ist, so dass sich „Transaktionskosten" und „Effizienzgewinn" die Waage halten. Voraussetzung hierfür ist, dass (strategisch) handelnde Akteure bereit sind, die notwendigen Vorleistungen für einen Übergang zu erbringen, und dass dem damit verbundenen Risiko hinreichend große in Aussicht stehende Vorteile gegenüberstehen.[364] Solche Umstände begünstigen Veränderungen. Deshalb hängt die Frage der Veränderungsresistenz vom Politikfeld und auch stark von den Organisationsstrukturen ab.

---

363 Renate Mayntz, Zur Theoriefähigkeit makro-sozialer Analysen, in: Renate Mayntz (Hrsg.), Akteure – Mechanismen – Modelle, Frankfurt a.M. 2002, S. 28.
364 Stan J. Liebowitz, Margolis, Stephen E., The Fable of the Keys, in: Journal of Law & Economics 23, 1990, S. 1-25, S. 3-4.

Ferner spielt die Frage eine Rolle, ob es ein strategisches Handlungszentrum gibt, das mit Führungs- und Entscheidungskompetenzen ausgestattet ist, die hinreichend flexibel sind, um auf Veränderungen reagieren zu können, und die variable Problemlösungsansätze einschließen, die die komplexen Anforderungen des jeweiligen Politikfeldes und ihrer Akteure aufnehmen können. In Mehrebenensystemen ist die Entscheidungskompetenz auf unterschiedliche Ebenen aufgeteilt. Das Fehlen eines Entscheidungszentrums mit klarer Zuordnung von Verantwortung und Macht erschwert Veränderungsprozesse, macht sie allerdings auch nicht unmöglich.

Das Konzept der Pfadabhängigkeit kann dann weiterführen, wenn es nicht als abstrakte Grundregel verwendet wird, sondern eine Präzisierung im Hinblick auf das untersuchte Politikfeld erfolgt. So diskutiert Arthur Benz die Pfadabhängigkeit vertieft im Kontext der föderalen Struktur der Bundesrepublik und der Europäischen Union, also im Zusammenhang mit Multilevel Governance.[365] Zu den Beobachtungen zur Veränderungsresistenz von Institutionen sind die komplexen Strukturen der institutionellen Ordnung und die zunehmenden Verflechtungen der formellen und informellen Ebenen zu beobachten. „Situationsspezifische Lösungen verdichten sich in dauerhafter Praxis zu festen Interaktionsmustern."[366]

---

365 Arthur Benz, Politik in Mehrebenensystemen, 1. Aufl. Wiesbaden 2009; Arthur Benz, Multilevel Governance – Governance in Mehrebenensystemen, in: Artur Benz (Hrsg.), Governance – Regieren in komplexen Regelsystemen, S. 125 -146.
366 Arthur Benz, Politik in Mehrebenensystemen, 1. Aufl. Wiesbaden 2009, S. 83.

Der Gedanke der Pfadabhängigkeit verdeutlicht das strukturelle Problem und die Veränderungsresistenz von Mehrebenensystemen.

Die Folge ist, dass in Mehrebenensystemen grundsätzliche Reformen, die die institutionelle Ordnung tangieren, nur in Krisensituationen wahrscheinlich sind. Unter „normalen" Umständen sind Veränderungen nur einzelner Elemente einer (Verfassungs-)Ordnung möglich. Jede Veränderung, die die Grundstrukturen berührt, hat hohe „Transformationskosten" zur Folge, das bedeutet einen hohen Aufwand in Bezug auf die Konstituierung einer neuen Ordnung sowie die Überwindung von Widerständen der betroffenen Akteure. Jede Reform ist also mit Risiken behaftet, denn sie tangiert das Machtgefüge, die Kompetenzen und die Ressourcenverteilung.[367] Innovationen erfordern neue Ideen und die Abweichung von bisher bekannten Handlungsmustern. Dies erfordert von den Akteuren Kraft. Außerdem ist es schwer vorhersehbar, ob die gewünschten Verbesserungen tatsächlich erreicht werden. Wie ein Reformvorhaben für die einzelnen Akteure endet, ist also in der Regel nur schwer einzuschätzen. Gleichwohl gibt es Situationen, wo von einer relevanten Anzahl von Akteuren das Verbleiben auf dem „Pfad" als schlechtere Lösung gesehen wird und Reformen in Gang gesetzt werden.

Die sehr eng geknüpften Strukturen im kooperativen Bundesstaat sind besonders ungünstig für Veränderungsnotwendigkeiten und für ein

---

367 Fritz Scharpf, Der Bundesrat und die Kooperation auf der „dritten Ebene", in Bundesrat (Hrsg.), Vierzig Jahre Bundesrat, Baden-Baden 1989, S. 121-162.

effektives Regieren.[368] Diese Struktur erklärt die ausgeprägte Pfadabhängigkeit eines politischen Mehrebenensystems wie desjenigen der föderalen Bundesrepublik. Diese Ausgangslage macht tief greifende Reformen unwahrscheinlich, jedenfalls solange keine „exogenen Schocks" zu Veränderungen zwingen. Will die Medienpolitik der Länder einen grundsätzlichen Reformprozess in Gang setzen, so sind schrittweise Veränderungen[369] zunächst wahrscheinlicher, um langfristig weitreichende Veränderungen erreichen zu können.[370]

Die Perspektive der Medienpolitik der Länder ist durch die Orientierung auf die Rundfunkregulierung geprägt, die Entscheidungs- und Kooperationsebenen haben sich entlang dieser Ausrichtung entwickelt. In formellen und informellen Verhandlungen und Interaktionen wird versucht, Interessenunterschiede auszugleichen. Am Ende steht der Zwang zur Einigung, da die Länder nur einstimmig agieren können. Die Länder sind verpflichtet, einen gemeinsamen einheitlichen Rechtsrahmen zu schaffen, und haben dabei die ausdifferenzierte Verfassungsrechtsprechung zu

---

368 Vergleiche hierzu: Fritz Scharpf, Theorie der Politikverflechtung. Ein kurzgefasster Leitfaden, in : Joachim Jens Hesse (Hrsg.), Politikverflechtung im föderalen Staat. Baden-Baden 1978, S. 21-31.
369 Es gibt nicht mehr das große Rad, an dem die Medienpolitik drehen kann, „es sind die kleinen Rädchen und Stellschrauben, das mühsame Aushandeln und Austarieren (institutioneller) Regeln, die Medienpolitik in modernen Mediengesellschaften ausmacht". Patrick Donges, Institutionalistische Ansätze zur Medienregulierung, in: Ottfried Jarren, Patrick Donges (Hrsg.), Ordnung durch Medienpolitik? Konstanz 2007, S. 281.
370 Arthur Benz, Politik in Mehrebenensystemen, 1. Aufl. Wiesbaden 2009, S. 39.

beachten. Jede neue Ordnung bringt das tradierte Gefüge in Bewegung. So ist es nicht verwunderlich, dass eine Reform der Grundstrukturen der Medienpolitik politisch gegenwärtig nicht diskutiert wird. Die politischen Akteure sehen die Notwendigkeit einer harmonischen Medienordnung, die sich an den Gegebenheiten des „Internetzeitalters" orientiert. Sie verknüpfen diesen Gedanken indes nicht mit der Überprüfung der strukturellen Bedingungen, die für einen solchen Veränderungsprozess möglicherweise die Voraussetzung wäre.

Ein „Wettbewerb" um die als notwendig erkannten Veränderungen der Medienpolitik findet kaum statt. Die Medienpolitik der Länder ist entscheidend durch die Bedingungen geprägt, die bei der Einführung des dualen Systems vorherrschend waren. Diese Weichenstellung wirkt bis heute und ist ein Grund dafür, dass sich die politische Reformkraft auf dieser Spur bewegt. Die Pfadabhängigkeit hemmt insofern die Innovationskraft der Medienpolitik der Länder.

8.8.2. Demokratieproblem: Legitimationsdefizite

In der Governance-Forschung werden die Rückwirkungen des Perspektivenwechsels und der Einbeziehung privater Akteure auf die Demokratie diskutiert. Einerseits wird auf die Entdemokratisierung im Kontext von Governance-Prozessen, vor allem in Mehrebenensystemen, aufmerksam gemacht. Andererseits wird auf die Demokratisierungspotentiale von Governance hingewiesen. Nicht selten wird Governance als Qualitätssiegel für bürgernahes, modernes Regieren benutzt. Die Tatsache, dass Governance in staatliches Handeln integriert ist, entfaltet allerdings für sich gesehen noch keine Legitimationskraft. Governance ist zunächst einmal ein analytisches Konzept, das sich mit dem Neben- und Miteinander verschiedener Formen der Kooperation staatlicher und privater Akteure befasst. Governance unterstreicht zudem die Veränderung des politischen Handelns in der komplexen Welt des 21. Jahrhunderts.[371]

Die Governance-Perspektive korrespondiert mit der Veränderung des Staatsverständnisses von einem Staat, der mit interventionistischen Mitteln handelt, hin zu einem Gewährleistungsstaat, der auf allen Ebenen kooperiert. Es gibt dabei keine einheitliche Definition des Begriffes des Gewährleistungsstaates. Die Diskussion um den Gewährleistungsstaat hebt auf den Wandel der Staatlichkeit ab und macht den Versuch, zentrale Befunde dieser Veränderung begrifflich zu bündeln.[372] „Das Leitbild des Gewährleistungsstaates ist eine Ermunterung, auf die Suche zu gehen. Aufgetragen ist eine Vergewisserung über das Bild, das wir vom Staat – seinen Aufgaben und seiner Aufgabenerfüllung – haben."[373] Der Staat nimmt seine Aufgaben unter dem stärkeren Vertrauen auf die

---

371 Renate Martinsen, Das Demokratieprojekt als Perpetuum Mobile? Gefährdungen und Potentiale von Demokratie im Zeitalter sich wandelnder Staatlichkeit, Diskurs 2/ 2008, S. 1.
372 Wolfgang Hoffmann-Riem, Governance im Gewährleistungsstaat – Vom Nutzen der Governance-Perspektive für die Rechtswissenschaft, in: Gunnar Folke Schuppert (Hrsg.), Governance-Forschung – Vergewisserung über Stand und Entwicklungslinien, 2005, S. 195 ff.
373 Wolfgang Hoffmann-Riem, Das Recht des Gewährleistungsstaates, in: Gunnar Folke Schuppert, Der Gewährleistungsstaat – Ein Leitbild auf dem Prüfstand, Baden-Baden 2005, S. 90.

Selbstregulierung der Gesellschaft wahr, ohne dass die Anforderungen an ihn als Wohlfahrts- und Interventionsstaat schwinden.[374]

Ferner wird der Nationalstaat durch politische Internationalisierungsprozesse von außen gefordert. Die grenzüberschreitenden Probleme der entgrenzten Informations- und Kommunikationstechnologien und einer entgrenzten Ökonomie können nicht mehr im nationalen Rahmen gelöst werden. Als Motor der Globalisierung werden gerade die Informations- und Kommunikationstechnologien identifiziert, die ihrerseits Motor der Ökonomie sind.[375]

Für die Medienpolitik der Länder bedeutet dies schon jetzt ganz praktisch die Notwendigkeit der Kooperation mit der EU. Es fehlt allerdings eine Fokussierung auf die globalen Problemfelder. Das „Einklinken" der Länder in globale Governance-Prozesse stellt sich nicht nur theoretisch. Der Wandel der Staatlichkeit im globalen Kontext bedeutet auch, dass jenseits der verfassungsrechtlichen Zuständigkeit des Bundes für die Außenpolitik genügend Raum für die Länder bleibt, sich in Fragen der Informationsgesellschaft an Diskursen im globalen und europäischen Raum zu beteiligen.

---

374 Wolfgang Hoffmann-Riem, Das Recht des Gewährleistungsstaates, in: Gunnar Folke Schuppert, Der Gewährleistungsstaat – Ein Leitbild auf dem Prüfstand, Baden-Baden 2005, S. 90, 91.
375 Renate Martinsen, Das Demokratieprojekt als Perpetuum Mobile? Gefährdungen und Potentiale von Demokratie im Zeitalter sich wandelnder Staatlichkeit, Diskurs 2/ 2008, S. 3.

Im Hinblick auf Multilevel Governance können im Kontext der Medienpolitik der Länder folgende Demokratieproblemlagen identifiziert werden:

1. Die Parlamente sind in die Entscheidungsprozesse der Medienpolitik der Länder kaum eingebunden, vielmehr agieren Vertreter der Exekutive und Fachleute aus Verbänden und Wirtschaftsunternehmen.

2. Die Netzwerkpolitiken begrenzen die parlamentarische Kontrolle. Die Vertreter der Verwaltungen können im Verbund koordinierte Gesetzgebungsvorschläge erarbeiten, die von der parlamentarischen Mehrheit, die die Regierung stützt, nur schwer zur Disposition gestellt werden können, weil ansonsten neue Verhandlungen mit offenem Ergebnis erforderlich wären. Dieses Risiko gehen die die Regierung tragenden Fraktionen in der Regel nicht ein. Hinzu kommen die Exklusivität des Zugangs zu informellen Verhandlungsrunden sowie die Intransparenz der Entscheidungskompetenzen und Verantwortlichkeiten.[376] Für Abgeordnete und Wähler ist es kaum erkennbar, wer letztlich die Verantwortung für ein Verhandlungsergebnis trägt.

3. Schlecht organisierte Interessen oder Interessengruppen ohne Einfluss haben keine Zugangsmöglichkeiten in die Interaktionsstrukturen, aber

---

376 Volker Schneider, Möglichkeiten und Grenzen der Demokratisierung von Netzwerken in der Politik, in: Jörg Sydow, Arnold Windeler (Hrsg.), Steuerung von Netzwerken. Konzepte und Praktiken, Opladen 1999, S. 339, 340.

auch Parteien sind durch intergouvernementale Beziehungen benachteiligt. Es ist also ein Machtverlust der Parlamente im nationalen und internationalen Kontext zu konstatieren. Gleichzeitig neigen Parlamente allerdings auch zur „Selbstentmachtung", indem sie Verantwortung auf Repräsentanten und Regierungen abwälzen.[377]

Es wird auch von der Privatisierung der Politik[378] gesprochen, weil unter der Beteiligung von privaten Organisationen und Akteuren ein Netz von Normen geschaffen werde, das, häufig in Gestalt von Selbstverpflichtungen, nur eine eingeschränkte Rechtsqualität aufweise.

Diskutiert wird ferner, ob die Beteiligung einer Vielzahl von Akteuren überhaupt legitimationsstiftende Wirkung entfalten kann. Dabei wird auf unterschiedliche Partizipationsmöglichkeiten wie Mediation, Diskursverfahren oder Bürgerkonferenzen gesetzt. Die Frage, welche Legitimationskraft die Einbeziehung privater Akteure und der Zivilgesellschaft hat, kann nicht abstrakt und generell beantwortet werden. Die Partizipationsmöglichkeiten im Kontext der Rundfunkänderungsstaatsverträge sind wenig ausgeprägt. Dort, wo sie vorhanden sind, wie bei der Möglichkeit zur Stellungnahme zum Arbeitsentwurf, sind sie wenig transparent und scheinen sich in erster Linie an Insider zu wenden. Die Frage,

---

377 Arthur Benz, Politik in Mehrebenensystemen, 1. Aufl., Wiesbaden 2009, S. 37, 38.
378 So zum Beispiel Tanja Bühl, Tobias Debiel, Brigitte Hamm, Hartwig Hummel, Jens Marens (Hrsg.), Die Privatisierung der Weltpolitik. Entstaatlichung und Kommerzialisierung im Globalisierungsprozess, Bonn 2001, S. 11 ff.

ob das Implementieren von Partizipationsmöglichkeiten die Legitimationskraft der Rundfunkänderungsstaatsverträge erhöhen kann, wird im Zusammenhang mit der Auseinandersetzung mit dem Begriff Good Governance wieder aufgegriffen.[379]

Wie die Darstellung der Abläufe und Interaktionen zur Vorbereitung der Änderung des Rundfunkstaatsvertrages zeigt, treffen die für Multilevel Governance typischen Demokratiedefizite auch für dieses Mehrebenensystem zu.

8.8.3. Parteienwettbewerb und strategische Interaktionen

Ein weiteres Merkmal von Mehrebenensystemen ist, dass der Parteienwettbewerb gering ausgeprägt ist.[380] Es gibt damit einen hohen Druck zur Konsensfindung, was durchaus als Vorteil zu sehen ist und zur Stabilität der länderübergreifenden Medienpolitik beiträgt. Dies gilt für das Gesetzgebungsverfahren im Bundesrat, wo die Landesregierungen agieren und an Absprachen gebunden sind, die sie in Bund-Länder-Verhandlungen getroffen haben. Gleiches gilt für die Medienpolitik der Länder. In der Rundfunkkommission agiert beständig eine große Koalition. Anders als bei strittigen Gesetzgebungsinitiativen, die der Zustimmung des Bundesrats bedürfen, werden mögliche Konfliktpunkte unter den

---

379 Siehe unter 10.1.
380 Arthur Benz, Multilevel Governance – Governance in Mehrebenensystemen, in: Artur Benz (Hrsg.), Governance – Regieren in komplexen Regelsystemen, S. 137.

politischen Akteuren kaum öffentlich. Die Opposition kann bei aktuellen Debatten um Rundfunkänderungsstaatsverträge deshalb nur schwer in den Parteienwettbewerb eintreten, denn die Oppositionsfraktionen sind in die Entscheidungsprozesse erst dann eingebunden, wenn der fertige Entwurf den Landtagen vorliegt. Zu diesem Zeitpunkt ist, wie bereits dargestellt, schon alles „gelaufen". Eine weitere Besonderheit der Medienpolitik der Länder liegt darin, dass der Wettbewerb nicht nur durch die Notwendigkeit zur politischen Einigung verhindert wird, sondern auch dadurch, dass ein kleines Bundesland wie Rheinland-Pfalz den ständigen Vorsitz der Rundfunkkommission innehat. An dieser Tradition scheint nicht gerüttelt zu werden. Es kommt zwar vor, dass Ministerpräsidenten anderer Bundesländer ein medienpolitisches Profil entwickeln, wie der ehemalige Ministerpräsident Wolfgang Clement aus Nordrhein-Westfalen. An der Abhängigkeit der anderen Länder von Rheinland-Pfalz ändert dies nichts. Strategisch ist für die Politik die Interaktion mit den Akteuren der Medien zwar von großer Relevanz. Zur Profilierung gegenüber den Wählern eignet sich das Thema, jedenfalls in der Art und Weise, wie die Medienpolitik gegenwärtig bearbeitet wird, allerdings kaum. So sind die Debatten über die Medienpolitik auch nur selten parteipolitisch aufgeladen. Durch die Notwendigkeit, einen Konsens zu finden, können unbefriedigende Lösungen nicht öffentlichkeitswirksam auf die Gegenseite abgewälzt werden.

Grundsätzlich könnte der Wettbewerb zwischen den Ländern zwar Innovationen fördern. Durch strittige Debatten könnten politische Unterschiede transparent werden, und Akteure mit Regierungsverantwortung wären gefordert, über ihr Handeln Rechenschaft abzulegen.

Aufgrund des Konsensprinzips in der Rundfunkkommission ist es allerdings relativ schwierig, die Verantwortung auf ein anderes Bundesland oder einen anderen politischen Akteur abzuschieben. Anders als im Bundesrat gibt es in der Medienpolitik, außer bei öffentlichen Medienforen oder ähnlichen Veranstaltungen mit Fachpublikum, keine zentrale Arena, in der mögliche Konflikte öffentlichkeitswirksam inszeniert werden könnten. Außerhalb der parlamentarischen Abläufe böte das Internet eine schnelle und unaufwendige Plattform, um öffentliche Debatten zu führen.

Dies zeigt das bereits dargestellte Beispiel zu der Frage einer Sperrung von kinderpornografischen Seiten, hinter der die grundsätzliche Frage der Freiheit des Netzes steht.[381]

Im parlamentarischen Raum der Länder finden medienpolitische Debatten kaum statt, auch wenn es um so grundsätzliche Fragestellungen geht wie beispielsweise:

» die Werberegulierung im privaten Rundfunk
    (die im Rahmen des 13. Rundfunkänderungsstaatsvertrages eine wesentliche Rolle gespielt hat)
» die Werbefreiheit im öffentlich-rechtlichen Rundfunk,
» neue Regulierungsmodelle, so zum Beispiel die Grenzen und Möglichkeiten von regulierter Selbstregulierung,

---

381 Siehe unter 8.6.2.

»   die Regulierung des Internets,
»   die medienpolitsche Bedeutung von Media Governance und deren strukturelle Verankerung,
»   die Probleme der Harmonisierung der Medienordnung,
»   die gesellschaftlichen Fragestellungen des Internets,
»   die Auswirkungen der Digitalisierung auf die klassischen Medien wie Rundfunk und Presse.

Wenn ein Entwurf eines Rundfunkänderungsstaatsvertrages die Länderparlamente erreicht, ist die medienpolitische Einigung auf der Ebene der Ministerpräsidenten bereits vollzogen. Die Themen für die Rundfunkänderungsstaatsverträge werden nur selten von der medienpolitischen Führungsebene gesetzt. In der Regel geht es um die Bewältigung medienpolitischer Probleme, deren Dringlichkeit sich aus ihrer Aktualität ergeben. Im Bereich der Medienpolitik der Länder ist die Innovationsfähigkeit sehr gering. „Die Medienpolitik reagiert mehr oder weniger ad hoc auf sich abzeichnende praktische Probleme und versucht diese meistens durch Anbauten an bisherige Regulierungsregime (Mediendienstestaatsvertrag), Rückbauten (Telemedien) oder Proliferationen (Jugend[medien]schutzstaatsvertrag) zu bewältigen."[382] Dies wird deutlich, wenn man die Übersicht über die Inhalte der Rundfunkänderungsstaatsverträge der letzten zehn Jahre betrachtet.[383]

---

382 Thomas Vesting, Medienrecht, in: Lutz Hachmeister (Hrsg.), Grundlagen der Medienpolitik. Ein Handbuch, Bonn 2008, S. 269.
383 Vergleiche die Übersicht unter 1.

Ein Zukunftskonzept oder Leitlinien für eine medienpolitische Ordnung in Zeiten des Internets werden gegenwärtig politisch nicht debattiert. Dies mag an dem mangelnden Parteienwettbewerb liegen, aber auch an der Gefahr einer Kontroverse mit den etablierten medienpolitischen Akteuren. Denn Veränderungen bringen für alle beteiligten Akteure den Unsicherheitsfaktor mit sich, dass Macht- und Einflusskonstellationen destabilisiert werden können.

8.9. Strategien zur Problembewältigung

Multilevel-Governance-Konstellationen stellen an die Akteure hohe kommunikative und strategische Anforderungen, um Einigungen erzielen zu können, die weitestgehend akzeptiert werden.

Die Governance-Perspektive verdeutlicht, dass die politischen Akteure gefordert sind, die Interdependenzen zwischen institutionellen Ebenen und Akteuren zu koordinieren sowie Interaktionsmuster zu schaffen, um Konflikte zu bewältigen, damit tragfähige Lösungen zur Erreichung politischer Ziele gefunden werden.

Es können Politikstrategien ausgemacht werden, die das Konfliktpotential zwischen den Akteuren verringern oder Konflikte auflösen. Benz nennt hierzu unter anderem den Abschluss von Tauschgeschäften, die Entpolitisierung durch die Verfahrensgestaltung, informelle Vorverhandlungen der Landesregierungen, Vorverhandlungen der Ministerialverwaltung und der Sachverständigengremien.[384]

Zur Vorbereitung und Ausgestaltung eines Rundfunkänderungsstaatsvertrages sind vor allem die oben dargestellten informellen Verhandlungen zwischen den Rundfunkreferenten der Länder von Bedeutung.[385]
Hier können erste Konflikte ausgemacht und einigermaßen unpolitisch bearbeitet werden. Diese Interaktionen werden durch Vertrauensbeziehungen in den Netzwerken der Verwaltung erleichtert.

In der Rundfunkkommission finden die informellen Verhandlungen der Ministerpräsidenten oder der für Medienpolitik zuständigen Vertreter der Landesregierungen statt. Gegenwärtig spielen in der Medienpolitik Bund-Länder-Konflikte aufgrund der Gesetzgebungskompetenz der Länder in Rundfunkangelegenheiten eine untergeordnete Rolle.

Informelle Verhandlungen und Interaktionen gelten als grundsätzlich verfassungsgemäß[386] und sind als Steuerungsinstrument des Staates nicht zu beanstanden. Sie sind ein wesentliches Handlungsinstrument des

---

384 Arthur Benz, Politik in Mehrebenensystemen, 1. Aufl., Wiesbaden 2009, S. 112 ff.
385 Siehe unter 8.2.5.
386 Dieter Grimm, Lässt sich die Verhandlungsdemokratie konstitutionalisieren? In: Michael Wohlgemut (Hrsg.), Spielregeln für eine bessere Politik. Reformblockaden überwinden – Leistungswettbewerb fördern. 2. Aufl., Herder im Breisgau 2006, S. 180.

kooperativen Staates und gehören so gesehen zum Strategierepertoire von „Governance im modernen Staat". Informelle Interaktionen dienen dazu, Vertrauen zu schaffen und stabile Netzwerke zu bilden, die über einen längeren Zeitraum und nicht nur ad hoc Bestand haben. Die Weitergabe von Informationen spielt dabei eine große Rolle. Exklusive Informationen dienen als Gegenleistung für Vertrauen. Störungen, wie die unabgesprochene Weitergabe von Informationen an Dritte, können durch den Entzug von Vertrauen sanktioniert werden. Wertvoll sind beispielsweise Informationen über heraufziehende Konflikte. Mit diesem Wissensvorsprung kann man sich frühzeitig auf Problemlagen einstellen. Da diese persönlichen Interaktionen nicht nachvollziehbar dokumentiert sind, sind sie nur schwer anhand konkreter Beispiele belegbar. Auf Nachfrage bestätigt eine Reihe involvierter Akteure, dass es diese Interaktionen gebe; die Akteure halten sich aber mit der Angabe konkreter Beispiele zurück.

Grundsätzlich spielen bei Verhandlungen zur Herbeiführung tragfähiger Lösungen Tauschgeschäfte eine wichtige Rolle, um einen Interessenausgleich zwischen den Verhandlungsparteien herzustellen, deren Besitzstände zu wahren oder eine Gleichbehandlung zu erreichen.[387] Diese Verhandlungen werden, wie auch die „Kamingespräche" der Ministerpräsidenten, nicht öffentlich dokumentiert. Über die Besprechungen der Rundfunkreferenten existieren nur nichtöffentliche Ergebnisniederschriften. Über

---

[387] Vergleich hierzu: Fritz W. Scharpf, Koordination durch Verhandlungssysteme: Analytische Konzeption und institutionelle Lösungen, in: Arthur Benz, Fritz W. Scharpf, Reinhard Zimtl, Horizontale Politikverflechtung. Zur Theorie von Verhandlungssystemen, Frankfurt am Main/New York 1992, S. 69 ff.

persönliche Ansprachen ist es in Einzelfällen zwar möglich, einige Materialen zu erhalten, allerdings nur mit der Zusicherung, diese auch vertraulich zu behandeln.

Diese Art und Weise der Interaktionen drängt den Parteienwettbewerb zurück und wirkt insofern entpolitisierend.[388] Allerdings wird der Kompromiss ohne „Gesichtsverlust" ermöglicht. Die Ergebnisse können von allen Beteiligten als Gewinn für die eigene Seite interpretiert werden.

Zur strategischen Verfahrensgestaltung können ferner auch Sachverständigengremien gehören, Entscheidungsprozesse können durch deren Hinzuziehung segmentiert und der kontroversen Debatte zunächst entzogen werden. Je nach Ausgestaltung und Fragenstellung kann ein solches Gremium institutionellen Charakter bekommen. Allerdings sind durch ein Sachverständigengremium selten alle Konflikte zu regeln. Häufig stehen hinter strittigen Sachfragen machtpolitische Interessen, nämlich die Durchsetzung der eigenen politischen Position. Dieses Interesse wird zunächst durch die Einsetzung eines Sachverständigengremiums zurückgestellt und entschärft. Auch wenn solche Gremien nicht alle Streitfragen klären können, tragen sie dazu bei, Entscheidungsprozesse zu strukturieren und Fachfragen aufzubereiten, die dann abgeschichtet entschieden werden können.

---

388 Arthur Benz, Politik in Mehrebenensystemen, 1. Aufl., Wiesbaden 2009, S. 114.

In der Medienpolitik ist das Einsetzen von Sachverständigengremien eher die Ausnahme. Dies ist genauso wenig nachzuvollziehen wie der Umstand, dass bei den Anhörungen zur Änderung von Rundfunkstaatsverträgen die Einbeziehung von Sachverständigen die Ausnahme ist.[389] Es gibt auch keine kontinuierliche wissenschaftliche Begleitung des Verfahrens.

Ein aktuelles und prominentes Beispiel für die Hinzuziehung von Sachverstand zu einer konfliktträchtigen und verfassungsrechtlich schwierigen Fragestellung ist die Beauftragung von Prof. Dr. Paul Kirchhof. In der Frage der Reform der Rundfunkgebühren haben ARD, ZDF und Deutschlandradio bei Prof. Dr. Kirchhof ein Gutachten in Auftrag gegeben[390], das in der Frage der Neugestaltung der Finanzierung des öffentlich-rechtlichen Rundfunks in Zeiten der Digitalisierung von grundsätzlicher Tragweite ist. Gegenwärtig wird die Gebühr geräteabhängig ermittelt. Dieses System erscheint nicht mehr angemessen, da mittlerweile mit vielen internetfähigen Geräten Rundfunk empfangen werden kann. Die Akzeptanz der Nutzer, für jedes Gerät, über das Rundfunk empfangen werden kann, eine Gebühr zu entrichten, sinkt zunehmend. Ferner stehen die Methoden der GEZ immer wieder in der Kritik der Rundfunkteilnehmer. Die Länder befassen sich gemeinsam mit den Vertretern des öffentlich-rechtlichen Rundfunks mit der Frage, wie ein

---

389 Vergleiche die Übersicht unter 8.2.6.2.
390 http://www.ard.de/intern/standpunkte/-/id=1454042/property=download/nid=8236/5envxa/Gutachten+zur+Rundfunkfinanzierung.pdf.

neues Finanzierungssystem aussehen könnte. Als Grundlage hierfür soll das besagte Gutachten von Prof. Kirchhof dienen. Darin schlägt der Verfassungsrechtler vor, die Rundfunkgebühr nicht mehr nach Geräten zu berechnen, vielmehr solle eine Gebühr pro Haushalt und Betriebsstätte berechnet werden.

In dem Kirchhof-Gutachten, das der Öffentlichkeit am 6. Mai 2010 vorgestellt wurde, heißt es unter anderem:

„Die gegenwärtige Finanzierung des öffentlich-rechtlichen Rundfunks muss reformiert werden. Das Empfangsgerät moderner Technik ist nicht mehr raumgebunden, Hörfunk- und Fernsehempfang werden kaum noch in technischer Alternativität erlebt, ein leicht bewegliches Gerät lässt sich kaum mehr verlässlich einem Haushalt oder einem Gewerbebetrieb zuordnen. Das Empfangsgerät ist ein ungeeigneter Anknüpfungspunkt, um die Nutzer des öffentlich-rechtlichen Rundfunks tatbestandlich zu erfassen und die Nutzungsintensität sachgerecht zu unterscheiden. Wegen dieser fehlerhaften Bemessungsgrundlage erreicht die Rundfunkabgabe nicht mehr alle Rundfunkempfänger, gewöhnt viele – auch jugendliche – Menschen an die Illegalität, schafft Ungleichheit unter den Nutzern. Sie ist deshalb rechtsstaatlich bedenklich. Wenn die Vollzugsmängel des gegenwärtigen Abgabenrechts die Intensität eines strukturellen Erhebungsdefizits erreichen, wird auch das materielle Recht verfassungswidrig."[391]

---

391 http://www.ard.de/intern/standpunkte/-/id=1454042/property=download/nid=8236/5envxa/Gutachten+zur+Rundfunkfinanzierung.pdf, S. 78.

Die Ministerpräsidenten haben sich auf der Grundlage des Gutachtens am 6. Juni 2010 über eine grundsätzliche Reform der Finanzierung des öffentlich-rechtlichen Rundfunks geeinigt. Die Gerätegebühr soll abgeschafft werden und durch eine Abgabe pro Haushalt ersetzt werden.
Die genaue Ausgestaltung der Reform steht noch aus.[392]

Die von Kirchhof vorgeschlagene Reform des Finanzierungssystems des öffentlich-rechtlichen Rundfunks könnte im Ergebnis zu einer breit akzeptierten Lösung beitragen.

Ein prominentes Beispiel für eine Expertenkommission, die keine Fortsetzung oder Neuauflage gefunden hat, liegt bereits einige Jahre zurück. Im Jahr 1993/94 wurde die „Weizsäcker-Kommission" eingerichtet, die einen „Bericht zur Lage des Fernsehens" erstellt hat.[393] Die Kommission schlug seinerzeit die Einrichtung eines Medienrates zur Beobachtung des Programm- und Strukturwandels der Medien sowie einer „Stiftung Medientest" vor, bei der es um die Programmqualität und die Nutzerinteressen

---

[392] http://www.zeit.de/politik/deutschland/2010-06/rundfunk-gez-finanzierung.
[393] Jo Goebel, Wolfgang Hoffmann-Riem, Renate Köcher, Bernd-Peter Lange, Ernst Gottfried Mahrenholz, Ernst-Joachim Mestmäcker, Ingrid Scheithauter, Norbert Schneider, Bericht zur Lage des Fernsehens, in: Ingrid Hamm (Hrsg.), 2. Aufl., Gütersloh 1995.

gehen sollte.[394] Über beide Instrumente wurde in den nachfolgenden Jahren wiederholt diskutiert. Bislang wurden weder ein Medienrat eingesetzt noch eine „Stiftung Medientest" gegründet. Die Ursache hierfür könnte sein, dass eine Reihe grundsätzlicher Fragen, über die zwischen den Ländern eine Einigung zu erzielen wäre, ungeklärt sind. Hierzu gehören die Fragen, wo solche Institutionen anzubinden wären und ob sie für das gesamte duale System oder nur für den privaten Rundfunk wären und wer die Kosten tragen müsste.

---

394 Jo Goebel, Wolfgang Hoffmann-Riem, Renate Köcher, Bernd-Peter Lange, Ernst Gottfried Mahrenholz, Ernst-Joachim Mestmäcker, Ingrid Scheithauter, Norbert Schneider, Bericht zur Lage des Fernsehens, in: Ingrid Hamm, 2. Aufl., Gütersloh 1995, S. 187 ff.

9. ZWISCHENERGEBNIS

Die föderale Struktur beförderte die Etablierung der Interaktionsstrukturen der Rundfunkänderungsstaatsverträge. Die Rundfunkstaatsvertragsgesetzgebung diente der Harmonisierung des Rechtsrahmens und sicherte das duale Rundfunksystem. Die Medienpolitik sieht sich in der Verantwortung, die Interessen der etablierten Akteure auszugleichen und zu moderieren.

Die politische Steuerung aus der Top-down-Perspektive ist durch die fehlende verbindliche Entscheidungskompetenz im föderalen Ländergefüge kaum möglich. Aufgrund des Einstimmigkeitsprinzips der Ministerpräsidenten bei der Notifikation von Rundfunkänderungsstaatsverträgen besteht ein Einigungsdruck auf politischer Ebene. Insofern wird der parteipolitische Wettbewerb abgeschwächt. Faktisch agiert in der Rundfunkkommission der Länder eine Große Koalition, die unterschiedliche Länder- und Machtinteressen verfolgt. Zugleich steht die Rundfunkkommission etablierten Akteuren gegenüber, die selbst über Machtfaktoren wie Status, Einfluss, die wirtschaftliche oder kommunikative Potenz der repräsentierten Unternehmen verfügen. Die etablierten medienpolitischen Akteure haben kommunikativen Zugang zu den politischen Akteuren. Sie können auch jenseits der formalen Wege eines Gesetzgebungsverfahrens ihre Interessen einbringen. Es kann festgestellt werden, dass die Medienpolitik der Länder im Kontext der Rundfunkänderungsstaatsverträge Governance-Politik ist.

Das Austarieren der Interessen der einflussreichen Akteure geht dem Einigungsprozess der Ministerpräsidenten voraus und begleitet ihn, damit Entscheidungen möglichst stabil bleiben. An informellen Verhandlungen partizipieren die etablierten Akteure der Medienpolitik. Solche Verhandlungen erhöhen dabei die Chance der Befriedung und die Akzeptanz politischer Entscheidungen. Damit die Interaktionen erfolgreich sind, spielt Vertrauen eine wesentliche Rolle. Das Vertrauen zwischen den Akteuren und die Vertraulichkeit von Gesprächen und Interaktionen können die Verbindlichkeit von Entscheidungen und Vereinbarungen sicherstellen. Wird das Vertrauen nicht eingelöst, besteht als Sanktionsoption der Informations- und Vertrauensentzug.

Medienpolitische Zielsetzungen sind vielfach nur durch die Einbeziehung und Akzeptanz einflussreicher Akteure zu erreichen. Dies gilt vor allem auch für das Austarieren der wirtschaftlichen Machtverhältnisse.

Die Medienpolitik der Länder zeichnet sich mit ihren Kommunikationsebenen und -strukturen sowie den Politiknetzwerken noch immer durch eine Regulierungs- und Steuerungskultur aus, die sich mit der Einführung des dualen Systems ausdifferenziert und etabliert hat. Kennzeichnend für diese Kultur ist, dass die hierarchische Steuerung im Kontext der Rundfunkänderungsstaatsverträge nicht sehr ausgeprägt ist. Zur Überwindung von Interdependenzen zwischen den unterschiedlichen politischen Ebenen, zwischen der Exekutive sowie einflussreichen Akteuren des dualen Rundfunksystems sowie zwischen den Presseunternehmen stehen Verhandlungen, Interaktionen und die Koordinierung von Interessen im Vordergrund.

Die Medienpolitik kann insofern mit dem Begriff Multilevel Governance erfasst und analysiert werden.

Das Etablieren von Interaktionen in den Politiknetzwerken und zwischen einflussreichen privaten Akteuren hat stabilisierend gewirkt und dazu beigetragen, eine einheitliche Rundfunkordnung der Länder zu schaffen. Der Ressourcenaufwand zur Lösung aktueller Probleme ist erheblich und bindet die Gestaltungskräfte der staatlichen und der privaten Akteure. Gleichzeitig hemmt die so genannte Pfadabhängigkeit die Innovationskraft der Länder. Der Weg zu einer harmonisierten Medienordnung, die den Anforderungen des Internetzeitalters entspräche, wird durch die mangelnde Innovationskraft, die Rundfunkzentrierung und den hohen Koordinierungsaufwand zwischen den Akteuren behindert. Die technischen und gesellschaftspolitischen Anforderungen an die Medienpolitik im 21. Jahrhundert sind erheblich, außerdem sind die verfassungsrechtlichen Vorgaben zu beachten, die sich aber nach wie vor an der Rundfunkregulierung orientieren. Die notwendigen Transformationen in eine vernetzte und digitale Welt hat aufgrund der rechtlichen Ausgangsbedingungen in Deutschland die Politik zu bewältigen. Hinzu kommen die einander widerstreitenden Interessenlagen zwischen öffentlich-rechtlichen Rundfunkveranstaltern einerseits und den privaten Rundfunkveranstaltern sowie den Presseunternehmen andererseits. Die Medienunternehmen, die keine Gebührenmittel erhalten, stehen unter dem starken wirtschaftlichen Druck, Erlösmodelle zu entwickeln, die auch unter den geänderten Bedingungen des Internets erfolgreich sind.

Eine übergeordnete, interföderale medienpolitische Strategie zur Bearbeitung der unübersichtlichen und komplexen Problemlagen ist gegenwärtig nicht erkennbar. Mögliche Schritte in Richtung einer integrierten Medienpolitik werden durch die Unübersichtlichkeit der technischen Entwicklungen und durch die Unübersichtlichkeit neuer und unbekannter Akteure zusätzlich erschwert. Gleichzeitig birgt jede Veränderung der Interaktionsmuster und der Beteiligten die Gefahr, dass das Gefüge destabilisiert wird. Die Auswirkungen einer grundlegenden Reform lassen sich nur schwer kalkulieren. Damit wird eine Veränderung und Neuausrichtung der Medienpolitik, so sie denn politisch tatsächlich gewollt ist, nur schrittweise zu erreichen sein.

Die Frage der Funktionalität des Verfahrens zur Änderung der Staatsverträge wird von den politischen Akteuren gegenwärtig nicht bearbeitet. Vielmehr wird die Funktionalität des Verfahrens und der Interaktionsprozesse auch unter den Bedingungen der Entwicklung der Informations- und Kommunikationstechnologien vorausgesetzt.

Die Kommunikationsprozesse der politischen Steuerung durch Rundfunkstaatsverträge sind wenig transparent und für Außenstehende kaum nachvollziehbar. Die Partizipationsmöglichkeiten der zivilgesellschaftlichen Interessengruppen, neuer Akteure oder Nutzer sind kaum ausgeprägt. Dies gilt auch im Hinblick auf die plural besetzten Aufsichtsgremien des dualen Rundfunks, die stellvertretend für die Gesellschaft, so jedenfalls der theoretische Grundgedanke, agieren. Ein Merkmal politischer Prozesse unter den Bedingungen von Multilevel Governance sind (Demokratie- und) Legitimationsprobleme.

Dies gilt auch für die Medienpolitik der Länder in Gestalt des Verfahrens zur Änderung des Rundfunkstaatsvertrages. Die Parlamente sind in die Entscheidungsprozesse der Medienpolitik der Länder kaum eingebunden, vielmehr agieren Vertreter der Exekutive und Fachleute aus Verbänden und Wirtschaftsunternehmen. Außerdem begrenzen Netzwerkpolitiken die parlamentarische Kontrolle. Die Interessen ziviler Akteure werden kaum in die Entscheidungsfindung einbezogen.

Ferner ist zu konstatieren, dass nicht alle Multilevel-Governance-Strategien hinreichend genutzt werden. Insbesondere wird auf die strukturelle und kontinuierliche Einbeziehung von wissenschaftlichem Sachverstand weitgehend verzichtet. Darüber hinaus werden das Erfahrungswissen und das Forschungswissen nicht konsequent vernetzt und nicht hinreichend in die Entscheidungsfindung einbezogen.

Informelle Verhandlungsrunden und Kooperationen werden zur Problemlösung favorisiert. Dies sorgt, bezogen auf die kurzfristige Lösung identifizierter Problemlagen, in der Regel für tragfähige und konsensuelle Lösungen, was als vorteilhaft bewertet werden kann. Allerdings behindert die Fokussierung auf diese Strategie die politische Innovationskraft der Länder. Dieses Vorgehen gerät dann zu einem Nachteil, wenn die Innovationskraft der Politik gerade gefordert ist.

Das Verfahren und die tradierten Interaktionsprozesse im Kontext der Rundfunkänderungsstaatsverträge sind unter den Bedingungen des Internets in der jetzigen Form zur Schaffung einer einheitlichen Medienordnung nicht hinreichend leistungsfähig. Die Steuerungspotentiale des

Verfahrens werden nicht vollständig genutzt, es fehlt an der Generierung interdisziplinären Sachverstandes. Intransparenz und informelle Verfahrensmuster verengen den Blickwinkel auf die aktuell zu lösenden Probleme. Dies hat den Vorteil, dass die Komplexität der Problemlagen, die an sich schon schwierig genug sind, reduziert wird. Die Möglichkeiten der aktiven „Anpassung" an Veränderungen der Umweltbedingungen durch die Aufnahme der Komplexität in die eigenen Interaktionsmuster wird durch ein solches Agieren allerdings nicht ausgeschöpft. Der „Rundfunkregulierungsreflex" verengt die Lösungswege zusätzlich. Die Überforderung der juristischen Definitionskraft infolge der technischen Entwicklung zeigt zusätzliche Grenzen der Interaktionsmuster der Medienpolitik auf.

Wie eine harmonisierte Medienordnung aussehen soll, ist gegenwärtig unklar. Aufgrund der andauernden technischen Entwicklung und der Unübersichtlichkeit der Problemlagen sowie der tatsächlichen und rechtlichen Schwierigkeiten der Verschränkungen zwischen unterschiedlichen Rechtsgebieten, der horizontalen Verflechtung der Länder und der Notwendigkeit, Bund und EU bei der Entscheidungsfindung einzubeziehen, ist es unwahrscheinlich, dass eine harmonisierte Medienordnung ein Reformvorhaben aus einem Guss sein kann. Auch gibt es gegenwärtig kein politisches Leitbild der Länder für eine Medienordnung in Zeiten des Netzes. Ein solches Leitbild herauszubilden, könnte ein erster Schritt sein, um im politischen Diskurs eine akzeptierte zukunftstaugliche Orientierung zu finden. Dafür bedarf es eines „Ortes", an den die Probleme und Fragen adressiert und an dem sie bearbeitet werden können. Die vorhandene tradierte Struktur der Rundfunkstaatsvertragsgesetzgebung könnte so ausgestaltet werden, dass ein modernes medienpolitisches Verhandlungssystem entstünde. Dieses Verhandlungssystem könnte als eine transparente Plattform für eine konvergente Medienpolitik in Zeiten des Internets dienen. Das Agieren unter den Bedingungen von Multilevel Governance macht eine schrittweise Änderung der vorhandenen Strukturen wahrscheinlicher als einen „Systemwechsel". Der Frage, was ein solches modernes medienpolitisches Verhandlungssystem ausmachen könnte, soll im Folgenden nachgegangen werden.

10. GOVERNANCE IM MODERNEN STAAT

In der Governance-Forschung wird der Ausgestaltung von Verfahren und Interaktionsprozessen eine herausragende Bedeutung beigemessen. Dabei geht es um institutionelle Strukturen, in denen Elemente von Hierarchie, Wettbewerb und Verhandlungssystemen sowie das Management von Interaktionsstrukturen verbunden sein können.[395]

Wenn es um die Frage der Maßstäbe und Instrumente für gutes staatliches Handeln oder Regieren geht, steht im Kontext der Governance-Forschung der Begriff Good Governance zur Verfügung. Zunächst sollen der Begriff und seine Komponenten untersucht werden. Ferner soll der Frage nachgegangen werden, in welchem Verhältnis der Begriff Good Governance zum Ansatz von „Governance im modernen Staat" steht.

Im Zusammenhang mit Governance im Allgemeinen und im Kontext von Multilevel Governance im Besonderen stellt sich das Problem der Legitimation der handelnden Akteure, da wesentliche Teile der politischen Entscheidungsprozesse außerhalb der Parlamente stattfinden. Unter den Bedingungen von Multilevel Governance wird die Überwindung von Demokratiedefiziten durch die Verlagerung politischer Verantwortung

---

[395] Arthur Benz, Governance – Modebegriff oder nützliches sozialwissenschaftliches Konzept? In: Governance – Regieren in komplexen Regelsystemen, Arthur Benz (Hrsg.), 1. Aufl., Wiesbaden 2004, S. 20.

auf Private diskutiert.[396] Es ist also zu untersuchen, welchen Einfluss die Partizipation ziviler Akteure auf die Legitimation staatlichen Handelns hat. Hierzu werden Beispiele partizipativer Politikmodelle aufgezeigt, und es wird erörtert, ob durch Partizipation Demokratiedefizite möglicherweise ausgeglichen werden können. Ferner wird der Frage nachgegangen, ob sich partizipative Modelle in das Verfahren zur Änderung des Rundfunkstaatsvertrages integrieren lassen.

Zuletzt soll auf die Verantwortungsdimension des Staates unter den Bedingungen des Gewährleistungsstaates eingegangen werden. In diesem Zusammenhang ist danach zu fragen, welche Grenzen im Hinblick auf die Verlagerung von staatlicher Verantwortung auf Private zu ziehen sind.

10.1. Good Governance

Zunächst wird der Begriff Good Governance im Hinblick auf seine Potentiale als Maßstab für ein medienpolitisches Verhandlungssystem der Länder untersucht.

---

396 Durch die weltweite Bankenkrise hat diese Diskussion eine neue Dimension erreicht. Die Frage der Verantwortung des Staates und der Regulierung globaler Märkte war noch vor der Krise eine, die mit so genannten Globalisierungsgegnern in Verbindung gebracht wurde. Mit der Krise sind diese Fragen ins öffentliche und politische Bewusstsein gedrungen, und es geht ganz praktisch darum, wie internationale Regeln aussehen können. Eine Einigung ist aufgrund der Mulitlevel-Governance-Problematik eine schwierige Operation.

Der Begriff Good Governance wurde von der Weltbank als normatives Modell konzipiert.[397] Zur Vergabe von Krediten an Entwicklungs- und Transformationsländer lieferten Kriterien im Sinne von Good Governance eine Grundlage, die der Verbesserung einer effizienten und rechtsstaatlichen Verwaltungspraxis dienen sollte. Bei der Konzeption dieser Kriterien steht die Einbeziehung ziviler Akteure in die Entscheidungsprozesse im Vordergrund.[398]

Renate Mayntz steht dem Begriff Good Governance kritisch gegenüber, er sei durch die Beteiligung zivilgesellschaftlicher Akteure „emphatisch" aufgeladen. Sie spricht von „Governance im modernen Staat", womit Regelungsformen gemeint sind, die sich nicht nur auf die Beteiligung zivilgesellschaftlicher Akteure beziehen, sondern auch rein staatliche, hierarchische Regelungsformen einschließen.[399]

Diese Kritik von Renate Mayntz ist in der Allgemeinheit der Aussage zunächst berechtigt, denn die Feststellung der Beteiligung zivilgesellschaftlicher Akteure sagt noch nichts über Faktoren wie Konsistenz, Transparenz und Zugangsoffenheit aus. Gleichzeitig erfährt der Begriff Governance

---

397 Gerhard Altmann, Die Good-Governance-Konzeption von Weltbank, IWF und OECD, Gesellschaft. Wirtschaft. Politik, 54 (2005) Nr. 3, S.305, 316 ff.
398 Gerhard Altmann, Die Good-Governance-Konzeption von Weltbank, IWF und OECD, Gesellschaft. Wirtschaft. Politik, 54 (2005) Nr. 3, S. 307, 308.
399 Renate Mayntz, Governance im modernen Staat, in Arthur Benz (Hrsg.), Governance Regieren in komplexen Regelsystemen, 1. Aufl., Wiesbaden 2004, S. 67.

eine gewisse partizipatorische Verklärung, die zu Lasten einer genauen Begriffsbestimmung und Begriffsverwendung geht.

Gleichwohl macht es Sinn, den Begriff Good Governance zu nutzen. Dies setzt allerdings seine Konturierung voraus. Die Untersuchung gebraucht den Begriff Good Governance als normatives Konzept. Dabei soll Good Governance im engen Sinne verwendet werden, nämlich als normativer Maßstab für die Gestaltung von Verhandlungssystemen und Verfahrensordnungen unter der Berücksichtigung partizipativer Politikmodelle.

Auf die Umschreibung „Governance im modernen Staat" von Renate Mayntz soll ebenfalls nicht verzichtet werden. „Governance im modernen Staat" dient als Klammer für alle Facetten von Interaktionen zwischen staatlichen und nichtstaatlichen Akteuren inklusive des rein staatlichen, hierarchischen Handelns.[400] Unter der Überschrift „Governance im modernen Staat" können Komponenten wie Good Governance, die Qualität der Organisation staatlicher Institutionen, die Korruptions- und Armutsbekämpfung, die Möglichkeiten direkter Demokratie wie Volksbegehren und Volksentscheid, die Frage der Rechtsstaatlichkeit oder das Leitbild des Gewährleistungsstaates gefasst werden. Das Adjektiv „modern", wie es hier im Kontext der Medienpolitik der Länder verstanden wird, beschreibt die Verantwortung des Staates, den

---

400 Renate Mayntz, Governance im modernen Staat, in Arthur Benz (Hrsg.), Governance – Regieren in komplexen Regelsystemen, 1. Aufl., Wiesbaden 2004, S. 67.

Herausforderungen einer entgrenzten Informations- und Kommunikationsgesellschaft zeitgemäß zu begegnen, bei gleichzeitiger Stärkung der Demokratie.

Ferner wird angenommen, dass unter dem Begriff „moderne" Medienpolitik folgende Elemente zu fassen sind:

» „Alphabetisierung": Kenntnisse über die technischen, kommunikativen und gesellschaftlichen Entwicklungen der Medien,
» Professionalisierung: Überprüfung der eigenen Arbeitsweise und Arbeitsstrukturen. Erlerntes Wissen, auch die Beobachtungen der Kommunikationsformen im Netz, auf ihre Übertragbarkeit auf die eigene Arbeitsweise untersuchen und einbeziehen.
» Partizipation: die Bereitstellung von Möglichkeiten der Teilhabe an Willensbildungs- und Entscheidungsprozessen.

Fraglich ist, wie sich der Begriff Good Governance als Maßstab für die Gestaltung von Verfahrenssystemen und Verfahrensordnungen weiter konkretisieren lässt.

Auf der europäischen Ebene wird Good Governance verstärkt diskutiert und bearbeitet. Es soll der Förderung neuer europäischer Entscheidungsstrukturen dienen und das Vertrauen der EU-Bürger in die Institutionen stärken. Die EU-Kommission setzte Anfang 2000 ein Governance-Team ein, das den Auftrag hatte, ein Konzept für die Reform der europäischen Entscheidungsstrukturen zu erarbeiten. Am 25. Juli 2001 wurden die Ergebnisse in Gestalt eines Weißbuches vorgestellt.[401] Das erklärte Ziel des Arbeitspapiers war, dem zunehmenden Misstrauen der Bürger in die europäischen Entscheidungsstrukturen durch eine verstärkte Einbindung der Zivilgesellschaft in Entscheidungsprozesse entgegenzuwirken. Nach der Annahme des Weißbuches wurde es der Öffentlichkeit zugänglich gemacht. Die Konsultation der Öffentlichkeit wurde offiziell eingeleitet und dauerte bis zum 31. März 2002. Das Weißbuch war Gegenstand von Diskussionen, öffentlichen Veranstaltungen und Artikeln. Die Kommission wurde in dem Weißbuch aufgefordert, bis Ende 2002 eine Bilanz ihrer Initiativen im Bereich Governance vorzulegen und über das Konsultationsverfahren zu berichten. Diese Bilanz wurde im Jahr 2003 vorgestellt und enthielt die wichtigsten Erkenntnisse aus den Reaktionen des Konsultationsverfahrens.

Das Weißbuch aus dem Jahre 2001 konkretisiert die normative Begrifflichkeit von Good Governance und nennt dabei fünf Grundsätze:

1. Offenheit: Dies bezieht sich auf die umfassende Information über die Tätigkeit der Institutionen und Organe.

---

401 Europäisches Regieren – Ein Weißbuch. KOM (2001) 428 endg., http://eur-lex.europa.eu/LexUriServ/site/de/com/2001/com2001_0428de01.pdf.

2. Partizipation: Damit sind vermehrte Teilhabemöglichkeiten der Unionsbürger an den Entscheidungsfindungsprozessen gemeint.
3. Verantwortlichkeit: Dies bedeutet die Verpflichtung, genaue Zuständigkeiten, Verantwortlichkeiten sowie Aufgabenstellungen nachvollziehbar zu machen und zu gestalten.
4. Effektivität: Damit wird eine Politik auf der Grundlage von klaren Zielen, Folgenabschätzungen und Erfahrungswerten gefordert.
5. Kohärenz: Letztlich soll Politik nachvollziehbar und stimmig sein.[402]

Im Zentrum von Good Governance in diesem Sinne stehen also die Transparenz und Nachvollziehbarkeit staatlichen Handelns sowie die Möglichkeiten der Beteiligung an Entscheidungsprozessen.[403] Es wird davon ausgegangen, dass Vertrauen durch verfahrensrechtliche Vorkehrungen sowie durch Transparenz hergestellt und geschützt wird. In dem Konsultationsverfahren wird diese Grundannahme des Weißbuches bestärkt[404], wobei die Resonanz mit 260 schriftlich eingegangenen Stellungnahmen gering ausfiel. Dies lässt durchaus den Rückschluss zu, dass „die" Öffentlichkeit auch in Zeiten des Internets nur schwer erreichbar ist.

---

402 EU-Kommission, Weißbuch „Europäisches Regieren" vom 25. Juli 2001, KOM (2001), 428 endg, S. 9, 13.
403 Zum Komplex „gute Verwaltung" siehe auch: Helmut Goerlich, Good Governance und Gute Verwaltung Zum europäischen Recht auf gute Verwaltung (Art. 41 EuGrCH und Art. II-101 EuVerfV), DÖV 59 (2006) Nr. 8, S. 316 ff.
404 Bericht der Kommission über europäisches Regieren, http://ec.europa.eu/governance/docs/comm_rapport_de.pdf, S. 35 ff.

Diese Grundgedanken haben Eingang in den Vertrag von Lissabon gefunden.

In dem Vertragswerk[405], das am 13. Dezember 2007 von den Staats- und Regierungschefs unterzeichnet wurde, sind in Art. 10 Abs. 3 und Art. 11 Grundsätze zur Transparenz der Entscheidungen der Organe der europäischen Union sowie partizipative Elemente, mit denen die Unionsbürger in Entscheidungsprozesse einbezogen werden sollen, festgelegt.

Der Art. 11 des Lissabon-Vertrages beinhaltet folgende Grundsätze:

Artikel 11 Abs. 1:
„Die Organe geben den Bürgerinnen und Bürgern und den repräsentativen Verbänden in geeigneter Weise die Möglichkeit, ihre Ansichten in allen Bereichen des Handelns der Union öffentlich bekannt zu geben und auszutauschen."

Artikel 11 Abs. 2:
„Die Organe pflegen einen offenen, transparenten und regelmäßigen Dialog mit den repräsentativen Verbänden und der Zivilgesellschaft."

---

405 Der gesamte Vertragstext findet sich unter: http://europa.eu/lisbon_treaty/full_text/index_de.htm.

Artikel 11 Abs. 3:

„Um die Kohärenz und Transparenz des Handelns der Union zu gewährleisten, führt die Europäische Kommission umfangreiche Anhörungen mit den Betroffenen durch."

Bevor auf die Frage eingegangen wird, ob diese Maßstäbe i.S.v. Good Governance auch auf die Medienpolitik der Länder anzuwenden sind, sollen zunächst die wichtigsten Grundtypen partizipativer Politikmodelle dargestellt werden.

10.2. Partizipative Politikmodelle

Governance und den dahinterstehenden Interaktionen zwischen staatlichen und privaten Akteuren wird eine legitimationsstiftende Wirkung im Sinne von Good Governacne zugesprochen. Die Kommission will die Kluft zwischen den Bürgern und der EU durch die Einbindung öffentlicher und privater Akteure in die Entscheidungsprozesse überwinden. Demokratiedefizite könnten so ausgeglichen werden. Ob das Demokratiedefizit tatsächlich so auszugleichen ist, ist fraglich. Es kommt darauf an, welche Qualität diese Faktoren für die politische Entscheidungsfindung tatsächlich haben.

Bei der Beurteilung der Wirkung auf den demokratischen Willensbildungsprozess ist zunächst zu differenzieren, um welche Form der Beteiligung es sich handelt. Es können unterschiedliche Beteiligungsmöglichkeiten differenziert werden. Partizipation wird dabei im weiten Sinn als Teilhabe an der politischen Entscheidungsfindung verstanden.[406] Unterschieden werden können fünf deliberative Formen, also kollektive Willensbildungsprozesse, bei denen es um das „Argumentieren" und „Verhandeln" geht.[407]

1. Als Erstes ist die Mediation zu nennen, bei der die Konfliktvermittlung zwischen unterschiedlichen Interessengruppen im Zentrum steht. Unter Einbeziehung eines „neutralen Dritten" soll eine verbindliche Entscheidung zur Konfliktbeilegung erzielt werden. Die Teilnahme ist freiwillig, die Einleitung erfolgt überwiegend durch die öffentliche Hand. Die Grundidee der Streitschlichtung ist nicht neu. Die Mediation wird in Deutschland beispielsweise bei Tarifkonflikten und der Schlichtung von Zivilrechtsstreitigkeiten eingesetzt. Darüber hinaus findet sie Anwendung bei der Planung von technischen Großprojekten, wo die Konflikte zwischen Umwelt, Bürger, Staat und Investoren auszugleichen sind.

---

406 Siehe auch: Renate Martinsen, Partizipative Politikberatung – der Bürger als Experte, in: Handbuch für Politikberatung, Wiesbaden 2006, S. 138. Renate Martinsen unterscheidet dort allerdings nur drei deliberative „Grundtypen". Die Aufzählung der hier dargestellten fünf Formen soll einen weiteren Überblick über ausdifferenzierte Möglichkeiten der Interaktion mit Betroffenen, Bürgern und Interessenverbänden liefern.
407 Renate Martinsen, Das Demokratieprojekt als Perpetuum Mobile? Gefährdungen und Potentiale von Demokratie im Zeitalter sich wandelnder Staatlichkeit, Diskurs 2/ 2008, S. 7 ff.

In den USA wird diese Form der Partizipation sehr viel weiter verstanden und angewendet, nämlich in Form von „policy disput", bei dem Parteiprogramme oder Regulierungen ausgehandelt werden.[408]

2. Zu nennen sind außerdem die so genannten „Konsensuskonferenzen". Sie werden insbesondere im Zusammenhang mit wissenschaftlich-technischen Kontroversen durchgeführt. Ziel ist es, die öffentliche Partizipation bei der Bewertung neuer Technologien zu verbessern. Idealerweise entspricht das „Bürgerkomitee" der Bevölkerungsstruktur nach Alter, Geschlecht, Bildungsgrad und Berufsgruppen, wobei Betroffene und Interessengruppen ausgeschlossen sind. Das Bürgerkomitee besteht aus 10 bis 15 aktiven Laien sowie einer ähnlich großen Anzahl von Experten, die einen formalen Beraterstatus haben. Es gilt das Öffentlichkeitsprinzip. Das Bürgerkomitee verfasst einen Abschlussbericht, möglichst konsensuell, etwaige Dissense werden begründet. Dieser Bericht soll eine möglichst breite Öffentlichkeit erreichen. Die Form der Partizipation wird in den Niederlanden, in Großbritannien und der Schweiz durchgeführt.[409]

3. Auf europäischer Ebene finden seit 2005 Bürgerkonferenzen statt. Die erste Bürgerkonferenz wurde in einem Zeitraum von 2005 bis 2006 unter dem Titel „Meeting of Minds. European Citizens Deliberation on Brain Science" durchgeführt. Die zweite Bürgerkonferenz startete

---

408 Renate Martinsen, Demokratie und Diskurs. Organisierte Kommunikationsprozesse in der Wissensgesellschaft, 1. Aufl., Baden-Baden 2006, S. 36.
409 Renate Martinsen, Demokratie und Diskurs. Organisierte Kommunikationsprozesse in der Wissensgesellschaft, 1. Aufl., Baden-Baden 2006, S. 40, 41.

2009 zum Thema „Wie kann die EU unsere wirtschaftliche und soziale Zukunft gestalten?". Diese zweite Konferenz ist das bislang größte Bürgerbeteiligungsprojekt der EU.[410] Die Bürgerkonferenz bietet zufällig ausgewählten Bürgern aller 27 EU Mitgliedstaaten die Möglichkeit, untereinander und mit Entscheidungsträgern der EU auf Bürgerkonferenzen zu kommunizieren und sich so an den Entscheidungsprozessen zu beteiligen. Am Ende des Prozesses steht eine Bürgererklärung. Diese wird auf der Grundlage einer Empfehlung, die auf dem Europäischen Bürgergipfel erarbeitet wird, abgestimmt. Im Internet kann sich jeder EU-Bürger an der Debatte beteiligen und seine Meinung und Vorschläge einbringen.

4. Ferner ist das Diskursverfahren zu nennen. An diesem Diskursverfahren sind „stakeholder", also Betroffene und Interessengruppen, beteiligt, die trotz ihrer Interessengebundenheit auf das Gemeinwohl verpflichtet werden. Insofern kann man in gewisser Weise von „repräsentativer" Partizipation sprechen.[411] Ziel dieses Verfahrens ist es, in einem auf Argumentation und Begründung basierenden Diskursprozess unter gleichberechtigten Anwesenden unterschiedliche Problemwahrnehmungen und -lösungen miteinander zu vermitteln. Die Ausgestaltung der Diskursverfahren ist unterschiedlich. Charakteristisch ist, jedenfalls wenn ein Ergebnis erzielt werden soll, dass hohe Anforderungen an die

---

410 http://www.europaeische-buergerkonferenzen.eu/de/.
411 Ulrich Hilp, Weißbuch „Europäisches Regieren" und Bürgerbeteiligung – Ein untauglicher Versuch auf dem Weg zu einem Europa aller Bürger? Zeitschrift für Gesetzgebung (ZG) 18 (2003) Nr. 2 , S. 123.

Gesprächsregeln zu stellen sind. Hierzu gehören die Trennung von Fakten und Werturteilen, die Verpflichtung auf allseits anerkannte Begründungen, die Ordnung der Werte nach Zielhierarchien sowie die Suche nach einem Konsens. Damit soll gerade den „quasi anarchisch" ablaufenden Meinungsäußerungen in öffentlichen Arenen, also einem politischen oder diskreditierenden Verlautbarungsstil, vorgebeugt werden.

5. Ebenfalls auf der Ebene der EU werden zunehmend Konsultationsverfahren durchgeführt. Veröffentlichte Arbeitspapiere, z.B. Weißbücher oder Gesetzentwürfe, können schriftlich kommentiert werden. Auf der Internetseite der Kommission sind alle abgeschlossenen und laufenden Konsultationsverfahren im Netz eingestellt. Die Beteiligungsmöglichkeit ist differenziert nach Interessenvertretern, Beteiligten und der Öffentlichkeit.[412] Darüber hinaus bietet die Internetseite die Online-Foren sowie die Möglichkeit, mit Entscheidungsträgern der Europäischen Kommission zu bloggen. Bei diesen Kommunikationsformen steht der Austausch zwischen Entscheidungsträgern und Bürgern im Vordergrund.

Der Lissabon-Vertrag sieht ferner die EU-Bürgerinitiative vor. In Artikel 11 Abs. 4 heißt es: „Unionsbürgerinnen und Unionsbürgern, deren Anzahl mindestens eine Millionen betragen und bei denen es sich um Staatsangehörige einer erheblichen Anzahl von Mitgliedstaaten handeln muss, können die Initiative ergreifen und die Europäische Union auffordern, im Rahmen ihrer Befugnisse geeignete Vorschläge zu Themen

---

412 http://ec.europa.eu/yourvoice/consultations/index_de.htm.

zu unterbreiten, zu denen es der Ansicht jener Bürgerinnen und Bürger eines Rechtsaktes der Union bedarf, um die Verträge umzusetzen." Die Ausgestaltung des Verfahrens erfolgt durch eine Verordnung (Art. 24 Abs. 1 Vertrag über die Arbeitsweise der Europäischen Union).

Die dargestellten Partizipationsmöglichkeiten entfalten keine unmittelbar verpflichtende Wirkung. Die EU-Bürgerinitiative ist eine Art Massenpetition, die insoweit verbindlich ist, als sich die EU mit einem Thema einer breit getragenen Bürgerinitiative qualifiziert befassen muss.

Insofern sind die dargestellten Formen von Partizipation von direkter Demokratie zu unterscheiden, von der man nur dann sprechen kann, wenn Bürgerinnen und Bürger tatsächlich über politische Sachfragen entscheiden können, also bei Bürger- und Volksentscheiden. Direkte Demokratie gibt es weder auf europäischer Ebene noch auf der Bundesebene. Hingegen gibt es in allen Bundesländern die Möglichkeit der Durchführung von Volksentscheiden, die Regelungen sind allerdings sehr unterschiedlich ausgestaltet.[413]

---

413 Siehe hierzu die Übersicht von „Mehr Demokratie e.V." : http://www.mehr-demokratie.de/409.html.

Die dargestellten Partizipationsmodelle stehen im unmittelbaren Zusammenhang mit dem Staatsverständnis der repräsentativen Demokratie.[414] Danach ist das Mehrheitsprinzip konstitutiv. Nach Art. 38 Abs. 1 GG repräsentiert eine Mehrheitsentscheidung im Parlament zugleich die Mehrheitsentscheidung des Volkes. Die Entscheidungen treffen die Abgeordneten, die ihr Mandat unter „gleichheitsgerechten" Bedingungen erlangt haben.[415]

Die inhaltlichen Ergebnisse der dargestellten Diskurs- und Konsultationsverfahren sind rechtlich unverbindlich. Die Rückbindung der partizipativen Elemente an die entscheidenden Verhandlungssysteme ist nur schwach ausgeprägt. Bei dem Austausch mit „der Zivilgesellschaft" handelt es sich in Teilen außerdem um eine Art „repräsentativer Partizipation", d.h., es können sich nur Interessenvertreter oder Vertreter von Organisationen beteiligen.[416] Dies zeigt sich vor allem bei den Möglichkeiten der Beteiligung an den Konsultationsverfahren.[417]

---

414 Siehe hierzu auch Art. 10 Abs. 1 des Lissabon-Vertrages: „Die Arbeitsweise der Union beruht auf der repräsentativen Demokratie." Die Diskussion von Alternativen zur staatszentrierten Verfassungstheorie kann an dieser Stelle nicht vertieft werden, exemplarisch hierfür: Gunther Teubner, Globale Zivilverfassungen: Alternativen zur staatszentrierten Verfassungstheorie, Zeitschrift für ausländisches öffentliches Recht und Völkerrecht 63, 2003.
415 BVerfG, 2 BvE/08 vom 30.06.2009, Rn. 214, http://www.bverfg.de/entscheidungen/es20090630_2bve000208.html.
416 Ulrich Hilp, Weißbuch „Europäisches Regieren" und Bürgerbeteiligung. Ein untauglicher Versuch auf dem Weg zu einem Europa aller Bürger? Zeitschrift für Gesetzgebung (ZG), 18 (2003) Nr. 2, S. 119 129, S.123.
417 http://ec.europa.eu/yourvoice/consultations/index_de.htm.

Das Interesse der Medien und der Politik an solchen Verfahren ist sehr gering. Ein wesentlicher Grund dafür könnte sein, dass mit der Beteiligung keine Machtoption verbunden ist, da die Entscheidungskompetenz, außer im Fall der direkten Demokratie, ausgeschlossen ist. Ferner ist die Beteiligung der Bürger an den dargestellten Partizipationsmöglichkeiten gegenwärtig noch relativ gering. Es fehlt sozusagen an Masse, die für den politischen Entscheidungsprozess oder die öffentliche Meinungsbildung von Bedeutung ist.

Von einer Steigerung der demokratischen Legitimation durch Bürgerbeteiligung kann insofern nicht gesprochen werden.[418] Die derzeitigen Möglichkeiten der Bürger, an politischen Entscheidungsprozessen teilzunehmen, können nicht an die Stelle einer repräsentativen Demokratie treten und den Legitimationszusammenhang von Wahlen und Abstimmungen ersetzen, zu denen Volksentscheide zählen.[419]

In dem Urteil zum Lissabon-Vertrag bewertet das Bundesverfassungsgericht die Beteiligungsmöglichkeiten wie folgt: „Die Elemente partizipatorischer Demokratie, wie das Gebot, den Unionsbürgern und ‚repräsentativen' Verbänden in geeigneter Weise die Möglichkeit zu geben, ihre Ansichten einzubringen, sowie die Elemente assoziativer und direkter

---

418 So auch Renate Martinsen, Das Demokratieprojekt als Perpetuum Mobile? Gefährdungen und Potentiale von Demokratie im Zeitalter sich wandelnder Staatlichkeit, Diskurs 2/2008, S. 10.
419 BVerfG, 2 BvE/08 vom 30.06.2009, Rn. 295, http://www.bverfg.de/entscheidungen/es20090630_2bve000208.html.

Demokratie können nur eine ergänzende und keine tragende Funktion bei der Legitimation europäischer Hoheitsgewalt haben."[420]

Damit ist die Zunahme von Beteiligungsmöglichkeiten auch nicht automatisch als „Governance-Erfolg" zu werten.[421] Ohne institutionelle Rückkoppelung besteht ferner die Gefahr der Frustration derjenigen, die sich an der Kommunikation beteiligen und sich einbringen. Die Unklarheit darüber, welcher Einfluss auf politische Entscheidungsprozesse tatsächlich genommen werden kann, führt fast zwangsläufig zu Enttäuschungen. Außerdem könnte bei fehlender Konsistenz und fehlenden Rückkoppelungen mit politischen Entscheidungsträgern und Parlamenten der Eindruck entstehen, dass die Partizipation bloß ein Teil der Öffentlichkeitsarbeit von Institutionen sei. Ferner ist zu bedenken, dass in Deutschland noch keine gefestigte partizipative Kultur besteht, wie beispielsweise in der Schweiz. Diese Formen der politischen Einflussnahme, mit ihren Frustrationspotentialen und Chancen, brauchen zu ihrer Etablierung und erfolgreichen Ausdifferenzierung Zeit sowie gesellschaftliche Bewegung.

Abschließend ist zu konstatieren, dass Zuschreibungen wie „Legitimationsfaktoren" oder „legitimationsstiftend" das staatliche Handeln zwar

---

420 BVerfG, 2 BvE/08 vom 30.06.2009, Rn. 295, http://www.bverfg.de/entscheidungen/es20090630_2bve000208.html.
421 So auch Renate Martinsen, Das Demokratieprojekt als Perpetuum Mobile? Gefährdungen und Potentiale von Demokratie im Zeitalter sich wandelnder Staatlichkeit, Diskurs 2/2008, S. 10.

aufwerten können, sie legitimieren es für sich gesehen aber nicht. Neue Formen transparenter und partizipativer Entscheidungsprozesse haben ergänzende Funktionen bei demokratischen Willensbildungsprozessen. Solche Beteiligungsmöglichkeiten „mit legitimationssteigerndem Potential tragen ihrerseits zur Effektivierung des primären repräsentativ-demokratischen Legitimationszusammenhangs bei".[422]

Gleichzeitig kann durch die Einbeziehung nichtorganisierter und organisierter ziviler Interessen ein Vertrauen in politische Entscheidungsprozesse hergestellt und dadurch zu deren verallgemeinerungsfähigen Anerkennung beigetragen werden. Darüber hinaus können politische Entscheidungen in den Augen Dritter an Glaubwürdigkeit gewinnen. Die Beteiligungsmöglichkeiten und der Erkenntnisgewinn bei solchen Interaktionen können ein Baustein eines gesellschaftlichen Selbstvergewisserungsprozesses sein.

Die Einbeziehung der Zivilgesellschaft ist also eine Ergänzung eines repräsentativen Demokratiemodells. Die Ausdifferenzierung und Etablierung partizipativer Formen, die in politische Entscheidungsprozesse integriert werden, weisen auf einen Transformationsprozess hin und können als Elemente einer „kommunikativen Demokratie" bezeichnet werden.[423] Wir können eine Ausdifferenzierung der Demokratiearchitektur

---

422 BVerfG, 2 BvE/08 vom 30.06.2009, Rn. 272, http://www.bverfg.de/entscheidungen/es20090630_2bve000208.html.
423 Renate Mayntz, Governance im modernen Staat, in Arthur Benz (Hrsg.), Governance – Regieren in komplexen Regelsystemen, 1. Aufl., Wiesbaden 2004, S. 12.

unter den Bedingungen des Internets und der Globalisierung beobachten, die erst am Anfang steht und deren Entwicklung noch nicht absehbar ist. Die dargestellten Beispiele partizipativer Politikmodelle sind insofern auch nicht abschließend. Es ist wahrscheinlich, dass sie sich im Laufe der nächsten Jahre weiter ausdifferenzieren. Sie erweitern den politischen Raum und setzen auf dynamische Kooperationen. Die Beteiligung der Zivilgesellschaft an politischen Willensbildungs- und Entscheidungsprozessen ist auch ein Element von „Governance im modernen Staat" und gehört ins Repertoire einer „kommunikativen Demokratie", die unter den Bedingungen einer Informations- und Kommunikationsgesellschaft agiert.

Auf diesem Weg scheint sich auch die Perspektive von staatlicher Macht zu erweitern: von der Perspektive i.S.v. Max Weber, die im politischen Raum nach wie vor stark verinnerlicht ist, wonach staatliche Macht „ein auf das Mittel der legitimen (…) Gewaltmittel gestütztes Herrschaftsverhältnis von Menschen über Menschen"[424] sei, zu einer Perspektive, die die Freiheitspotentiale von staatlicher Macht fokussiert, und zwar im Sinne Hannah Arendts. Diese stellt staatliche Macht in den Kontext der menschlichen Fähigkeit, sich mit anderen zusammenzuschließen und im Einvernehmen mit ihnen zu handeln.[425]

---

424 Max Weber, Politik als Beruf, in: Gesammelte politische Schriften, Johannes Winckelmann (Hrsg.), 5. Aufl., Tübingen 1988, S. 505–560, S. 507.
425 Hannah Arendt, Macht und Gewalt, 18. Aufl., München 2008, S. 45.

10.3. Leitbild des Gewährleistungsstaates

Fraglich ist, welche Verantwortung den Staat trifft und wo die Grenzen der Verlagerung von staatlicher Verantwortung auf Private zu ziehen sind.

Der moderne Staat agiert gegenüber der Gesellschaft zunehmend im Sinne eines Gewährleistungsstaates und kooperiert mit Akteuren. Soweit er tätig wird, geschieht dies nicht (mehr) vorrangig in hierarchisch ausgerichteten Handlungsmustern, sondern mit gesellschaftlichen Handlungsträgern zusammen. Gesellschaftliche Selbstregulierungsmechanismen sollen individuelle Interessen befriedigen und das Gemeinwohl berücksichtigen.[426]

Der Ansatz des Gewährleistungsstaates ist nicht neu, relativ neu ist allerdings die Erkenntnis, dass der Staat nicht ausschließlich mit imperativen Mitteln handeln kann, sondern kooperieren und um Unterstützung werben muss. Der Staat soll also, auch wenn er Aufgaben nicht selbst erfüllt oder Leistungen nicht erbringt, Strukturen bereitstellen, die dazu dienen, gesellschaftliche Probleme zu lösen, und möglichst vielen gesellschaftlichen Interessen gerecht werden.

---

426 Wolfgang Hoffmann-Riem, Das Recht des Gewährleistungsstaates, in: Gunnar Folke Schuppert, Der Gewährleistungsstaat – Ein Leitbild auf dem Prüfstand, Baden-Baden 2005, S. 91.

Dem Ansatz von „Governance im modernen Staat" liegt ebenfalls ein verändertes Verständnis von Staatlichkeit zu Grunde. Wie bereits dargestellt, steht der kooperative Staat im Fokus der Governance-Perspektive. Die geänderten Bedingungen von Staatlichkeit und staatlichem Agieren werfen die Frage auf, welche Verantwortung der Staat trägt und wo die Grenzen der Aufgabenübertragung an Private zu ziehen sind.

Insofern kann man sagen, dass „Governance im modernen Staat" das Staatsverständnis eines Gewährleistungsstaates zugrunde liegt.

Im Kontext der Debatte um das Leitbild des Gewährleistungsstaates können die Bereitstellungs-, die Auffang- und die Abfederungsverantwortung differenziert werden.[427]

Nur dort, wo die Bereitstellungsverantwortung des Staates erfüllt ist, kann auf die Selbstregulierung vertraut werden. Politische Handlungsfelder müssen also differenziert und Verfahren auf ihre Tauglichkeit untersucht werden, wobei die Fragen nach der jeweiligen politischen Zielsetzung einzubeziehen sind. Diese kann das Gemeinwohl sein, aber auch jede andere verfassungsrechtliche Vorgabe oder in politischen (legitimen) Absichten liegen.

---

427 Wolfgang Hoffmann-Riem, Das Recht des Gewährleistungsstaates, in: Gunnar Folke Schuppert, Der Gewährleistungsstaat – Ein Leitbild auf dem Prüfstand, Baden-Baden 2005, S. 95 ff.

Im Kontext von Governance und moderner Staatlichkeit geht es bei der Frage nach der staatlichen Verantwortung darum, ob der Staat taugliche Rahmenbedingungen, Handlungsformen, Wege der Konfliktaustragung sowie Lösungsoptionen zur Verfügung stellt. Insofern ist das Bereitstellen von leistungsfähigen Strukturen zur Konfliktbewältigung und zur Erreichung politischer Ziele von zentraler Bedeutung. Diese Strukturen sollen der Sicherung des Gemeinwohls dienen. Sie können aber auch privaten Interessen dienen. Da der Begriff des Gemeinwohls im interdisziplinären Kontext, aber auch in seiner juristischen Definition auslegungsbedürftig ist, wird auf die Verwendung des Begriffs an dieser Stelle verzichtet. Auch wenn man die Gemeinwohlfrage an dieser Stelle offen lässt, bleibt die grundsätzliche Verpflichtung des Staates eine Bereitstellungsverantwortung, also die Verantwortung des Staates und seiner legitimierten Vertreter, taugliche Strukturen, Rahmenbedingungen und Handlungsformen zur gesellschaftlichen Problembewältigung bereitzustellen, um verfassungsrechtliche Vorgaben und politische Ziele zu erreichen. Hierzu gehören das Verfahrensrecht und die Beschreibung und Festlegung von Grenzen zulässigen Verhaltens. Sind diese Strukturen, Verfahren und Grenzziehungen nicht vorhanden, haben die Übertragung von Aufgaben an private Dritte und die Selbstregulierung ihre Grenzen. Die Verantwortung des Staates als „Standardsetzer" liegt zumindest darin, „Kriterien dafür zu entwickeln, welcher Typ von Rechtssetzung und welcher Typ von Normenproduzent dem jeweiligen Regelungsproblem angemessen erscheint".[428]

Zur Vervollständigung der Verantwortungsdimensionen des Staates sind noch die Auffang- und die Abfederungsverantwortung zu nennen. Die Auffangverantwortung beschreibt die „Reservefunktion" des Staates für den Fall, dass die Selbstregulierung ihr Ziel zu verfehlen droht.[429] Die Auffangverantwortung greift dann, wenn politisch gewünschte Ziele nicht erreicht werden. Problematisch ist, dass die Rückholoptionen zur staatlichen Eigenerfüllung in der Praxis oftmals schwierig sind. Stellt der Staat beispielsweise im Mediensektor Vermachtungen und Konzentrationsprozesse fest, die er durch Selbstregulierung verhindern wollte, so wäre ein solches Ergebnis nur schwer, wahrscheinlich gar nicht revidierbar.[430]

---

428 Gunnar Folke Schuppert, Verfassung und Verfassungsstaatlichkeit in multidisziplinärer Perspekive, in: Der Staat des Grundgesetzes – Kontinuität und Wandel, Tübingen 2004, S. 543.
429 Wolfgang Hoffmann-Riem, Das Recht des Gewährleistungsstaates, in: Gunnar Folke Schuppert, Der Gewährleistungsstaat – Ein Leitbild auf dem Prüfstand, Baden-Baden 2005, S. 97.
430 Vgl. in diesem Zusammenhang die Entscheidung des Bundesverfassungsgerichts vom 11.9.07. Das Gericht sieht Vorkehrungen zum Schutz der publizistischen Vielfalt als geboten an. Eingetretene Fehlentwicklungen ließen sich – wenn überhaupt – nur bedingt und nur unter erheblichen Schwierigkeiten rückgängig machen. Ständige Rechtsprechung, zuletzt in: BVerfG, 1 BvR 2270/05 vom 11.9.2007, Absatz-Nr. 119,
http://www.bverfg.de/entscheidungen/rs20070911_1bvr227005.html.

Die Abfederungsverantwortung ist ebenfalls eine subsidiäre Verantwortlichkeit des Staates. Damit ist die nachsorgende Verantwortung des Staates gemeint, insbesondere, wenn das freie Wirtschaften zu unerwünschten Folgen führt, auf die im privatwirtschaftlichen und gesellschaftlichen Kontext nicht angemessen reagiert wird.[431]

Von diesen Differenzierungen abgesehen, bleibt die Erwartung an den Staat bestehen, dass er die Unsicherheiten einer globalen Welt absorbiert und tätig wird.[432] Festzustellen ist dabei eine Steigerung der Erwartungen an staatliches Handeln als Problemlösungsinstanz, Erwartungen, die mit einer Steigerung der Enttäuschungen über die Nichteinlösung gekoppelt sind.

10.4. Resümee

Die dargestellten Komponenten von Governance im modernen Staat bieten Maßstäbe und Instrumente für die Ausgestaltung eines modernen medienpolitischen Verhandlungssystems der Länder. Obwohl sich das Verfahren zur Änderung des Rundfunkstaatsvertrages auf anderen politischen und territorialen Ebenen abspielt und eine Reihe von Problemen

---

431 Wolfgang Hoffmann-Riem, Das Recht des Gewährleistungsstaates, in: Gunnar Folke Schuppert, Der Gewährleistungsstaat – Ein Leitbild auf dem Prüfstand, Baden-Baden 2005, S. 97.
432 Wolfgang Hoffmann-Riem, Das Recht des Gewährleistungsstaates, in: Gunnar Folke Schuppert, Der Gewährleistungsstaat – Ein Leitbild auf dem Prüfstand, Baden-Baden 2005, S. 90, 91.

auf der EU-Ebene noch viel unübersichtlicher ist als in der föderalen Bundesrepublik, können die Instrumente und Maßstäbe von Good Governance, wie sie von der EU entwickelt und im Lissabon-Vertrag perpetuiert worden sind, sinnvoll auf die Ausgestaltung des Verfahrens angewendet werden: zum einen, weil die Medienpolitik der Länder, wie die EU-Politik, unter den Bedingungen von Multilevel Governance abläuft, zum anderen, weil vieles dafür spricht, dass die demokratischen Transformationsprozesse, die mit der Entwicklung der Informations- und Kommunikationstechnologien einhergehen, gerade dort berücksichtigt werden, wo es eben um die Ordnung dieses Politikfeldes geht. Dies ist im komplexen und ausdifferenzierten System der Bundesrepublik die Medienpolitik der Länder. Ferner bieten sich zur Generierung von Wissen über die Entwicklung des Internets sowie über wirtschaftliche und gesellschaftliche Prozesse, die durch das Internet vorangetrieben werden, partizipative Politikformen an.

Für die Frage der Verantwortungsdimension des Staates liefert das Leitbild des Gewährleistungsstaates mit der Bereitstellungsverantwortung des Staates einen Maßstab für staatliches Handeln, auch jenseits der verfassungsrechtlichen Fragen. Zur Bereitstellungsverantwortung des demokratischen Staates gehört es, transparente Interaktionsstrukturen und Verfahren bereitzustellen, mit deren Hilfe die komplexen Probleme moderner Demokratien bearbeitet werden können. Im Hinblick auf die Verantwortungsdimension werden zwar verfassungsrechtliche Schwächen des Verfahrens zur Änderung des Rundfunkstaatsvertrages diskutiert, im Ergebnis wird allerdings nicht bezweifelt, dass es Verfahrens- und Entscheidungsgrundlagen gibt, die das staatliche Handeln legitimieren.

Insofern kommt der Staat seiner Bereitstellungsverantwortung in diesem Bereich grundsätzlich nach.

Untersucht man die Mechanismen von Multilevel Governance, so werden allerdings die strukturellen Probleme der Verfahrensgestaltung sichtbar:

1. Eine Verantwortungsdimension, die neben der verfassungsrechtlichen Fragestellung angesiedelt ist, kann darin gesehen werden, dass staatliche Akteure die strukturellen Probleme wahrnehmen und verarbeiten. Eine besondere Schwäche des Verfahrens ist aber, dass es keine transparente Verfahrensordnung der Rundfunkkommission der Länder gibt, in der die ganz grundsätzlichen Formalitäten der Abläufe nachvollziehbar und konsistent geregelt wären.

2. Zu einem modernen medienpolitischen Verhandlungssystem, das sich an Good Governance orientiert, gehört ferner, dass die verfassungsrechtlich konstituierte Demokratie durch Formen einer „kommunikativen Demokratie" ergänzt wird und damit die gesellschaftlichen Veränderungen, die durch die modernen Informations- und Kommunikationstechnologien vorangetrieben werden, aufgreift. Die Möglichkeiten einer „kommunikativen Demokratie", die unter den Bedingungen der Informations- und Kommunikationstechnologien agiert, werden von der Medienpolitik der Länder gegenwärtig nur partiell genutzt.

3. Ein weiterer Maßstab für Good Governance ist die Effektivität staatlichen Handelns, die daran festgemacht wird, ob es klare Zielsetzungen aufgrund von Folgenabschätzungen und Erfahrungswerten gibt. Wie bereits dargestellt, ist die Medienpolitik der Länder davon geprägt, dringende aktuelle Probleme zu bearbeiten. Die letzte grundsätzliche Neuausrichtung der Medienpolitik der Länder erfolgte zur Einführung des dualen Rundfunksystems. Eine politische Ausrichtung der Medienpolitik in Zeiten des Internets mit entsprechenden Zielsetzungen steht noch aus. Anpassungen erfolgen derzeit allein problemorientiert und innerhalb der bestehenden Regulierungssystematik. Für Außenstehende, aber auch für Insider ist nicht wahrnehmbar, ob eine zielorientierte Medienpolitik der Länder überhaupt stattfindet. Insofern ist die Kohärenz, also die Nachvollziehbarkeit und Stimmigkeit der Medienpolitik, auch schwer zu bewerten.

Abschließend ist zu konstatieren, dass Good Governance im Kontext der Rundfunkänderungsstaatsverträge nur schwach ausgeprägt ist. Gleichzeitig liefern die dargestellten Komponenten von Good Governance Maßstäbe und Instrumente für eine Neujustierung der Interaktionsmuster der Medienpolitik der Länder.

11. MEDIA GOVERNANCE: LEITBILD FÜR EIN MEDIENPOLITISCHES VERHANDLUNGSSYSTEM?

Wie in anderen Disziplinen hat der Governance-Ansatz auch in der Medienpolitik und Medienforschung Konjunktur. In diesem Kontext werden spezifische Governance-Aspekte untersucht und auf die Medienpolitik übertragen. Letztlich geht es um die Ausdifferenzierung eines Leitbildes von Media Governance. Fraglich ist, ob diese Debatte weitere Gesichtspunkte für die Bewertung des Verfahrens zur Änderung des Rundfunkstaatsvertrages liefert und welche Schwächen die Governance-Perspektive grundsätzlich mit sich bringt.

11. 1. Stärken und Schwächen der (Media-)Governance-Perspektive

Der Ausdifferenzierung eines „Media-Governance-Leitbildes" wird ein großes Problemlösungspotenzial für die gegenwärtigen und zukünftigen medienpolitischen Herausforderungen zugesprochen. In der medienpolitischen Fachdiskussion wird beispielsweise ein „Media-Governance-Konzept" zur Bekämpfung von Medienkonzentration und Medienmacht angeregt.[433] Insgesamt wird der Einbeziehung gesellschaftlicher Akteure eine wesentliche Bedeutung beigemessen, wenn es um die Diskussion

---

[433] Hans-Jürgen Jakobs, Geist oder Geld. Der große Ausverkauf der freien Meinung, Pendo, 1. Aufl. 2008, S. 198.

über mögliche Leitideen für Media Governance geht.[434] Ein Regulierungsnetzwerk sollte nach Haas und Wallner aus staatlichen Akteuren, Parteien, Medienunternehmen und Medienakteuren, gesellschaftlichen Akteuren, wie z.B. Verbänden und Interessengruppen bestehen.[435] Gegenwärtig gibt es allerdings kein Governance-Leitbild der Medienpolitik der Länder, es zu entwerfen bedarf sicherlich auch der Initiative der politischen und staatlichen Akteure.[436]

Darüber hinaus spielt das Thema regulierte Selbstregulierung in der Medien(rechts)wissenschaft eine wesentliche Rolle. Im politischen Raum wird die regulierte Selbstregulierung häufig dann debattiert und als Problemlösung angeboten, wenn es um überkomplexe Sachverhalte geht, die auf unterschiedlichen Ebenen angesiedelt sind.

Insgesamt scheint ein gewisser Optimismus verbreitet zu sein, dass mit dem Media-Governance-Ansatz dringende Probleme der Medienpolitik bearbeitet werden können.

---

434 Senta Pfaff, Leitideen für Media Governance. Das Beispiel des digitalen Fernsehens, in: Patrick Donges (Hrsg.), Von der Medienpolitik zur Media Governance, Köln 2007, S. 157.
435 Hannes Haas, Cornelia Wallner, Medienpolitik als gesellschaftliches Projekt. Die Ziele von Media Governance, in: Patrick Donges (Hrsg.), Von der Medienpolitik zur Media Governance, Köln 2007, S. 134, 135, 139.
436 Otfried Jarren, Patrick Donges, Ordnung durch Medienpolitik? Eine (Zwischen-)Bilanz, in: Otfried Jarren, Patrick Donges (Hrsg.), Ordnung durch Medienpolitik? Konstanz 2007, S. 407.

Die Governance-Debatte wird indes auch von kritischen Stimmen[437] begleitet. Im Grunde können drei problematische Tendenzen ausgemacht werden.

Zum einen besteht die Schwierigkeit der begrifflichen Fassung von Governance, die vom „Auftauchen" neuer Governance-Begriffe begleitet wird. Es ist letztlich fraglich, wie sich „neue" Governance-Merkmale ausdifferenzieren und wie sie anzuwenden sind. Zum anderen schwingt bei der Verwendung der Governance-Perspektive die wertende Grundnote mit, dass die Interaktionen transparent, bürgernah, legitim, effizient oder gemeinwohlorientiert sind. Damit wird ein politisches Gütesiegel intendiert.

Die dritte kritische Tendenz ist die Festestellung einer gewissen Entpolitisierung. Dadurch, dass die politischen Problemlösungen außerhalb von Parlamenten und außerhalb des Parteienwettbewerbs in vorwiegend informellen Interaktionen gesucht und gefunden werden, werden Themen dem öffentlichen politischen Raum entzogen. Renate Mayntz analysiert diese Tendenz wie folgt: „Antagonistische Kooperation tendiert zu suboptimalen Kompromissen, zur Einigung auf den geringsten gemeinsamen Nenner bzw. zu Lasten ausgeschlossener Dritter, oder endet gar in völliger Blockade. Außerdem gibt es in fast allen realen Verhandlungssystemen Machtasymmetrien; privilegierte Interessen do-

---

437 Claus Offe, Governance – „Empty signifier" oder sozialwissenschaftliches Forschungsprogramm? In: Gunnar Folke Schuppert/Michael Zürn (Hrsg.) Governance in einer sich wandelnden Welt, 1. Aufl. Wiesbaden 2008, S. 71.

minieren dann die Verhandlungen und verhindern eine wirksame Problemlösung, die zu ihren Lasten ginge. Angesichts dieser Gefahren drängt sich der Verdacht auf, nicht-hierarchische Regelungsformen könnten am Ende nicht wegen ihrer höheren Effektivität, sondern nolens volens, aus Ohnmacht und nicht aus politischer Klugheit gewählt werden. Diese Überlegungen warnen nachdrücklich davor, Governance ohne weitere Nachfrage als Veranstaltung im gemeinsamen Interesse anzusehen. Eine Analyse der Triebkräfte und der tatsächlichen Wirksamkeit von Regelung, die vorgibt, im gemeinsamen Interesse zu sein, sollte zum festen Bestandteil von Governance-Forschung werden."[438]

An diese kritische Analyse schließt Dieter Grimm an. Er hält es für erforderlich, neue Steuerungsinstrumente wie Governannce zu institutionalisieren und formell einzuführen. Eine Institutionalisierung könne ordnende Wirkung entfalten, ansonsten sei zu erwarten, dass die Governance-Perspektive nur stark einfallbezogen und nur zufällig stabilisierend oder destabilisierend im Hinblick auf demokratische Strukturen wirken werde.[439]

---

[438] Renate Mayntz, Von der Steuerungstheorie zu Global Governance, in: Gunnar Folke Schuppert/Michael Zürn (Hrsg.) Governance in einer sich wandelnden Welt, 1., Aufl. Wiesbaden 2008, S. 58.
[439] Dieter Grimm, Lässt sich die Verhandlungsdemokratie konstitutionalisieren? In: Michael Wohlgemut (Hrsg.), Spielregeln für eine bessere Politik. Reformblockaden überwinden – Leistungswettbewerb fördern. 2. Aufl., Herder im Breisgau 2006, S. 159ff.

Die dargestellte Kritik zeigt die Schwächen einer undifferenzierten Verwendung des Governance-Ansatzes und seiner Begrifflichkeiten auf. Ein nicht gelöstes und vielleicht auch nicht zu lösendes Problem ist, dass die Zivilgesellschaft und der Mediennutzer als medienpolitische Akteure nur schwer greifbar sind und deshalb einer Konkretisierung bedürfen.[440] In Anbetracht der dargestellten Schwächen des Governance-Ansatzes ist eine differenzierte und sachliche Verwendung von Governance angebracht, die unnötige Aufladungen der Begriffe vermeidet. Denn die Governance-Perspektive bietet wertvolle Analysemöglichkeiten für staatliches Handeln und Anhaltspunkte für die Entwicklung und Überarbeitung staatlicher Steuerungsinstrumente.

Grundsätzlich kann man konstatieren, dass die Diskussion über ein mögliches Leitbild im Sinne von Media Governance andauert. Bei dem Prozess spielt Governance als Analyseinstrument eine zentrale Rolle. Erste Ansätze eines Leitbildes sind erkennbar. Aufgrund der Governance-Perspektive ist es nicht verwunderlich, dass das Hauptaugenmerk auf die Frage der Einbeziehung neuer Akteure in die Interaktionsprozesse und Aufsichtsstrukturen gerichtet ist. Insofern bedarf es weiterer Forschung und Ausgestaltung der Konzepte.

---

440 Arthur Benz, Susanne Lütz, Uwe Schimank, Georg Simonis, Einleitung, in: Arthur Benz, Susanne Lütz, Uwe Schimank, Georg Simonis (Hrsg.), Handbuch Governance. Theoretische Grundlagen und empirische Anwendungsfelder. Wiesbaden 2007, S. 25.

Um eine politische Gestaltungskraft von Media Governance entwickeln zu können, müssten bei eben dieser Gestaltung politische Akteure mitwirken, aber auch die etablierten Akteure und zu identifizierende zivile Akteure und Nutzer. Da, wie bereits dargestellt, nicht davon auszugehen ist, dass die bestehenden Entscheidungs- und Aufsichtsstrukturen mit einem großen Reformschritt „modernisiert" werden, wird es um eine Veränderung gehen, die schrittweise erfolgt. Zu dem Leitbild Media Governance gehört auch eine entsprechende medienpolitische Gesetzgebung der Länder.

11.2. Vom Rundfunkstaatsvertrag zum medienpolitischen Verhandlungssystem

Die Untersuchung schließt mit einem Vorschlag für einen medienpolitischen Perspektivenwechsel der Länder. Damit sollen die ersten Schritte des Weges von der rundfunkzentrierten Staatsvertragsgesetzgebung hin zu einem medienpolitischen Verhandlungssystem im Sinne von „Govnernance im modernen Staat" beschrieben werden.

Der Vorschlag eines Perspektivenwechsels basiert auf drei Elementen. Sie werden nachfolgend genannt und erläutert.

I. Die partielle Formalisierung des Verfahrens zur Herstellung von Transparenz und Kohärenz:

Die wesentlichen Grundentscheidungen der Medienpolitik der Länder werden im Kontext der Rundfunkänderungsstaatsverträge geschlossen. Insofern liegt es nahe, dieses bestehende Interaktionsmuster, in dem derzeit die Fäden der Medienpolitik der Länder zusammenlaufen, zu nutzen. Ein Vorteil des bestehenden Verhandlungs- und Interaktionssystems ist seine Flexibilität. Da es wenig formale Regeln gibt, besteht Raum, neue Regeln und Koordinierungsstrukturen zu setzen. Zwar wirken informelle „Regeln" innerhalb des Akteurgefüges und stabilisieren es, allerdings existiert keine Festlegung auf ein Procedere gegenüber der Öffentlichkeit.

Zur Verantwortungsdimension eines kooperativen Staates gehört es, transparente Kooperationsstrukturen und Verfahrensregeln zu installieren. Solche Regeln sind für ein medienpolitisches Verhandlungssystem im Sinne von Good Governance konstitutiv.

Die Maßstäbe, die für die parlamentarischen Gesetzgebungsprozesse Standards sind, sollten in sinnvoller Weise auf die Staatsvertragsgesetzgebung übertragen werden.

Hierzu gehören:

» die Formalisierung grundsätzlicher Verfahrensschritte,
» die Durchführung von öffentlichen Anhörungen,
» die Dokumentation von Verfahrensabläufen,
» die frühzeitige Einbeziehung der Länderparlamente,
» die Einbeziehung von Sachverständigen,
» die Einbeziehung der Netzöffentlichkeit
» die grundsätzliche Verankerung partizipativer Elemente.

Gleichzeitig sollte genügend Raum für flexibles und prozesshaftes politisches Handeln bleiben. Insofern kommt den informellen Interaktionen zwischen den Akteuren der Medienpolitik auch weiterhin eine wichtige Funktion zu, um Standpunkte und Interessen auszutarieren.

II. Die Implementierung partizipativer Elemente und die Entwicklung leistungsfähiger Kommunikations- und Koordinierungsstrukturen:

Grundsätzlich sollten die Strategien, die im Zusammenhang mit Multilevel Governance identifiziert wurden, zur Problembewältigung genutzt werden. Dazu gehören auch Gesprächs- und Verhandlungsrunden außerhalb der Öffentlichkeit. Sie sind im Hinblick auf die Vorbereitung von Entscheidungen notwendig.

Das Austarieren von Standpunkten außerhalb öffentlicher Räume ist wesendlicher Bestandteil von politischen, aber auch privaten (wirtschaftlichen) Willensbildungsprozessen.

Der Interessenausgleich zwischen den Akteuren der Medienpolitik und die Ausbalancierung der Machtverhältnisse sollten künftig nicht allein durch Rechtsetzung erfolgen, weil dadurch erhebliche Ressourcen der staatlichen Akteure gebunden werden. Die Instrumente der Mediation und Moderation könnten eingesetzt werden, um Konfliktfelder zu identifizieren und entsprechend zu entschärfen. Die Entlastung staatlicher Akteure könnte durch den Einsatz akzeptierter neutraler Dritter erfolgen. Durch Selbstverpflichtungen könnten verbindliche Vereinbarungen zur Konfliktlösung getroffen werden. Im Falle des Scheiterns würden die Länder regulierend eingreifen.

Zu einem Verhandlungssystem im Sinne von „Governance im modernen Staat" gehört auch die Einbeziehung der Expertisen ziviler Akteure, z.B. der Vertreter der pluralen gesellschaftlichen Gruppen der Aufsichtsgremien des öffentlich-rechtlichen und privaten Rundfunks, sowie neuer ziviler Akteure des Internets. Sie tragen ihr Spezial- und Sonderwissen bei, das aus „lokalen" Welten[441] stammt. Dabei geht es nicht nur um die Frage der Qualität der Medien, sondern ganz grundsätzlich um die Frage der Beteiligung an der Diskussion beispielsweise über ein Leitbild

---

441 Renate Martinsen, Partizipative Politikberatung – der Bürger als Experte, in: Handbuch für Politikberatung, Wiesbaden 2006, S. 138.

einer Medienordnung unter den Bedingungen des Internets. Auf Plattformen wie www.medienstaatsvertrag.de oder www.mediengesellschaftsvertrag.de könnten Kommunikationsprozesse angeregt und gebündelt werden. Konsultationsverfahren im Internet könnten Anhörungsverfahren entlasten. Die Governance-Perspektive der Medienpolitik könnte schrittweise mehr Substanz und Kontur bekommen, indem auf der Grundlage eines Weißbuches ein Leitbild Media Governance entworfen würde.

Ein medienpolitisches Verhandlungssystem könnte durch die Öffnung der Kommunikationsstrukturen eine legitimitätsstiftende Wirkung entfalten. Dies kann nicht die politischen Entscheidungsprozesse ersetzen, aber sinnvoll ergänzen. In dieser Hinsicht könnten die Potentiale des bestehenden Mehrebenensystems der Medienpolitik der Länder erweitert werden. Eine abgestufte Form der transparenten Partizipation im Kontext moderner Kommunikationsmittel wäre mit relativ wenig Aufwand möglich. So könnte es eine Selbstverständlichkeit werden, sowohl den Vorsitzenden der Gremienvorsitzendenkonferenzen der ARD als auch sein Pendant, den Vorsitzenden der GVK der Landesmedienanstalten, zu den Anhörungen einzuladen.

Diese abgeleitete Form der Partizipation wäre für ein „idealtypisches", modernes medienpolitisches Verhandlungssystem jedoch allein nicht ausreichend. Hinzutreten könnten Kommunikationsprozesse mit zivilen Akteuren. Eine abgestufte Form der Beteiligungsmöglichkeiten ziviler Akteure und Interessenverbände, zunächst durch Diskurs- und transparente Konsultationsverfahren nach dem Vorbild der EU, wären eine sinnvolle Ergänzung der Interaktionsprozesse. Letztendlich sollten die partizipativen Instrumente eine Gestalt annehmen, die der konkreten medienpolitischen Fragestellung entspricht. So könnte das Wissen der zivilgesellschaftlichen Akteure aus dem dualen Rundfunksystem genauso generiert werden wie das der Internetnutzer. Um Frustrationen derjenigen zu vermeiden, die sich am Kommunikationsprozess beteiligen, sind klare Spielregeln und Rückkoppelungen mit Entscheidungsträgern bzw. ihren Arbeitsstäben notwendig.

Damit Partizipationsprozesse gelingen können, ist eine gute Informations- und Kommunikationsarbeit seitens der staatlichen Akteure erforderlich. Hilfreich wäre eine professionelle Kommunikationsarbeit der Rundfunkkommission auf einer eigenen, leicht auffindbaren Internetseite. Hier könnten Diskussionsstände, Informationen und Verhandlungsergebnisse gebündelt werden. Auf einer solchen Internetseite könnten ferner die partizipativen Kommunikationsmöglichkeiten angeboten werden. Eine professionelle Kommunikationsarbeit würde auch den Interessenvertretern das mühevolle „Hinterhertelefonieren" und Abfragen von Sachständen ersparen und könnte die Basis für eine gute Informationspolitik gegenüber den Länderparlamenten bilden.

III. Die strukturelle Einbeziehung von wissenschaftlicher Expertise und „Nutzer- und Netzwerkwissen":

Die Möglichkeiten der Informations- und Kommunikationstechnologien sprengen die Grenzen der traditionellen rundfunkpolitischen Perspektive. Deshalb benötigt das Politikfeld eine veränderte Form der Wissensgenerierung, die dazu beitragen kann, ein harmonisiertes Ordnungsmodell zu entwickeln. Moderne Staatlichkeit, wie sie hier verstanden wird, bezieht die „Alphabetisierung" und die Professionalisierung der Medienpolitik der Länder ein. Die „Alphabetisierung" der Medienpolitik soll im Kontext des Internets als eine kulturelle Fähigkeit verstanden werden, die technischen, kommunikativen und gesellschaftlichen Entwicklungen Schritt für Schritt nachvollziehen zu können. Zur Professionalisierung gehört es, die eigenen Arbeitsweisen und Arbeitsstrukturen zu überprüfen und erlerntes Wissen und Erfahrungen Dritter auf ihre Übertragbarkeit zu untersuchen und gegebenenfalls für die eigene Arbeit zu nutzen.

Wesentlich für die Wissensgenerierung sind die begleitende, möglichst interdisziplinäre Forschung sowie die regelmäßige Hinzuziehung von Sachverständigen aus dem Kontext der klassischen Medien und der Welt des Internets.

Bislang hat die Medienpolitik darauf verzichtet, sich kontinuierlich durch wissenschaftlichen Sachverstand beraten zu lassen. Der Vorschlag der Weizsäckerkommission, einen Medienrat einzurichten, ist auf wenig Resonanz gestoßen. Wahrscheinlich ist nach vierzehn Jahren, seitdem der Vorschlag gemacht wurde, auch die Zeit über die vorgeschlagene Konstruktion hinweggegangen. Sie könnte jedoch neu überdacht und den Erfordernissen der aktuellen Medienpolitik angepasst werden. Aus heutiger Sicht ist, jenseits der Frage von Expertengremien, eine problemorientierte Grundlagenforschung unter Einbeziehung der einschlägigen Forschung aus den

Bereichen technischer Entwicklungen, der Rechtswissenschaften, der Soziologie, der Politologie sowie der Medienwissenschaften wünschenswert.

Die Einbeziehung dieses Wissens könnte einen Beitrag zur Modernisierung der Medienpolitik der Länder leisten. Durch das Bereitstellen einer leistungsfähigen Kommunikations- und Koordinierungsstruktur könnte dieses Wissen zwischen den Ländern vernetzt und abgerufen werden.

Hierzu gehört es auch, dass, wie es in den Landtagen und im Bundestag üblich ist, Sachverständige zu den Anhörungen zu den Rundfunkänderungsstaatsverträgen eingeladen werden, um wissenschaftlichen Sachverstand mit einzubeziehen.

Die dargestellten Innovationen können die vielschichtigen Probleme der Konvergenz und der Digitalisierung, vor denen die Medienpolitik der Länder steht, sicherlich nicht lösen. Vielmehr geht es bei den Vorschlägen darum, die Komplexität in die Entscheidungsprozesse aufzunehmen, um die Wahrscheinlichkeit der Problemlösungskompetenz zu verbessern. Ein wesentliches Kriterium eines medienpolitischen Verhandlungssystems im Sinne von „Governance im modernen Staat" wäre zudem eine entwicklungsoffene Konzeption, die Veränderungen und Nachjustierungen aufnehmen und verarbeiten könnte.

11.3. Vor- und Nachteile des Perspektivenwechsels

Die Ausführungen zeigen, dass ein medienpolitisches Verhandlungssystem im Sinne moderner Staatlichkeit wesentlich höhere Kommunikations-

und Koordinationsanforderungen an die staatlichen Akteure stellt. Durch die Erhöhung der Anzahl der Akteure und durch die Einbeziehung neuer Akteure würde die Komplexität des Verfahrens gesteigert. Durch den Aufbau einer zentralen Kommunikationsplattform entstünden laufende Kosten, allein schon durch den erforderlichen Ausbau der Öffentlichkeitsarbeit. Gleichzeitig könnte die Rundfunkkommission entlastet werden, da Anhörungen wie die zum 14. Rundfunkänderungsstaatsvertrag mit ca. 100 Teilnehmern praktisch nur schwer zu bewältigen sind.

Die Veränderung von Strukturen könnte das austarierte Machtgefüge innerhalb der Rundfunkkommission der Länder zunächst destabilisieren. Die Schwierigkeiten würden auch noch dadurch verstärkt, dass es bislang kein wirkliches Zentrum gibt, das die Prozesse steuern und kommunizieren könnte. Der rheinland-pfälzische Ministerpräsident, der als „ewiger" Vorsitzender der Rundfunkkommission „amtiert", müsste für einen Transformationsprozess einen entsprechenden Handlungsauftrag bekommen. Da dies aus machtstrategischen Erwägungen der übrigen Ministerpräsidenten unwahrscheinlich ist, bedürfte es einer mühevollen Konsensfindung zwischen allen Länderchefs. Darüber hinaus müsste der Perspektivenwechsel auf die Akzeptanz seitens der Verwaltung setzen, insbesondere auf die der Rundfunkreferenten, aber auch die der anderen etablierten Akteure. Die „Transformationskosten" zur Veränderung der bestehenden Interaktionsstrukturen sind insgesamt nicht als gering einzuschätzen.

Allerdings hätte eine Veränderung der bestehenden Strukturen unter den veränderten Bedingungen des Internets auch deutliche Vorteile. Wenn das medienpolitische Ziel tatsächlich eine harmonisierte Medienordnung ist, kann ein modernes medienpolitisches Verhandlungssystem eine erster Schritt sein, um die Wahrscheinlichkeit zu erhöhen, dass dieses Ziel unter den komplexen Bedingungen von Multilevel Governance auch tatsächlich erreicht werden kann.

Die Steigerung von Komplexität durch aktive Anpassung ist eine Möglichkeit, auf gesellschaftliche Veränderungen zu reagieren. Die notwendige Harmonisierung der Entwicklung der Medienpolitik und eine vereinheitlichte Medienordnung setzen einen Abgleich der Wirklichkeitskonstruktionen voraus. Dazu könnten kommunikative Anschlussmöglichkeiten dienen, die ein nachvollziehbares Verfahren mit Partizipationsmöglichkeiten zu bieten hätte. Alte Akteure und neue Akteure des Internets wären in die Lage versetzt, sich verstärkt miteinander auseinanderzusetzen und miteinander zu kommunizieren.

Mit der Vereinheitlichung des Ordnungsrahmens müsste schrittweise und nachvollziehbar begonnen werden. Die Lernfähigkeit der Medienpolitik der Länder kann durch wissenschaftliche Expertisen und Impulse der neuen Akteure des Internets weiter verbessert werden.

Die Verbesserung der Kommunikationsstrukturen könnte außerdem die Abstimmungsprozesse zwischen Landes-, Bundes- und Europaebene erheblich erleichtern, so dass sich die „Transformationskosten" letztlich auszahlen würden. Ein akzeptiertes und leistungsstarkes Interaktionsmuster könnte als medienpolitischer Erfolg gewertet werden.

Die Entwicklung eines leistungsstarken medienpolitischen Verhandlungssystems ist ferner aus folgenden weiteren Gründen diskussionswürdig:

1. Der öffentlich-rechtliche Rundfunk muss in Zukunft um seine Akzeptanz bei den Rundfunkgebührenzahlern werben, da Informations- und Unterhaltungsinhalte via Internet jederzeit und häufig kostenlos zur Verfügung stehen.
2. Der private Rundfunk kämpft um Werbekunden und benötigt Akzeptanz für neue Erlösmodelle.
3. Die Verlage entwickeln sich zu Medienhäusern und stehen im Internet in der Konkurrenz mit den Rundfunkveranstaltern und kostenfreien Informationsdiensten. Gleichzeitig stehen sie vor der Herausforderung, dass die Zeitungsleser von morgen auch in Zukunft bereit sind, für redaktionell aufbereitete Inhalte Geld zu bezahlen, gleichgültig, ob die Inhalte auf Papier gedruckt oder im Internet abrufbar sind.
4. Für die Medienwirtschaft ist transparentes und verlässliches staatliches Handeln ein ökonomischer Faktor, der für Investitionen und Standortentscheidungen entscheidend ist.
5. Eine deutlich verbesserte verfahrensrechtliche Verknüpfung von Bundes- und Landesebene kann die Harmonisierung des Rechts schrittweise erreichen, ohne die Kompetenzen der Länder zu beschneiden.
6. Öffentliche und transparente Kommunikation sowie die Partizipation neuer Akteure sind ein probates Mittel, um die Akzeptanz politischer Entscheidungen zu verbessern. Die Selbstbeschreibung der Akteure und die Möglichkeit der Teilhabe von Nutzerinnen und Nutzern werden in Netzwerkzusammenhängen als stabilisierende Faktoren erkannt und genutzt.

12. FAZIT UND AUSBLICK

Die moderne Staatlichkeit zeichnet sich dadurch aus, dass die staatlichen Akteure die Veränderungen der Steuerungsparadigmen wahrnehmen und in ihr Handeln integrieren. Gleiches gilt für die gesellschaftlichen, wirtschaftlichen, technischen und globalen Bedingungen. Transparenz und Kohärenz der staatlichen Interaktionen sowie die Einbeziehung partizipativer Modelle gehören ebenso zum Repertoire moderner staatlicher Akteure wie das vertrauliche Interagieren. Ein wichtiges Element zur Unterstützung dieser hohen Anforderungen an staatliches Agieren sind nachvollziehbare, leistungsstarke Steuerungs- und Interaktionsstrukturen sowie transparente Spielregeln.

Die Medienpolitik der Länder, die unter den innovationshemmenden Bedingungen von Multilevel Governance agieren, findet in einem sich rasant entwickelnden Politikfeld statt. Die Internetwirtschaft ist gegenwärtig sowohl in ökonomischer als auch in technischer Hinsicht einer der innovativsten Sektoren. Wenn es ferner richtig ist, dass die Gesellschaft durch die Kommunikations- und Informationstechnologien vor einer dritten demokratischen Transformation steht oder sich bereits mitten in diesem Prozess befindet, dann bedarf es der Innovationskraft, um dieses Politikfeld zu begleiten und auftauchende Probleme zu bewältigen, sofern es erforderlich ist. Aufgrund der Komplexität der Problemlagen wäre ein politisches „Koordinierungszentrum" zur Bearbeitung der drängenden Fragen und zur Entwicklung einer Medienordnung sicherlich hilfreich. Ein solches politisches „Koordinierungszentrum" ist als eines gedacht, das im Sinne moderner Staatlichkeit agiert und die Governance-Problematik lösungsorientiert integriert. Ebenso wäre eine Aufsichtsstruktur, die den Anforderungen einer Informationsgesellschaft entspricht, wünschenswert. Indes ist es nicht zu erwarten, dass die Länder eine tiefgreifende Reform durchführen. Ferner gibt es durch die Rechtsprechung des Bundesverfassungsgerichts in dieser Hinsicht auch Grenzen und Vorgaben, die die Politik binden. Die Länder bleiben also in der Pflicht und der Verantwortung, wesentliche Teile zu einer vereinheitlichten Medienordnung beizutragen.

Auch wenn in der Analyse im Wesentlichen Übereinstimmung herrscht, dass es einer vereinheitlichten Medienordnung bedarf, wird im politischen Raum nicht deutlich, ob dieses Ziel auch tatsächlich angestrebt wird. Es gibt noch keine Kontur, wie eine solche Ordnung aussehen könnte. Eine wissenschaftliche Aufbereitung und Strukturierung der Problemfelder steht auf Länderebene ebenso aus wie eine politische Zielsetzung und Orientierung für die Zukunft.

Einen Beitrag zur Strategieentwicklung bietet die Multilevel-Governance-Perspektive. Da es kein strategisches politisches Entscheidungszentrum gibt, das in öffentlichen Arenen um Inhalte und Ziele streitet, stellt sich die Frage, wo über die Leitlinien der Medienpolitik öffentlich wahrnehmbar debattiert wird. Der geeignete „Ort" könnte das Verfahrens- und Interaktionsgefüge im Kontext der Rundfunkänderungsstaatsverträge sein. Voraussetzung hierfür wäre, dass die Rundfunkkommission der Länder ihre Arbeitsweise neu ausrichten und modernisieren würde: von einem tradierten informellen Interaktionsmuster hin zu einem medienpolitischen Verhandlungssystem, das eine Struktur für eine transparente Abstimmungs- und Koordinierungsplattform bereitstellt. Damit gäbe es zwar noch kein Entscheidungszentrum – dies ist charakteristisch für Multilevel Governance –, aber vielleicht ein virtuelles „Zuhause" für die staatlichen und zivilen Akteure sowie für Nutzer und Interessenverbände im medienpolitischen Raum.

Ob die Medienpolitik der Länder neue Wege gehen wird, ist offen. Sofern sich die Länder der drängenden Themen des Informationszeitalters und seiner kulturellen Dimensionen nicht annehmen, ist es wahrscheinlich, dass die Bundesebene weiter in diesem Feld interagiert. Es ist nicht unwahrscheinlich, dass die Enquetekommission „Internet und digitale Gesellschaft" die Einrichtung eines Internetministeriums vorschlägt und sich zugleich das Feld der Netzpolitik weiter ausdifferenziert. Es ist fraglich, ob die Verknüpfung der kulturellen Dimension des Rundfunks und seiner Transformation ins Internetzeitalter damit aus dem Blickfeld gerät.

Wie auch immer sich das Feld der Medienpolitik entwickeln wird, die Informationsgesellschaft wird sich jedenfalls weiter ausdifferenzieren – mit oder ohne die politische Begleitung der Bundesländer.

LITERATURVERZEICHNIS

Altmann, Gerhard, Die Good-Governance-Konzeption von Weltbank, IWF und OECD, Gesellschaft. Wirtschaft. Politik, 54 (2005) Nr. 3, S.305–316.

Arendt, Hannah, Macht und Gewalt, 18. Aufl., München 2008.

Baringhorst, Sigrid / Kneip, Veronika / März, Annegret / Niesyto, Johanna (Hrsg.), Politik mit dem Einkaufswagen. Unternehmen und Konsumenten als Bürger in der globalen Mediengesellschaft, Bielefeld 2007.

Baringhorst, Sigrid, Konsumenten als Netizens, Das Internet als ambivalentes Medium für ein Empowerment von Verbrauchern, in: Politik mit dem Einkaufswagen. Unternehmen und Konsumenten als Bürger in der globalen Mediengesellschaft, Sigrid Baringhorst, Veronika Kneip, Annegret März, Johanna Niesyto (Hrsg.), Bielefeld 2007, S. 81–108.

Baringhorst, Sigrid, Politischer Protest im Netz – Möglichkeiten und Grenzen der Mobilisierung transnationaler Öffentlichkeit im Zeichen digitaler Kommunikation, in: Barbara von Pfetsch, Frank Marcinkowski (Hrsg.), Politische Vierteljahresschrift, Sonderheft 2/2008 S. 609–634.

Bartosch, Andreas, Das Grünbuch über Konvergenz. Ein Beitrag zur Diskussion auf dem Weg in die Informationsgesellschaft, Zeitschrift für Urheber und Medienrecht (ZUM) 03/1998, S. 209–220.

Behrens, Maria / Reichwein, Alexander, Global Governance, in: Arthur Benz, Susanne Lütz, Uwe Schimank, Georg Simonis (Hrsg.), Handbuch Governance. Theoretische Grundlagen und empirische Anwendungsfelder. Wiesbaden 2007, S. 311–324.

Benz, Arthur, Politik in Mehrebenensystemen, 1. Aufl., Wiesbaden 2009.

Benz, Arthur / Lütz, Susanne / Schimank, Uwe / Simonis, Georg (Hrsg.), Handbuch Governance. Theoretische Grundlagen und empirische Anwendungsfelder, Wiesbaden 2007.

Benz, Arthur, Multilevel Governance, in: Arthur Benz, Susanne Lütz, Uwe Schimank, Georg Simonis (Hrsg.), Handbuch Governance. Theoretische Grundlagen und empirische Anwendungsfelder. Wiesbaden 2007, S. 297– 310.

Benz, Arthur / Lütz, Susanne / Schimank, Uwe / Simonis, Georg (Hrsg.), Einleitung, in: Arthur Benz, Susanne Lütz, Uwe Schimank, Georg Simonis (Hrsg.), Handbuch Governance. Theoretische Grundlagen und empirische Anwendungsfelder. Wiesbaden 2007, S. 9–25.

Benz, Arthur (Hrsg.), Governance – Regieren in komplexen Regelsystemen, 1. Aufl., Wiesbaden 2004.

Benz, Arthur, Multilevel Governance – Governance in Mehrebenensystemen, in: Arthur Benz (Hrsg.), Governance – Regieren in komplexen Regelsystemen, 1. Aufl., Wiesbaden 2004, S. 125–146.

Benz, Arthur, Governance – Modebegriff oder nützliches sozialwissenschaftliches Konzept? In: Arthur Benz (Hrsg.), Governance – Regieren in komplexen Regelsystemen, 1. Aufl., Wiesbaden 2004, S.11–28.

Benz, Arthur / Scharpf, Fritz W. / Zimtl, Reinhard (Hrsg.), Horizontale Politikverflechtung. Zur Theorie von Verhandlungssystemen, Frankfurt am Main/New York 1992.

Böckenförde, Thomas, Auf dem Weg zur elektronischen Privatsphäre, Zugleich Besprechung von BVerfGE, Urteil vom 27.2.2008 – „Online-Durchsuchung", JZ, 19/2008, S. 925–939.

Brandes, Ulrich / Schneider, Volker, Netzwerkbilder: Politiknetzwerke in Metaphern, Modellen und Visualisierungen, in: Volker Schneider, Frank Janning, Philip Leifeld, Thomas Malang (Hrsg.), Politiknetzwerke. Modelle, Anwendungen und Visualisierungen, 1. Aufl., Wiesbaden 2009, S. 31–58.

Brockhaus. Die Enzyklopädie: in 30 Bänden. 21., neu bearbeitete Auflage. Leipzig, Mannheim: F.A. Brockhaus 2005–07. Online-Ausgabe mit aktualisierten Artikeln aus der Brockhaus-Redaktion.

Burth, Hans-Peter / Görlitz, Axel (Hrsg.), Politische Steuerung in Theorie und Praxis, 1. Aufl., Baden-Baden 2001.

Bühl, Tanja / Debiel, Tobias / Hamm, Brigitte / Hummel, Hartwig/ Marens, Jens (Hrsg.), Die Privatisierung der Weltpolitik, Entstaatlichung und Kommerzialisierung im Globalisierungsprozess, Bonn 2001.

Bußdorf, Heinrich (Hrsg.), Politische Steuerung. Steuerbarkeit und Steuerungsfähigkeit. Beiträge zur Grundlagendiskussion, 1. Aufl. Baden-Baden 1992.

Diller, Ansgar, Öffentlich-rechtlicher Rundfunk, in: Mediengeschichte der Bundesrepublik Deutschland, Jürgen Wilke (Hrsg.), Köln 1999, S. 146–166.

Donges, Patrick (Hrsg.), Von der Medienpolitik zur Media Governance? Köln 2007.

Donges, Patrick, Medienpolitik und Media Governance, in: Von der Medienpolitik zur Media Governance, Patrick Donges (Hrsg.), Köln 2007, S. 7–23.

Donges, Patrick, Institutionalistische Ansätze zur Medienregulierung, in: Jarren, Otfried, Donges Patrick (Hrsg.) Ordnung durch Medienpolitik? Konstanz 2007, S. 271–282.

Donges, Patrick, Medienpolitik und Media Governance, in: Von der Medienpolitik zur Media Governance? Patrick Donges (Hrsg.), Köln 2007, S. 7–23.

Eberle, Dagmar, Corporate Governance, in: Arthur Benz, Susanne Lütz, Uwe Schimank, Georg Simonis (Hrsg.), Handbuch Governance. Theoretische Grundlagen und empirische Anwendungsfelder. Wiesbaden 2007, S. 378–389.

Eberlein, Burkhard / Grande, Edgar, Entscheidungsfindung und Konfliktlösung, in: Klaus Schubert, Nils C. Bandelow (Hrsg.), Lehrbuch der Politikfeldanalyse 2.0, 2. Aufl. München 2009, S. 131–157.

Fürst, Dietrich, Regional Governance, in: Arthur Benz, Susanne Lütz, Uwe Schimank, Georg Simonis (Hrsg.), Handbuch Governance. Theoretische Grundlagen und empirische Anwendungsfelder. Wiesbaden 2007, S. 353–365.

Glasersfeld von, Ernst, Konstruktion der Wirklichkeit und des Begriffs der Objektivität, in: Heinz Gumin, Heinrich Meier (Hrsg.), Einführung in den Konstruktivismus, 7. Aufl., München 2003, S. 9–39.

Görlitz, Axel / Bergmann, André, Politikwissenschaftliche Steuerungstheorie als Theorienetz. Auf dem Weg zu einer reifen empirischen Steuerungstheorie, in: Hans-Peter Burth/Axel Görlitz (Hrsg.), Politische Steuerung in Theorie und Praxis, 1. Aufl. Baden-Baden 2001, S. 29–47.

Görlitz, Axel / Burth, Hans-Peter, Politische Steuerung, 2. Aufl. Opladen 1998.

Grimm, Dieter, Lässt sich die Verhandlungsdemokratie konstitutionalisieren? In: Spielregeln für eine bessere Politik. Reformblockaden überwinden – Leistungswettbewerb fördern. Michael Wohlgemut (Hrsg.), 2. Aufl., 2006, Herder im Breisgau, S. 159–182.

Gumin, Heinz / Meier, Heinrich (Hrsg.), Einführung in den Konstruktivismus, 7. Aufl., München 2003.

Haas, Hannes/Wallner, Cornelia, Medienpolitik als gesellschaftliches Projekt. Die Ziele von Media Governance, in: Von der Medienpolitik zur Media Governance, Patrick Donges (Hrsg.), Köln 2007, S. 127–143.

Hachmeister, Lutz (Hrsg.), Grundlagen der Medienpolitik. Ein Handbuch, Bonn 2008.

Hahn, Werner, Präambel Rundfunkstaatsvertrag, in: Hahn, Werner, Thomas Vesting (Hrsg.), Beck'scher Kommentar zum Rundfunkrecht, 2. Aufl., München 2008.

Hahn, Werner / Thomas, Vesting (Hrsg.), Beck'scher Kommentar zum Rundfunkrecht, 2. Aufl., München 2008.

Hamm, Ingrid (Hrsg.), Bericht zur Lage des Fernsehens, Jo Goebel, Wolfgang Hoffmann-Riem, Renate Köcher, Bernd-Peter Lange, Ernst Gottfried Mahrenholz, Ernst-Joachim Mestmäcker, Ingrid Scheithauter, Norbert Schneider, 2. Aufl., Gütersloh 1995.

Hasenbrink, Uwe, Mediennutzer als Akteure der Medienpolitik, in: Otfried Jarren, Patrick Donges (Hrsg.), Ordnung durch Medienpolitik? Konstanz 2007, S. 303–323.

Hege, Hans, Uferlos. Plädoyer für einen linzenzfreien Rundfunk im Internet, epd Medien Nr. 69, 30.08.2008, S. 3–8.

Hejl, Peter M., Konstruktion der sozialen Konstruktion. Grundlinien einer konstruktivistischen Sozialtheorie, in:, Heinz Gumin/Heinrich Meier (Hrsg.), Einführung in den Konstruktivismus, 7. Aufl., München 2003, S. 109–146.

Hejl, Peter M. (Hrsg.), Universalien und Konstruktivismus, 1. Aufl., Frankfurt am Main 2001.

Hejl, Peter M., Konstruktivismus und Universalien – eine Verbindung contre nature? In: Peter M. Hejl (Hrsg.), Universalien und Konstruktivismus, 1. Aufl., Frankfurt am Main 2001 S. 7–5.

Hejl, Peter M., Selbstorganisation und Emergenz in sozialen Systemen, in: Emergenz: Die Entstehung von Ordnung, Organisation und Bedeutung, Wolfgang Krohn, Günter Küppers (Hrsg.), 2. Aufl., Frankfurt am Main 1992, S. 269–292.

Hejl, Peter M., Politik, Pluralismus und gesellschaftliche Selbstregelung, in: Politische Steuerung. Steuerbarkeit und Steuerungsfähigkeit. Beiträge zur Grundlagendiskussion, Heinrich Bußdorf (Hrsg.), 1. Aufl., Baden-Baden 1992, S. 107–142.

Held, Thorsten, § 54 RStV, in: Beck'scher Kommentar zum Rundfunkrecht, Werner Hahn, Thomas Vesting (Hrsg.), 2. Aufl., München 2008.

Hesse, Albrecht, Rundfunkrecht, 3. Aufl., München 2003.

Hesse, Joachim Jens (Hrsg.), Politikverflechtung im föderalen Staat. Baden-Baden 1978.

Hieronymi, Ruth, Hoch politisch. Der Rundfunkbegriff im 12. und 13. RfÄndStV, epd medien Nr. 37, 13.05.2009, S. 3–5.

Hilp, Ulrich, Weißbuch „Europäisches Regieren" und Bürgerbeteiligung – Ein untauglicher Versuch auf dem Weg zu einem Europa aller Bürger? In: Zeitschrift für Gesetzgebung (ZG) 18 (2003) Nr. 2, S. 119–129.

Goerlich, Helmut, Good Governance und Gute Verwaltung – Zum europäischen Recht auf gute Verwaltung (Art. 41 EuGrCH und Art. II-101 EuVerfV), DÖV 59 (2006) Nr. 8, S. 313–323.

Hoffmann-Riem, Wofgang, Governance im Gewährleistungsstaat – Vom Nutzen der Governance-Perspektive für die Rechtswissenschaft, in: Schuppert, Gunnar Folke (Hrsg.), Governance-Forschung, Vergewisserung über Stand und Entwicklungslinien, Baden-Baden 2005.

Hoffmann-Riem, Wolfgang, Das Recht des Gewährleistungsstaates, in: Schuppert, Gunnar Folke, Der Gewährleistungsstaat – Ein Leitbild auf dem Prüfstand, Baden-Baden 2005, S. 89–108.

Hoffmann-Riem, Wolfgang, Mediendemokratie als rechtliche Herausforderung, Der Staat. 42 (2003) Nr. 2, S. 193–223.

Hoffmann-Riem, Wolfgang, Medienregulierung als objektiv-rechtlicher Grundrechtsauftrag, Medien & Kommunikationswissenschaft, 50 (2002) Nr. 2, S. 175–194.

Hoffmann-Riem, Wolfgang, Marksteine der Medienrechtsentwicklung, in: Unsere Aufgaben im 21. Jahrhundert, Baden-Baden 2002, S. 70–76.

Hoffmann-Riem, Wolfgang, Der Rundfunkbegriff in der Differenzierung kommunikativer Dienste, AfP 1/96, S. 9–15.

Hoffmann-Riem, Wolfgang, Chancen des Medienrechts, in: Gestern begann die Zukunft, Darmstadt 1994, S. 274–293.

Holzer, Boris, Netzwerke und Systeme. Zum Verhältnis von Vernetzung und Differenzierung, in: Christian Stegbauer (Hrsg.), Netzwerke und Netzwerktheorie. Ein neues Paradigma in den Sozialwissenschaften, 1. Aufl. Wiesbaden 2008, S. 155–164.

Holznagel, Bernd/Dörr, Dieter/Hildebrand, Doris (Hrsg.), Elektronische Medien. Entwicklung und Regulierungsbedarf, München 2008.

Hamm, Ingrid (Hrsg.), Bericht zur Lage des Fernsehen für den Präsidenten der Bundesrepublik Deutschland vorgelegt von Jo Groebel,

Wolfgang Hoffmann-Riem, Renate Köcher, Ernst Gottfried Mahrenholz, Ernst-Joachim Mestmäcker, Ingrid Scheithauer, Norbert Schneider, 2. Aufl., Gütersloh 1995.

Jakobs, Hans-Jürgen, Geist oder Geld. Der große Ausverkauf der freien Meinung, 1. Aufl., Pendo 2008.

Jarass, Hans D., Rundfunkbegriffe im Zeitalter des Internet, AfP, 29 (1998) Nr. 2, S. 133–141.

Jarren, Otfried / Donges, Patrick (Hrsg.), Ordnung durch Medienpolitik? Konstanz 2007.

Jarren, Otfried, Ordnung durch Verantwortungskultur? In: Otfried Jarren, Patrick Donges (Hrsg.), Ordnung durch Medienpolitik? Konstanz 2007, S. 283–301, S. 285.

Jarren, Ottfried / Donges, Patrick, Ordnung durch Medienpolitik? Eine (Zwischen-)Bilanz, in: Ordnung durch Medienpolitik? Ottfried Jarren, Patrick Donges (Hrsg.), Konstanz 2007, S. 399-408.

Jarren, Otfried, Medienregulierung in der Informationsgesellschaft. Über die Möglichkeiten zur Ausgestaltung der zukünftigen Medienordnung, Publizistik, Heft 2, Juni 1999, 44. Jahrgang, S. 149–164.

Jürgens, Ulrich, Corporate Governance – Anwendungsfelder und Entwicklungen, in: Gunnar Folke Schuppert (Hrsg.), Governance-Forschung, 2. Aufl., Baden-Baden, S. 47–71.

Klaes, Roland L., Eine dogmatische Bestandsaufnahme vor dem Hintergrund des 12. Rundfunkänderungsstaatsvertrages, ZUM 2009, S. 135–141.

Klawitter, Jörg, Staatstheorie als Steuerungstheorie? In: Politische Steuerung. Steuerbarkeit und Steuerungsfähigkeit. Beiträge zur Grundlagendiskussion. Bußhoff, Heinrich (Hrsg.), Baden-Baden, 1. Aufl., 1992, S. 193- 39.

Krohn, Wolfgang / Küppers, Günter (Hrsg.), Emergenz: Die Entstehung von Ordnung, Organisation und Bedeutung, 2. Aufl., Frankfurt am Main 1992.

Kühling, Jürgen / Gauß, Nicolas, Suchmaschinen – eine Gefahr für den Informationszugang und die Informationsvielfalt? ZUM 12/2007, S. 881–889.

Küppers, Günter / Krohn, Wolfgang, „Selbstorganisation. Zum Stand einer Theorie in den Wissenschaften", in: Krohn, Wolfgang und Küppers, Günter (Hrsg.): Emergenz: Die Entstehung von Ordnung, Organisation und Bedeutung, 2. Aufl., Frankfurt am Main 1992, S. 7–26.

Latschan, Thomas / Wessles, Wolfgang, Europäische Medienpolitik, in: Lutz Hachmeister (Hrsg.), Grundlagen der Medienpolitik, Bonn 2008, S. 94–98.

Latzer, Michael, Unordnung durch Konvergenz – Ordnung durch Medienpolitik, in: Ottfried Jarren, Patrick Donges (Hrsg.), Ordnung durch Medienpolitik? Konstanz 2007, S. 147–167.

Liebowitz, Stan J. / Margolis, Stephen E., The Fable of the Keys, in: Journal of Law & Economics 23, 1990, S. 1–25.

Luhmann, Niklas, Die Politik der Gesellschaft, 1. Aufl., Frankfurt am Main 2002.

Luhmann, Niklas, Ausdifferenzierung des Rechts: Beiträge zur Rechtssoziologie und Rechtstheorie, 1. Aufl., Frankfurt am Main 1999.

Luhmann, Niklas, Die Gesellschaft der Gesellschaft, Erster Teilband, 1. Aufl. Frankfurt am Main, 1997.

Luhmann, Niklas, Die Wirtschaft der Gesellschaft, 2. Aufl. Frankfurt am Main, 1989.

Martinsen, Renate, Das Demokratieprojekt als Perpetuum Mobile? Gefährdungen und Potentiale von Demokratie im Zeitalter sich wandelnder Staatlichkeit, Diskurs 2/ 2008, S.1–15.

Martinsen, Renate, Demokratie und Diskurs. Organisierte Kommunikationsprozesse in der Wissensgesellschaft, 1. Aufl., Baden-Baden 2006.

Martinsen, Renate, Partizipative Politikberatung – der Bürger als Experte, in: Handbuch für Politikberatung, Wiesbaden 2006, S. 138-151.

Mayntz, Renate, Von der Steuerungstheorie zu Global Governance, in: Gunnar Folke Schuppert/Michael Zürn (Hrsg.), Governance in einer sich wandelnden Welt, 1. Aufl., Wiesbaden 2008, S. 43-60.

Mayntz, Renate, Governance-Theorie als fortentwickelte Steuerungstheorie? In: Gunnar Folke Schuppert (Hrsg.), Governance-Forschung, 2. Aufl., Baden-Baden 2006, S. 11-20.

Mayntz, Renate, Governance im modernen Staat, in Arthur Benz (Hrsg.), Governance – Regieren in komplexen Regelsystemen, 1. Aufl., Wiesbaden 2004, S. 65-75.

Mayntz, Renate (Hrsg.), Akteure – Mechanismen – Modelle, Frankfurt a.M. 2002, S. 7-43.

Mayntz, Renate, Zur Theoriefähigkeit makro-sozialer Analysen, in: Renate Mayntz (Hrsg.), Akteure – Mechanismen – Modelle, Frankfurt a.M. 2002.

Mayntz, Renate, Zur Selektivität der steuerungstheoretischen Perspektive in: Hans-Peter Burth/Axel Görlitz, Axel (Hrsg.), Politische Steuerung in Theorie und Praxis, 1. Aufl., Baden-Baden 2001, S. 17-27.

Mayntz, Renate, Politische Steuerung und politische Steuerungsprobleme. Anmerkungen zu einem theoretischen Paradigma, in: Thomas Ellwein/Joachim Jens Hesse/Renate Maynz (Hrsg.), Jahrbuch zur Staats- und Verwaltungswissenschaft, Bd. 1. Baden-Baden 1987, S. 89-110.

Offe, Claus, Governance – Empty signifier oder sozialwissenschaftliches Forschungsprogramm? In: Gunnar Folke Schuppert/Michael Zürn (Hrsg.), Governance in einer sich wandelnden Welt, 1. Aufl., Wiesbaden 2008, S. 59-76.

Papier, Hans-Jürgen / Müller, Johannes, Presse und Rundfunkrecht, in: Jürgen Wilke (Hrsg.), Mediengeschichte der Bundesrepublik Deutschland, Köln 1999, S. 449-468.

Pitzer, Sissi / Scheithauer, Ingrid (Hrsg.), Lost in Transition, Überlebensstrategien für das private Fernsehen, Schriftenreihe der Landesmedienanstalten: Band 41, Berlin 2009, S. 145-155.

Pfaff, Senta, Leitideen für Media Governance. Das Beispiel des digitalen Fernsehens, in: Von der Medienpolitik zur Media Governance, Patrick Donges (Hrsg.), Köln 2007, S. 144-160.

Pfeffer, Jürgen, Visualisierung sozialer Netzwerke, in Christian Stegbauer (Hrsg.), Netzwerkanalyse und Netzwerktheorie. Ein neues Paradigma in den Sozialwissenschaften, 1. Aufl., Wiesbaden 2008, S. 227-238.

Pfetsch, Barbara v. / Marcinkowski, Frank (Hrsg.), Politische Vierteljahresschrift, Sonderheft 2/2008.

Pfordten, Dietmar van der, Was ist Recht? Ziele und Mittel, JZ Nr. 13 63. Jahrgang, 2008, S. 641-652.

Ricker, Reinhart, Der Rundfunkstaatsvertrag – Grundlage einer dualen Rundfunkordnung in der Bundesrepublik, NJW 1988, Heft 8, S. 453-457.

Ritlewski, Kristoff M., Pluralismussicherung im 10. Rundfunkänderungsstaatsvertrag, Zeitschrift für Urheber- und Medienrecht (ZUM) 52 (2008) Nr. 5, S. 403-410.

Ritter, Ernst-Hasso, Der kooperative Staat, in: Archiv des öffentlichen Rechts, 104, S. 389-413.

Rossen-Stadtfeld, Helge, Medienaufsicht unter Konvergenzbedingungen, Zeitschrift für Urheber und Medienrecht, (ZUM) 1//2000), S. 36-46.

Saxer, Ulrich, Medienpolitik in Theorie und Praxis, in: Otfried Jarren, Patrick Donges (Hrsg.), Ordnung durch Medienpolitik? Konstanz 2007, S. 11-33.

Scharpf, Fritz W., Einführung: Zur Theorie von Verhandlungssystemen, in: Arthur Benz, Fritz W. Scharpf, Reinhard Zintl (Hrsg.), Horizontale Politikverflechtung. Zur Theorie von Verhandlungssystemen, Frankfurt am Main/New York 1992, S. 11-26.

Scharpf, Fritz W., Koordination durch Verhandlungssysteme: Analytische Konzeption und institutionelle Lösungen, in: Arthur Benz, Fritz W. Scharpf, Reinhard Zimtl, Horizontale Politikverflechtung. Zur Theorie von Verhandlungssystemen, Frankfurt am Main/New York 1992, S. 51-96.

Scharpf, Fritz W., Der Bundesrat und die Kooperation auf der "dritten Ebene", in Bundesrat (Hrsg.), Vierzig Jahre Bundesrat, Baden-Baden 1989, S. 121-162.

Scharpf, Fritz W., Theorie der Politikverflechtung. Ein kurzgefasster Leitfaden, in: Joachim Jens Hesse (Hrsg.), Politikverflechtung im föderalen Staat. Baden-Baden 1978, S. 21-31.

Schimank, Uwe, Besprechung zum Buch: Von der Medienpolitik zur Media Governance? Patrick Donges (Hrsg.), Köln 2007, in: M&K 56. Jahrgang 3 4/2008, S. 469-471.

Schimank, Uwe, Teilsystemische Autonomie und politische Gesellschaftssteuerung. Beiträge zur akteurzentrierten Differenzierungstheorie 2, 1. Aufl., Wiesbaden 2006.

Schmidt, Manfred G., Wörterbuch zur Politik, 2. Aufl., Stuttgart 2004.

Schmidt-Aßmann, Zur Reform des Allgemeinen Verwaltungsrechts, Reformbedarf und Reformansätze, in: Hoffmann Riem/Schmidt-Aßmann/Schuppert (Hrsg.), Reform des Allgemeinen Verwaltungsrechts, Grundfragen, Baden-Baden 1993.

Schmitz, Henrik, Der Teamplayer, Jochen Wegner, Chefredakteur von Focus Online , epd medien Nr. 11, 11.02.2009, S. 5-9.

Schneider, Volker / Janning, Frank, Politikfeldanalyse. Akteure, Diskurse und Netzwerke in der öffentlichen Politik, 1. Aufl., Wiesbaden 2006.

Schneider, Volker / Janning, Frank / Leitfeld, Philip / Malang, Thomas (Hrsg.), Politiknetzwerke. Modelle, Anwendungen und Visualisierungen, 1. Aufl., Wiesbaden 2009.

Schneider, Volker, Möglichkeiten und Grenzen der Demokratisierung von Netzwerken in der Politik, in: Jörg Sydow, Arnold Windeler (Hrsg.), Steuerung von Netzwerken. Konzepte und Praktiken, Opladen 1999, S. 327-346.

Schubert, Klaus / Bandelow, Nils C. (Hrsg.), Lehrbuch der Politikfeldanalyse 2.0, 2. Aufl., München 2009, S. 131-157.

Schulz, Wolfgang, § 2 und § 53 RStV, in: Beck'scher Kommentar zum Rundfunkrecht, Werner Hahn, Thomas Vesting (Hrsg.), 2. Aufl., München 2008.

Schulz, Wolfgang / Bumke, Ulrike, § 20 RStV, in: Beck'scher Kommentar zum Rundfunkrecht, Werner Hahn, Thomas Vesting (Hrsg.), 2. Aufl., München 2008.

Schulz, Wolfgang / Held, Thorsten, § 1 JMStV in: Beck'scher Kommentar zum Rundfunkrecht, Werner Hahn, Thomas Vesting (Hrsg.), 2. Aufl., München 2008.

Schütz, Raimund, Rundfunkbegriff: Neutralität der Inhalte oder der Übertragung? – Konvergenz und Innovation, MMR 2009, Heft 4, S. 228-232.

Schuppert, Gunnar Folke / Zürn, Michael (Hrsg.), Governance in einer sich wandelnden Welt, 1. Aufl., Wiesbaden 2008.

Schuppert, Gunnar Folke, Governance – auf der Suche nach Konturen eines anerkannt uneindeutigen Begriffs, in: Gunnar Folke Schuppert/Michael Zürn (Hrsg.) Governance in einer sich wandelnden Welt, 1. Aufl., Wiesbaden 2008, S. 13-40.

Schuppert, Gunnar Folke, Was ist Media Governance? In: Von der Medienpolitik zur Media Governance, Patrick Donges (Hrsg.), Köln 2007, S. 24-42.

Schuppert, Gunnar Folke (Hrsg.), Governance-Forschung, 2. Aufl., Baden-Baden 2006.

Schuppert, Gunnar Folke (Hrsg.), Der Gewährleistungsstaat Ein Leitbild auf dem Prüfstand, Baden-Baden 2005.

Schuppert, Gunnar Folke (Hrsg.), Governance-Forschung, Vergewisserung über Stand und Entwicklungslinien, Baden-Baden 2005.

Schuppert, Gunnar Folke, Verfassung und Verfassungsstaatlichkeit in multidisziplinärer Perspektive, in: Der Staat des Grundgesetzes – Kontinuität und Wandel, Tübingen 2004, S. 529-551.

Schuppert, Gunnar Folke (Hrsg.), Das Gesetz als zentrales Steuerungsinstrument des Rechtsstaates, Baden-Baden 1998.

Schuppert, Gunnar Folke, Das Gesetz als zentrales Steuerungsinstrument des Rechtsstaates, in: Gunnar Folke Schuppert (Hrsg.), Das Gesetz als zentrales Steuerungsinstrument des Rechtsstaates, Baden-Baden 1998, S. 105-155.

Schwengler, Helmut / Roth, Gerhard, Steuerung, Steuerbarkeit und Steuerungsfähigkeit komplexer Systeme, in: Politische Steuerung. Steuerbarkeit und Steuerungsfähigkeit. Beiträge zur Grundlagendiskussion. Bußhoff, Heinrich (Hrsg.) Baden-Baden 1992.

Stadelmaier, Martin, Zehn Gebote für das digitale Zeitalter. Der gesellschaftliche Anspruch. Impuls, in: Lost in Transition. Überlebensstrategien für das private Fernsehen, Sissi Pitzer, Ingrid Scheithauer (Hrsg.), Schriftenreihe der Landesmedienanstalten: Band 41, Berlin 2009, S. 145-155.

Stegbauer, Christian (Hrsg.), Netzwerke und Netzwerktheorie. Ein neues Paradigma in den Sozialwissenschaften, 1. Aufl. Wiesbaden 2008.

Sydow, Jörg / Windeler, Arnold (Hrsg.), Steuerung von Netzwerken. Konzepte und Praktiken, Opladen 1999.

Steinmetz, Rüdiger, Initiativen und Durchsetzung pirvat-kommerziellen Rundfunks, in: Mediengeschichte der Bundesrepublik Deutschland, Jürgen Wilke (Hrsg.), Köln 1999, S. 167-191.

Teubner, Gunther, Globale Zivilverfassungen: Alternativen zur staatszentrierten Verfassungstheorie, Zeitschrift für ausländisches öffentliches Recht und Völkerrecht 63, 2003.

Trute, Heinrich / Kühlers, Doris / Pilniok, Arne, Governance als verwaltungswissenschaftliches Analysekonzept, in: Gunnar Folke Schuppert, Michael Zürn, Governance in einer sich wandelnden Welt, 1. Aufl., Wiesbaden 2008, S. 173-189.

Vesting, Thomas, Einf RStV und § 1 RStV, in: Beck'scher Kommentar zum Rundfunkrecht, Werner Hahn, Thomas Vesting (Hrsg.), 2. Aufl., München 2008.

Vesting, Thomas, Medienrecht, in: Lutz Hachmeister (Hrsg.), Grundlagen der Medienpolitik. Ein Handbuch, Bonn 2008, S. 267-271.

Vesting, Thomas, Zur Entwicklung einer Informationsordnung, in: Festschrift 50 Jahre Bundesverfassungsgericht. Zweiter Band, Tübingen 2001, S. 219-240.

Vesting, Thomas, Das Rundfunkrecht vor den Herausforderungen der Logik der Vernetzung. Überlegungen zu einer horizontalen Rundfunkordnung für die Ökonomie der Aufmerksamkeit, in: Medien und Kommunikationswissenschaft, 49 (2001) Nr. 3, S. 287-305.

Watzlawick, Paul, Wie wirklich ist die Wirklichkeit? Wahn, Täuschung, Verstehen, 2. Aufl., München, 2005.

Weber, Max, Politik als Beruf, in: Gesammelte politische Schriften, Johannes Winckelmann (Hrsg.), 5. Aufl., Tübingen 1988, S. 505-560.

Weichert, Stephan / Kramp, Leif, Eine Art Marschallplan. Fünf Modelle, wie die Zeitungsbranche gerettet werden kann, Die Zeit vom 9. Juli 2009, S. 50.

Werle, Raymund, Pfadabhängigkeit, in: Arthur Benz, Susanne Lütz, Uwe Schimank, Georg Simonis (Hrsg.), Handbuch Governance. Theoretische Grundlagen und empirische Anwendungsfelder. Wiesbaden 2007, S. 119-131.

Wilke, Jürgen, Überblick und Phasengliederung, in: Mediengeschichte der Bundesrepublik Deutschland, Jürgen Wilke (Hrsg.), Köln 1999, S. 15-27.

Wilke, Jürgen, Zukunft Multimedia, in: Jürgen Wilke (Hrsg.), Mediengeschichte der Bundesrepublik Deutschland, Köln 1999, S. 751-774.

Winckelmann, Johannes (Hrsg.), Max Weber, Gesammelte politische Schriften, 5. Aufl., Tübingen 1988.

Witte, Markus, Präambel Rundfunkstaatsvertrag, in: Werner Hahn, Thomas Vesting (Hrsg.), Beck'scher Kommentar zum Rundfunkrecht, 2. Aufl., München 2008.

Zabel, Christian / Lingemann, Jan, The show must go online, Funkkorrespondenz, 17. 2009, S. 3-8.

INTERNETQUELLEN
(Verfügbarkeit überprüft am 17.05.2010)

ARD Verbindungsbüro in Brüssel:
http://www.wdr.de/unternehmen/senderprofil/organisation/ard_verbindungsbuero.jsp

Bericht der Kommission über Europäisches Regieren (2003):
http://ec.europa.eu/governance/docs/comm_rapport_de.pdf

Berliner Morgenpost:
http://www.morgenpost.de/berlin/article1088836/Berlinerin_sagt_Ursula_von_der_Leyen_die_Meinung.html

Bildblog:
http://www.bildblog.de/

BITKOM (Bundesverband Informationswirtschaft, Telekommunikation und neue Medien e.V.:
http://www.bitkom.org/de/wir_ueber_uns/99.aspx

http://www.bitkom.org/de/wir_ueber_uns/38251.aspx

http://www.bitkom.org/de/wir_ueber_uns/60350.aspx

Bundesverfassungsgericht:
http://www.bverfg.de/entscheidungen/es20090630_2bve000208.html

http://www.bverfg.de/entscheidungen/ls20080115_2bv1001201.html

http://www.bundesverfassungsgericht.de/entscheidungen/rs20080227_1bvr037007.html

http://www.bverfg.de/entscheidungen/rs20070911_1bvr227005.html

http://www.bundesverfassungsgericht.de/entscheidungen/rs20070911_1bvr227005.html

BVDW (Bundesverband Digitale Wirtschaft):

http://www.bvdw.org/der-bvdw/profil.html

http://www.presseportal.de/pm/6862/1452608/bvdw_bundesverband_digitale_wirtschaft

Chaos Computer Club (CCC):

http://www.ccc.de/club/statutes?language=de

Das Parlament:

http://www.bundestag.de/dasparlament/2009/09/Themenausgabe/23656510.html

Deutscher Bundestag Petitionen:

https://epetitionen.bundestag.de/index.php?action=petition;sa=details;petition=3860

Die Zeit:

http://www.zeit.de/wirtschaft/2010-05/rundfunk-gez-medien

http://www.zeit.de/online/2009/20/netzsperren-protest

http://www.zeit.de/online/2009/19/internetsperre-datenschutz-gesetz

http://www.zeit.de/digital/internet/2009-09/netzneutralilitaet-fcc-usa

DLM-Symposium:

http://www.dlm-Symposium.de/index.php?pid=1&subpid=0&lang=0&year=2010

(Videoaufzeichnung unter http://www.tvonweb.de/kunden/dlm/index1.html)

eco (Verband der deutschen Internetwirtschaft e.V.):

http://www.eco.de/verband/verbandsprofil.htm

http://www.eco.de/verband/mitgliederliste.htm

Ehrensenf:

http://www.ehrensenf.de/

Euralo Icann:

https://st.icann.org/euralo/index.cgi

Europäische Bürgerkonferenzen:

http://www.europaeische-buergerkonferenzen.eu/de/

Europäische Kommission (laufende Konsultationen):

http://ec.europa.eu/yourvoice/consultations/index_de.htm

Frankfurter Allgemeine Zeitung (FAZ):

http://www.faz.net/s/Rub475F682E3FC24868A8A5276D4FB916D7/Doc~E3078465A6C284160AA1ED5A5E1910948~ATpl~Ecommon~Scontent.html

Focus:

http://www.focus.de/politik/deutschland/internetsperren-koehler-unterzeichnet-veraltetes-gesetz_aid_481232.html

Freiwillige Selbstkontrolle Multimedia-Diensteanbieter:

http://www.fsm.de/de/Selbstkontrolle_Suchmaschinen

Geschäftsordnung der Gremienvorsitzendenkonferenz der Landesmedienanstalten:

http://www.alm.de/fileadmin/Download/Gesetze/GVK-Geschaeftsordnung.pdf

Grünbuch Konvergenz der Europäischen Kommission:

http://ec.europa.eu/avpolicy/docs/library/legal/com/greenp_97_623_de.pdf

Gutachten über die Finanzierung des öffentlich-rechtlichen Rundfunks (Prof. Kirchhof):

http://www.ard.de/intern/standpunkte/-/id=1454042/property=download/nid=8236/5envxa/Gutachten+zur+Rundfunkfinanzierung.pdf

Heinen, Helmut (Präsident des BDZV), Die Diskussion fängt gerade erst an , 04.08.2008:

http://www.bdzv.de/fileadmin/bdzv_hauptseite/aktuell/bdzv_branchendienste/bdzv_intern/2008/19_2008/assets/Text%20Heinen_Kulturrat_%C3%96R.pdf

Human rights guidelines for Internet service providers:

http://www.coe.int/t/dghl/standardsetting/media/Doc/H-Inf(2008)009_en.pdf

Internet-Beschwerdestelle (eco):

http://www.internet-beschwerdestelle.de/beschwerde/einreichen/spam/index.htm

Internet Corporation for Assigned Names and Numbers:

http://www.icann.org/

http://www.icann.org/de/participate/what-icann-do-de.htm

http://www.icann.org/de/announcements/announcement-30sep09-de.htm

Internet-Governance-Forum:

http://www.intgovforum.org/cms/

Koalitionsvertrag CDU, CSU und FDP, 17. Legislaturperiode:

http://www.cdu.de/doc/pdfc/091026-koalitionsvertrag-cducsu-fdp.pdf

Teil 1: Kommunikations- und Medienbericht der Bundesregierung:

Teil 1: http://www.bundesregierung.de/Content/DE/__Anlagen/BKM/2009-01-12-medienbericht-teil1-barrierefrei,property=publicationFile.pdf

Teil 2: Wissenschaftliches Gutachten zum Kommunikations- und Medienbericht der Bundesregierung (Hans-Bredow-Institut):

http://www.bundesregierung.de/Content/DE/__Anlagen/BKM/2009-01-12-medienbericht-teil2-barrierefrei,property=publicationFile.pdf

Magnus.de (PC-Magazin):

http://news.magnus.de/internet/artikel/ update-nach-google-krach-eu-will-buch-digitalisierung-vorantreiben.html

Medienpädagogischer Forschungsverbund Südwest:

http://www.mpfs.de

Mehr Demokratie e.V. (Übersicht über Volksbegehren):

http://www.mehr-demokratie.de/409.html

Mitteilung der Kommission über die Anwendung der Vorschriften über staatliche Beihilfen auf den öffentlich-rechtlichen Rundfunk:

http://ec.europa.eu/competition/state_aid/legislation/broadcasting_communication_de.pdf

Netzpolitik.org:

http://www.netzpolitik.org/about-this-blog/

Office of Communication (Ofcom):

http://www.ofcom.org.uk/

Richtlinie über audiovisuelle Mediendienste:

http://ec.europa.eu/avpolicy/reg/avms/index_de.htm

http://eur-lex.europa.eu/LexUriServ/LexUriServ.do?uri=OJ:L:2007:332:0027:0045:DE:PDF

Ruhrbarone:

http://www.ruhrbarone.de/

Rundfunkrat des WDR:

http://www.wdr.de/unternehmen/senderprofil/pdf/gremien/rundfunkrat/resolution/WDR-Rundfunkrat_2009_IV-Umsetzung_AVM_Richtlinie.pdf

Staatliche Beihilfe E 3/2005, Die Finanzierung des öffentlich-rechtlichen Rundfunks in Deutschland:

http://ec.europa.eu/community_law/state_aids/comp-2005/e003-05.pdf

Staatskanzlei Rheinland-Pfalz:

http://www.rlp.de/ministerpraesident/staatskanzlei/medien/

Vertrag von Lissabon:

http://europa.eu/lisbon_treaty/full_text/index_de.htm

Vertretung des Landes NRW in Brüssel:

http://www.mbem.nrw.de/vertretungen-des-landes/bruessel/

Voice of the listener and Viewer (VLV):

http://www.vlv.org.uk/

Weißbuch Europäisches Regieren vom 25.07.2001:

http://eur-lex.europa.eu/LexUriServ/site/de/com/2001/com2001_0428de01.pdf

Zugangserschwerungsgesetz:

http://www.zugerschwg.com/

Frauke Gerlach, Jahrgang 1964: Studium der Rechtswissenschaften in Kiel und Göttingen, Rechtsreferendariat in Hannover, Lehrtätigkeiten an der Universität Siegen, Promotion, Justiziarin der Fraktion Bündnis 90/Die Grünen im Landtag NRW, Vorsitzende der Medienkommission der Landesanstalt für Medien NRW und Aufsichtsratsvorsitzende der Filmstiftung NRW.

MIX
Papier aus verantwortungsvollen Quellen
Paper from responsible sources
FSC® C105338

If you have any concerns about our products,
you can contact us on
ProductSafety@springernature.com

In case Publisher is established outside the EU,
the EU authorized representative is:
**Springer Nature Customer Service Center GmbH
Europaplatz 3, 69115 Heidelberg, Germany**

Printed by Libri Plureos GmbH
in Hamburg, Germany